Harold Lamb
Dschingis Khan

HAROLD LAMB
DSCHINGIS KHAN

Beherrscher der Erde

Aus dem Amerikanischen von
Dagobert von Mikusch

marixverlag

Der Titel der Originalausgabe lautet: Genghis Khan: Emperor of All Men

Copyright © 1927 by Harold Lamb. Renewed.

Genehmigte Lizenzausgabe für Marix Verlag GmbH, Wiesbaden 2006
Covergestaltung: Thomas Jarzina, Köln
Bildnachweis: Bridgeman Art Library
Satz und Überarbeitung: Pinkuin Satz und Datentechnik, Berlin
Gesamtherstellung: GGP Media GmbH, Pößneck
Printed in Germany

ISBN-10: 3-86539-067-6
ISBN-13: 978-3-86539-067-7

www.marixverlag.de

Inhalt

AUFTAKT

Das Rätsel 13

ERSTER TEIL

1. Kapitel Die Wüste 23
2. Kapitel Der Kampf ums Dasein 31
3. Kapitel Die Schlacht bei den Wagen 42
4. Kapitel Temudschin und die
»Reißenden Ströme« 52
5. Kapitel Als die Fahne auf dem
Gupta wehte 64
6. Kapitel Tod des Priesterkönigs Johannes 74
7. Kapitel Die Yassa 84

ZWEITER TEIL

8. Kapitel Cathay 97
9. Kapitel Der Goldene Kaiser 108

10. Kapitel Umkehr der Mongolen 118
11. Kapitel Karakorum 126

DRITTER TEIL

12. Kapitel Das Schwert des Islams 139
13. Kapitel Der Marsch nach dem Westen 150
14. Kapitel Die ersten Kämpfe 159
15. Kapitel Buchara 168
16. Kapitel Der Ritt der Orkhons 180
17. Kapitel Dschingis Khan auf der Jagd 189
18. Kapitel Der goldene Thron des Tuli 198
19. Kapitel Die Poststraßen 207
20. Kapitel Die Schlacht am Indus 218
21. Kapitel Die große Kurultai 228
22. Kapitel Die Aufgabe ist erfüllt 232

VIERTER TEIL

Nachwort 241

ANMERKUNGEN

1. Die Metzeleien 257
2. Priester Johannes von Asien 260
3. Die Gesetze des Dschingis Khan 261
4. Über die numerische Stärke der
   mongolischen Heere 266

Inhalt

5. Das mongolische Eroberungsverfahren 268
6. Die Mongolen und das Schießpulver 271
7. Kreuz und Zauberpriester 275
8. Ssubotai Bahadur und Mitteleuropa 276
9. Urteile Europas über die Mongolen 284
10. Beziehungen zwischen europäischen
    Monarchen und den Mongolen 287
11. Das Grab Dschingis Khans 292
12. Ye Liu Chutsai, der Weise von Cathay 294
13. Ogotai und seine Schätze 297
14. Der letzte Hof der Nomaden 301
15. Der Enkel Dschingis Khans im
    Heiligen Land 315

GELÄNDEKARTEN

1. Das Charesmische Kaiserreich zu Beginn des
   XIII. Jahrhunderts......................... 318
2. Ostasien gegen Ende des XII. Jahrhunderts 319

DSCHINGIS KHAN

»Scriptum est de sapiente; in terram alienarum gentium transibit, bona et mala in omnibus tentabit. Hic opus fecit: sed utinam ut sapiens et non stultus. Multi enim faciunt quod facit sapiens, sed non sapienter, sed magis stulte.«

»Im Himmel: Gott. Auf Erden: der Kha Khan, die Macht Gottes. Das Siegel des Kaisers der Menschheit.«

Siegel Dschingis Khans

AUFTAKT

Das Rätsel

Vor siebenhundert Jahren war ein Mann nahe daran, sich die ganze Erde zu unterwerfen. Er machte sich zum Herrn über die Hälfte der damals bekannten Welt und brachte Schrecken über die Menschheit, der Generationen überdauern sollte.

Im Lauf seines Lebens hat man ihm mancherlei Namen beigelegt: »Allmächtiger Menschenbezwinger«, »Geißel Gottes«, »Vollkommener Held«, »Herrscher über Kronen und Throne«. Uns ist er am bekanntesten als Dschingis Khan.

Im Gegensatz zu den meisten Weltherrschern kamen ihm alle diese Titel mit Recht zu. Wir kennen von der Schule her die Taten der Großen dieser Erde: eines Alexander, eines Cäsar, eines Napoleon. Dschingis Khan ist ein Eroberer von weit gewaltigerem Ausmaß als jene wohlbekannten Helden der europäischen Bühne.

In der Tat sind übliche Maßstäbe kaum auf ihn anwendbar. Die Märsche seiner Horde erstreckten sich nicht über Meilen, sondern über Längen- und Breitengrade; Großstädte wurden auf seinem Wege hinweggewischt und Flüsse aus ihrem Lauf gedrängt; Wüsten bevölkerten sich mit dem Strom der Flüchtigen und Sterbenden, war er vorübergezogen, und auf vordem blühendem Lande hausten nur mehr Raben und Wölfe.

Eine derartige Vernichtung von Menschenleben hat für uns Heutige etwas Unverständliches, ja Abstoßendes – sosehr auch das uns Vorstellbare durch die Erlebnisse des letzten europäischen Krieges bereichert sein mag. Dschingis Khan, ein kleiner Nomadenhäuptling, der Wüste Gobi entstammend, überzog die ganze zivilisierte Welt mit Krieg – und besiegte sie.

Um zu verstehen, was das besagen will, muß man auf Stimmen aus dem dreizehnten Jahrhundert zurückgreifen. Die Muhammedaner von damals waren überzeugt, daß ein solcher Umsturz des Irdischen nur in übernatürlicher Heimsuchung seine Ursache haben konnte. Sichtlich war das Ende der Welt gekommen. »Noch nie«, ruft der Chronist, »war der Islam in einer gleich verzweifelten Lage, zerrieben zwischen den Einfällen der Nazarener und denen der Mongolen.«

Und Entsetzen packte die ganze Christenheit, als ein Menschenalter nach dem Tode Dschingis Khans mongolische Reiterhorden das westliche Europa überfluteten, als Boleslav von Polen und Bela von Ungarn besiegt vom Schlachtfeld entflohen, als Heinrich, Herzog von Schlesien, mitsamt seiner Ritterschaft – so das Los des Großfürsten Georg von Rußland teilend – unter den Pfeilen der Mongolen bei Liegnitz fiel und die schöne Königin Blanche von Kastilien dem Heiligen Ludwig zurief: »Mein Sohn, wo weilest du?«

Ein kühlerer Kopf, Kaiser Friedrich II., schrieb an Heinrich III. von England, daß die »Tataren« nichts anderes sein könnten als eine Strafe Gottes, der Christenheit für ihre Sünden auferlegt; und sicherlich wären sie die Abkömmlinge jener verlorenen zehn Stämme Israels, die das Goldene Kalb angebetet hätten und um dieses Götzendienstes willen in die Wüsten Asiens verschlagen worden wären.

Der hochgelehrte Roger Bacon war der Meinung, die Mongolen wären Soldaten des Antichrist, gekommen, um die letzte furchtbare Ernte zu halten.

Dieser Glaube fand Bekräftigung durch eine seltsame Weissagung, die man irrtümlich dem heiligen Hieronymus zuschrieb und in der es heißt, am Tage des Antichrist werde ein Geschlecht von »Türken« aus dem Lande Gog und Magog hinter den Bergen Asiens hervorbrechen, ein schmutziges, ungewaschenes Volk, das weder Wein noch Salz, noch Weizenbrot kenne und unendliches Elend unter der Menschheit verbreiten werde.

Das Konzil von Lyon wurde vom Papst teilweise zur Beratung darüber einberufen, wie der mongolischen Flut Einhalt getan werden könnte. Und der wackere Johann von Plano Carpini, ein Minoritenbruder von hünenhafter Gestalt, wurde als Legat des Apostolischen Stuhls zu den Mongolen entsandt: »Weil wir besorgen, daß die größte und dringendste Gefahr für die Kirche Gottes von jenen droht.«

In allen Kirchen der Christenheit aber wurden Gebete angesetzt um Errettung vor der Wut der Mongolen.

Würde die Geschichte des Dschingis Khan nur von dieser Vernichtung, dieser Hemmung menschlichen Fortschritts erzählen, so wäre er nichts weiter gewesen als ein zweiter Attila oder Alarich – ein Stürmer ohne Zweck und Ziel. Aber jene »Geißel Gottes« war zugleich auch der

»Vollkommene Held«, der »Herrscher über Kronen und Throne«.

Und hier stoßen wir auf das Rätsel, das Dschingis Khan umgibt. Ein Nomade, ein Jäger und Hirt, bricht die Macht dreier Kaiserreiche; ein Barbar, der nie eine Stadt gesehen hat und des Schreibens unkundig ist, stellt für fünfzig Völker Gesetze auf.

Napoleon gilt allgemein als das glänzendste Feldherrngenie Europas. Doch darf man nicht vergessen, daß er eine seiner Armeen in Ägypten ihrem Schicksal überantwortete, die Trümmer einer zweiten auf den Schneefeldern Rußlands zurückließ, um dann zuletzt in das Débacle von Waterloo hineinzustolzieren. Sein Reich brach mit ihm zusammen, sein Gesetzbuch wurde abgeschafft, sein Sohn noch vor seinem Tode enterbt. Die ganze vielgerühmte Laufbahn hat einen Beigeschmack von Theater, und Napoleon selbst von Bühnenheld.

Man muß schon bis auf Alexander von Mazedonien zurückgreifen, um ein dem Dschingis Khan ähnliches Eroberergenie zu finden – jenen göttergleichen Alexander, den kühnen und sieghaften Jüngling, der mit seiner Phalanx der aufgehenden Sonne entgegenzog und die Segnungen griechischer Kultur auf seiner Bahn verbreitete. Beide starben auf der vollen Höhe ihres Sieges, und beider Namen leben noch heute in den Legenden Asiens fort.

Erst nach ihrem Tode zeigt sich der Unterschied in dem, was sie vollbrachten. Alexanders Gründung zerfiel unter dem Streit seiner habgierigen Generäle, und sein Sohn mußte aus den eroberten Gebieten entfliehen.

Dschingis Khan dagegen hatte sein Reich, das sich von Armenien bis Korea, von Tibet bis zur Wolga erstreckte,

Das Rätsel

so fest zusammengeschmiedet, daß sein Sohn ohne Widerspruch das Erbe antreten konnte und noch sein Enkel Kubilai Khan über die Hälfte der alten Welt regierte.

Dunkel sind die Geschichtsquellen über dieses Kaiserreich, das von einem Barbaren gleichsam aus dem Nichts hervorgezaubert wurde. Noch die jüngste, von englischen Fachleuten verfaßte Geschichte jener Epoche muß zugestehen, daß die Tatsachen letzten Endes unerklärlich sind. Ein bekannter Gelehrter verweilt staunend bei »dieser schicksalhaften Persönlichkeit Dschingis Khans, über die wir uns im Grunde ebensowenig Rechenschaft geben können wie über das Genie eines Shakespeare«.

Mannigfache Umstände trugen dazu bei, die Persönlichkeit Dschingis Khans der Nachwelt zu verschleiern. Vor allem konnten die Mongolen nicht schreiben oder hielten wenigstens nicht viel davon. Die Geschichte seiner Zeit findet sich fast ausschließlich in den schwer zugänglichen Schriften der Uiguren (Juguren), Chinesen, Perser und Armenier. Erst die jüngste Zeit brachte eine zuverlässige Übersetzung des Sanang Setzen, einer sagenhaften Geschichte der Ostmongolen.

Bei einer Wertung Dschingis Khans ist also stets in Rechnung zu setzen, daß die aufschlußreichsten Chroniken über ihn von seinen Feinden stammen – Menschen einer durchaus fremden Rasse, die zudem von der Welt außerhalb ihrer Grenzen, ähnlich den Europäern des dreizehnten Jahrhunderts, nur ganz nebelhafte Vorstellungen hatten.

Der Mongole tauchte plötzlich auf, sie wußten nicht, woher er kam. Sie erfuhren den überwältigenden Stoß der mongolischen Horde und sahen sie, über sie hinwegstürmend, in andere unbekannte Länder weiterziehen. Ein Muhammedaner faßte das mongolische Erlebnis in die wenigen Worte zusammen: »Sie kamen, siegten, vernichteten – packten ihre Beute auf und zogen weiter.«

Diese verschiedenen Quellen zu erforschen und zu vergleichen hatte große Schwierigkeiten. Die Orientalisten, die sich damit befaßten, begnügten sich begreiflicherweise mit den rein politischen Tatsachen und Folgen der mongolischen Eroberungen. Dschingis Khan wird bei ihnen als eine Verkörperung des Barbarentums dargestellt – eine Art ungebändigter Naturgewalt, wie sie bisweilen aus unberührten Gebieten hervorbricht, um überständigen Kulturen den letzten Stoß zu geben.

Auch der Sanang Setzen hilft uns nicht weiter. Dort heißt es ganz einfach, Dschingis Khan war ein »Bogdo«, ein Gottessohn. An Stelle des Rätsels haben wir das Wunder.

Die europäischen Chronisten des Mittelalters glaubten, wie gesagt, an eine Art Satansmacht; für sie war der Mongole der Antichrist, auf die westliche Welt losgelassen.

Auch moderne Historiker haben sich leider von den Vorurteilen des europäischen dreizehnten Jahrhunderts nicht ganz frei gehalten, eines Jahrhunderts noch dazu, das die Mongolen nur als ganz schemenhafte Eindringlinge kannte.

Aber es gibt ein sehr einfaches Mittel, um das Rätsel zu erhellen, das Dschingis Khan umgibt. Dazu muß man sich um siebenhundert Jahre in der Zeit zurückversetzen und Dschingis Khan so zu sehen versuchen, wie er in den Chroniken seiner Zeit erscheint: nicht als eine Satansmacht oder Verkörperung des Barbarentums, sondern als Mensch schlechthin.

Das Rätsel

Wir werden uns hier nicht mit den politischen Auswirkungen der mongolischen Eroberungen befassen, sondern lediglich mit dem Manne, der die Mongolen von einem unbekannten Stamm zu einer Weltmacht emporführte.

Um ihn richtig zu werten, darf man nicht mit Begriffen und Maßstäben einer modernen Kultur an ihn herangehen. Man muß sein Leben aus der Nähe betrachten, inmitten eines Landes und Volkes, wie es damals vor siebenhundert Jahren war, vor dem Hintergrund eines rauhen und öden Landes, bevölkert nur von schweifenden Jägern und Nomaden mit ihren Renntierherden.

Die Menschen dort kleiden sich in Tierhäute und nähren sich von Milch und Fleisch. Sie fetten ihre Körper ein, um sich vor Kälte und Nässe zu schützen. Durch Hunger oder Kälte umzukommen war ebenso wahrscheinlich, wie im Kampf zu fallen.

»Dort gibt es weder Städte noch Siedelungen«, erzählt der tapfere Bruder Carpini, der als erster Europäer jenes Land betrat, »sondern überall nur öde Sandflächen. Nicht der hundertste Teil des gesamten Gebietes ist fruchtbar, nur der, der von den spärlichen Flüssen bewässert wird.

Das Land trägt nur wenig Bäume, ist aber wohlgeeignet zur Viehweide. Und selbst der Kaiser und die Prinzen, wie alle anderen, wärmen sich an Feuern aus Kuh- oder Pferdemist, an denen sie auch ihr Mahl bereiten.

Das Klima ist sehr unbeständig. Auf unerträgliche Hitze folgt plötzlich ebenso unerträgliche Kälte. Im Sommer gibt es die heftigsten Gewitter mit schrecklichem Blitz und Donner, wobei viele erschlagen werden; und gleich darauf kommen gewaltige Schneefälle oder eisige Stürme von solcher Gewalt, daß sich die Menschen kaum auf den

Pferden halten können. Bei einem solchen Sturm mußten wir uns flach auf den Boden werfen, und ringsum war es völlig finster vor Staub.«

So sah es Anno Domini 1162 in der Wüste Gobi aus; es war das Schweinsjahr nach dem türkisch-mongolischen Tierzyklus.

ERSTER TEIL

1. Kapitel

Die Wüste

Leben hatte nur geringen Wert in der Wüste Gobi. Weite Hochebenen, vom Sturm gepeitscht, dicht an die Wolken ragend. Schilfumkränzte Seen, wimmelnd von Scharen beschwingter Kreaturen, auf ihrem Zuge zu den Tundren des Nordens. Der Baikalsee, unermeßlich weit, naturgewaltig, heimgesucht von allen Dämonen der oberen Sphären. In den kristallklaren Mittwinternächten fern am Horizont der wogende Glanz des Nordlichts.

Die Kinder in diesem Winkel der nördlichen Gobi brauchten nicht erst Abhärtung zum Leiden; sie wurden dazu geboren. Waren sie einmal von der Mutterbrust entwöhnt, so verlangte man von ihnen, daß sie sich selbst weiterhalfen.

Im Familienzelt gehörte der Platz zunächst dem Feuer den erwachsenen Kriegern und den Gästen. Die Frauen durften sich auf der linken Seite niederlassen, aber doch in geziemender Entfernung; Buben und Mädchen mußten sehen, wo sie sich irgendwo dazwischendrängten.

Mit der Nahrung stand es ähnlich. Im Frühjahr, wenn Kühe und Pferde reichlich Milch zu geben begannen, war gute Zeit. Dann wurden die Schafe fetter, die jagdbaren Tiere zahlreicher, und man erlegte Hirsche, oder gar einen

Bären, anstatt der zähen und mageren Pelztiere wie Fuchs, Marder oder Zobel. Alles wanderte in den Kochtopf und wurde verzehrt. Zuerst versorgten sich die wehrhaften Männer, dann kamen die Alten und die Frauen an die Reihe; die Kinder mußten sich um die Reste von Knochen und sehnigen Fetzen prügeln. Nur sehr wenig noch blieb für die Hunde.

Im Winter, wenn das Vieh abmagerte, waren die Kinder weniger gut dran. Milch gab es nur mehr in der Form von Kumys – in Ledersäcken gegorene Stutenmilch. Sie war nahrhaft und rasch berauschend für einen Bub von drei bis vier Jahren – falls es ihm gelang, sich etwas davon zu erbetteln oder zu stibitzen. An Fleisch fehlte es, und gekochte Hirse mußte, so gut es ging, den Hunger stillen.

Wintersende aber war die schlimmste Zeit für die Jugend. Vieh konnte man nicht mehr schlachten, um die Herde nicht allzusehr zu lichten. Dann zogen die Krieger aus und raubten die Nahrungsvorräte eines Nachbarstammes, nahmen auch gleich Pferde und Vieh mit fort.

Die Kinder lernten auf eigene Faust jagen und schlichen Hunde oder Ratten mit Knüppeln oder stumpfen Pfeilen an. Auf Schafen, in deren wolligem Fell sie sich festklammerten, lernten sie reiten.

Entbehrung und Abhärtung war also das erste Erbe Dschingis Khans, dessen Geburtsname Temudschin lautete. Zur Zeit seiner Geburt war sein Vater unterwegs auf einem Raubzug gegen einen Stammesfeind, namens Temudschin. Draußen sowohl wie zu Hause lief die Sache gut ab; der Feind geriet in Gefangenschaft, und bei seiner Rückkehr gab der Vater dem Neugeborenen den Namen des besiegten Gegners.

Sein Heim war ein Zelt aus Filz, über ein Rahmenwerk von Stangen gespannt, mit einer Öffnung oben zum Durchlaß des Rauches. Die Zeltwände waren mit weißem Kalk bestrichen und mit Malereien verziert. Diese »Jurte« war auf einen Karren montiert und konnte so, von einem Dutzend und mehr Ochsen gezogen, über die Steppen wandern. Praktisch war sie auch, denn ihre kuppelartige Form hielt dem Ansturm der Winde stand, und im Notfalle konnte sie leicht niedergelegt werden.

Die ehelichen Frauen des Stammeshäuptlings – und Temudschins Vater war Häuptling – hatten jede das Recht auf eine eigene, schön verzierte Jurte, in der ihre Kinder hausten. Die Mädchen hatten die Pflicht, die Jurte in Ordnung zu halten und das Feuer auf dem Steinherd unter der Rauchöffnung zu überwachen. War man unterwegs, stand eine von Temudschins Schwestern vor der Zeltklappe auf der Plattform des Wagens und leitete die Ochsen. Die Deichsel des einen Karrens wurde an der Achse des anderen festgebunden; und so rollte man knarrend über die Steppen, deren endlose Fläche nur höchst selten ein Baum oder einzelne Hügel unterbrach.

In der Jurte wurden die Familienschätze aufbewahrt: Teppiche aus Buchara und Kabul, wahrscheinlich von einer Karawane erbeutet; Truhen gefüllt mit Frauenkram, Seidengewänder, von schlauen arabischen Händlern im Tausch erworben, und Schmuck aus eingelegtem Silber. Weit wichtiger waren die Waffen, die an den Wänden hingen: kurze türkische Krummsäbel, Speere, Köcher aus Elfenbein oder Bambus, Pfeile verschiedenster Länge und Schwere und oft auch ein runder Schild aus gegerbtem und durch Lacküberzug gehärtetem Leder.

Auch die Waffen waren erbeutet oder abgejagt und wechselten oft, je nach dem Kriegsglück, ihren Besitzer.

Temudschin – der jugendliche Dschingis Khan – hatte mancherlei Pflichten. Die Knaben der Familie mußten Fische fangen aus den Flüssen, die man beim Wechsel von der Sommer- zur Winterweide überschritt. Die Pferdeherde war ihrer Obhut anvertraut; und sie mußten oft weit über die Steppe reiten, um verlorene Tiere wieder einzufangen und neue Weideplätze ausfindig zu machen. Sie hielten Wache, ob nicht am fernen Horizont Räuber auftauchten, und verbrachten manche Nacht draußen im Schnee ohne wärmendes Feuer. So lernten sie von Jugend auf viele Tage hintereinander im Sattel zu bleiben und oft drei bis vier Tage ohne warmes Essen, ja manchmal überhaupt ohne jede Nahrung unterwegs zu sein.

Gab es genügend Schaf- oder Pferdefleisch, dann taten sie sich gütlich, um das Verlorene wieder einzubringen, und konnten als Vorsorge für kommende Entbehrung ganz unglaubliche Mengen hinunterschlingen. Zur Zerstreuung veranstalteten sie dann Pferderennen, zwanzig Meilen in die Steppe und wieder zurück, oder auch Ringkämpfe, bei denen man sich rücksichtslos die Knochen brach.

Temudschin ragte hervor durch erstaunliche Körperkraft wie listenreichen Geist – der Ausdruck erhöhter Fähigkeit zur Lebensanpassung. Obgleich er nur schmächtig von Wuchs war, wurde er Anführer der Ringkämpfer. Auch im Bogenschießen zeichnete er sich aus, wenn auch nicht in dem Maße wie sein Bruder Kassar, den man den Bogenschützen nannte. Kassar aber hatte Furcht vor Temudschin.

Beide schlossen einen Zweibund gegen ihre frechen

Halbbrüder. Und als erstes wird von Temudschin berichtet, daß er einen dieser Halbbrüder erschlug, weil der ihm einen Fisch gestohlen hatte. Verzeihung schien dieser nomadischen Jugend verächtlich; Vergeltung aber war Ehrenpflicht.

Doch Temudschin sollte bald ernstere Fehden als Knabenstreitigkeiten kennenlernen. Seine Mutter Yühlun, von fremdem Stamm und berühmt wegen ihrer Schönheit, war von seinem Vater gewaltsam geraubt worden, gerade als sie zur Hochzeit zum Zelt des ihr bestimmten Gatten ritt. Yühlun, ebenso klug wie energisch, fand sich nach kurzer Trauerzeit gut und gern mit dem Unvermeidlichen ab. Aber jeder in der Jurte wußte, daß eines Tages die Männer ihres Stammes kommen würden, um die Schmach zu rächen.

Und abends, bei glimmendem Dungfeuer, lauschte Temudschin den Vorträgen der fahrenden Sänger, Greisen, die mit ihrer einbesaiteten Fiedel von Zeltkarren zu Zeltkarren ritten und mit dröhnender Stimme die Taten der Vorfahren und Helden des Stammes besangen.

Der junge Temudschin war sich seiner Kraft und seines Rechts auf Führerschaft wohl bewußt. War er nicht der Erstgeborene Yesukais des Kühnen, Khans der Yakka- oder Groß-Mongolen, Herrn über vierzigtausend Zelte?

Aus den Sagas der Sänger erfuhr er, daß er vornehmem Geschlecht, den Burchikun oder »Grauäugigen«, entsprossen war. Er lauschte der Erzählung von seinem großen Vorfahren Kabul Khan, der den mächtigen Kaiser von Cathay (Nord-China) am Bart gezerrt hatte und dafür vergiftet worden war. Er hörte, daß sein Vater der Waffenbruder des Toghrul war, des Khans der Keraïts, des mächtigsten Stammes der Gobi-Nomaden – jenes

Toghrul, mit dem man in Europa die Erzählungen von einem Priesterkönig Johannes von Asien* verknüpfte.

Zu jener Zeit aber reichte Temudschins Welt nicht über die Grenzen der Weideplätze seines Stammes, der Yakka-Mongolen.

Und ein weiser Ratgeber sagte einst zu dem Knaben: »Das Land Cathay ist mehr denn hundertmal größer als wir. Und nur deshalb konnten wir wagen, es mit jenen aufzunehmen, weil wir echte Nomaden sind, wohlerfahren in unserer Kriegsweise, und alles, was wir brauchen, mit uns führen. Gelingt uns der Angriff, so plündern wir; wenn nicht, weichen wir in die Wüste aus. Würden wir anfangen, Städte zu bauen, und unsere altgewohnte Art ändern, so wäre uns kein Gedeihen beschieden. Überdies, Klöster und Tempel verweichlichen den Charakter, und nur ungebrochene Naturkraft und Freude am Krieg vermag Herrschaft über die Menschen gewinnen.«**

Als seine Lehrzeit als Hirtenbub beendet war, durfte er mit seinem Vater Yesukai reiten. Nach allen Berichten war der junge Temudschin von ansprechendem Äußeren, weniger ausgezeichnet durch Schönheit der Gesichtszüge als durch kraftvollen Körper und eine offene, ungezwungene Art.

---

* Dieser Name ist in Europa entstanden. Es drangen damals Gerüchte nach dem Westen von einem christlichen Kaiser, der im Innern Asiens herrschen sollte und unter dem Namen Priester Johannes der Presbyter Johannes bekannt war. Marco Polo und andere nach ihm haben diesen mystischen Priester Johannes mit Toghrul identifiziert.
** Es ist zu beachten, daß Mongolen und Chinesen durchaus verschiedene Rassen sind. Die Mongolen waren Abkömmlinge der Tungusen, eines autochthonen Stammes, mit starker Blutmischung von Iraniern und Türken – eine heute »ural-altaisch« genannte Völkerfamilie. Bei den Griechen hießen diese Nomaden Hochasiens »Skythen«.

Er war großgewachsen, hochschulterig, mit einer ins Weißliche schimmernden Hautfarbe. Seine Augen, mit grüner oder blaugrauer Iris und tiefschwarzer Pupille, standen weit auseinander unter der zurückfliehenden Stirn, waren aber nicht geschlitzt. Langes rötlich-braunes Haar fiel ihm in Zöpfen über den Rücken. Er sprach wenig, und alles was er sagte, war lange und wohl überlegt. Sein Temperament hatte etwas Unbeherrschtes, aber er besaß die Gabe, sich zuverlässige Freunde zu schaffen.

Seine Brautwerbung war ebenso ungestüm wie die seines Erzeugers. Als Vater und Sohn die Nacht in der Jurte eines fremden Kriegers verbrachten, erregte das Mädchen des Zelts die Aufmerksamkeit des jungen Mannes. Sofort fragte er Yesukai, ob er sie zur Frau haben könnte.

»Sie ist noch zu jung«, warf der Vater ein.

»Wenn sie älter ist, wird sie sich schon machen«, meinte Temudschin.

Yesukai betrachtete das Mädchen; sie war neunjährig, sehr schön von Angesicht und hieß Burtai – ein Name, der an den legendären Vorfahren des Stammes erinnerte: die Grauäugige.

»Sie ist recht unbedeutend«, bemerkte jetzt der Vater des Mädchens, insgeheim geschmeichelt über das Interesse der Mongolen, »aber immerhin magst du dich mit ihr befassen.« Temudschin gefiel ihm. »Dein Sohn hat ein offenes Gesicht und helle Augen.«

Am nächsten Morgen wurde der Handel abgeschlossen, und der Khan der Mongolen ritt weiter. Temudschin blieb zurück, um mit Braut und Schwiegervater nähere Bekanntschaft zu schließen.

Einige Tage danach kam ein mongolischer Reiter angaloppiert und brachte die Nachricht, daß Yesukai im Sterben liege und Temudschin zu sehen wünsche; er hätte unterwegs eine Nacht im Zelt eines Feindes verbracht und wäre vermutlich vergiftet worden. Der Dreizehnjährige eilte, so schnell das Pferd laufen konnte, zum »Ordu« oder Zeltlager seines Clans, fand aber den Vater nicht mehr am Leben.

Und noch andere Dinge hatten sich während seiner Abwesenheit ereignet. Die Vornehmsten des Clans hatten sich zur Beratung zusammengetan, und zwei Drittel von ihnen hatten die Fahne des Häuptlings verlassen und waren davongezogen, um sich andere Beschützer zu suchen. Es schien ihnen zu gefährlich, ihre Familien und Herden einem unerfahrenen Knaben anzuvertrauen.

»Ein tiefer Teich ist ausgetrocknet, und ein fester Stein ist zerbröckelt«, sagten sie. »Was haben wir mit einem Weib und ihren Kindern zu schaffen?«

Yühlun, die Kluge und Mutige, tat ihr möglichstes, um das Auseinanderfallen des Clans zu verhüten. Sie ergriff die Fahne mit den neun Yakschwänzen, ritt hinter den Ausreißern her und verhandelte mit ihnen; es gelang ihr auch, einzelne Familien mit ihren Herden und Karren zur Umkehr zu bewegen.

Als Khan der Yakka-Mongolen saß nun Temudschin auf der weißen Pferdehaut. Aber nur Reste des Clans hielt er um sich geschart; und zudem stand er vor der Gewißheit, daß alle Blutfeinde der Mongolen den Tod des Yesukai benutzen würden, um am Sohn die langaufgeschobene Rache zu nehmen.

2. Kapitel

Der Kampf ums Dasein

Zur Zeit seines Urgroßvaters Kabul Khan und seines Vaters Yesukai erfreuten sich die Yakka-Mongolen einer Art Oberherrschaft über die nördliche Gobi. Daher hatten sie die besten Weideplätze mit Beschlag belegt, jene nämlich, die sich vom Baikalsee bis zum Fuß des heutigen Dschingan-Gebirges am Rande der Mandschurei erstreckten.

Diese weiten Grasflächen nördlich der alles verschlingenden Sandwüste Gobi, zwischen den beiden fruchtbaren Tälern der Flüsse Kerulon und Onon, waren natürlich höchst begehrenswert. Die Höhen waren mit Birken- und Tannendickicht bedeckt, es gab ausgiebige Jagd und – infolge der späten Schneeschmelze – Wasser im Überfluß. Solche Gunst der Lage war den fremden Clans, die bislang unter der Herrschaft der Mongolen gestanden hatten, nur allzugut bekannt; und sie machten sich nun auf, um sich Land und Besitz des dreizehnjährigen Temudschin anzueignen.

Für Nomaden waren es Besitztümer von unschätzbarem Wert – fettes Weideland, mit nicht allzu strengem Winter, und zahlreiche Herden, die alles zum Leben Nötige lieferten: Wolle, um Filz und Stricke für die Jurten zu fertigen;

Knochen für Pfeilspitzen und Leder für Sättel, Geschirr und Kumys-Beutel.

Für Temudschin schien nur Flucht die einzige Rettung. Nichts konnte er tun, um den drohenden Schlag abzuwenden. Seine Vasallen, wie wir sie nennen wollen, zeigten sich unentschlossen und kaum bereit, den Zehnten des Khans von ihrem Vieh einem Knaben zu zahlen. Zudem waren sie meist rings in den Bergen zerstreut, um ihre Herden vor den Wölfen und den im beginnenden Frühling üblichen Raubüberfällen zu schützen.

Aber Temudschin floh nicht. Die Chronik erzählt, er habe eine Zeitlang einsam in seiner Jurte geweint. Er hatte nun für die unter seinem Schutz stehende Familie zu sorgen: Da waren die jüngeren Brüder, die Schwestern, der Halbbruder, der ihm, wie es scheint, blind ergeben war, und vor allem die Mutter, die nur allzugut wußte, welch unabwendbares Verderben ihrem Erstgeborenen drohte.

Unabwendbar – denn ein großer Krieger, Targutai, ebenfalls vom Geschlecht der Burchikun, der Grauäugigen, hatte verkündet, daß er nun Oberherr über die nördliche Gobi wäre. Targutai aber war Häuptling der Taidjuten, der Blutsfeinde der Mongolen.

Targutai hatte schon die meisten von Temudschins Gefolgsleuten bewogen, zu seiner Fahne überzutreten. Und nun lag es ihm ob, den jugendlichen Khan der Mongolen zu Tode zu hetzen, gleich wie der alte Wolf den jungen Rüden aufspürt und zerreißt, wenn dieser zu schwächlich ist zur Führung des Rudels.

Ohne jede Warnung wurde die Jagd eröffnet. Eines Tages stürmten plötzlich Scharen von Reitern auf das »Ordu«, das Zeltdorf der Mongolen, zu. Ein Teil bog seitwärts ab, um die draußen liegenden Herden davonzutreiben; Targutai selbst wandte sich nach dem Zelt mit der Fahne des Führers.

Temudschin und seine Brüder entwichen vor dem Ansturm der Krieger, nicht ohne daß Kassar, der kühne Bogenschütze, wenigstens den Feinden einige Pfeile entgegensandte. Yühlun durfte am Leben bleiben – nur auf Temudschin hatte es Targutai abgesehen.

Und so ging denn die Hetze los: die Taidjuten den Knaben immer dicht auf den Fersen. Doch brauchten sich die Jäger nicht allzusehr zu beeilen; die Fährte war frisch und deutlich sichtbar, und Nomaden können, wenn es gilt, viele Tage ununterbrochen im Sattel bleiben. Solange sich Temudschin kein frisches Pferd beschaffen konnte, war er mit Sicherheit einzuholen.

Die Knaben suchten instinktiv deckende Schluchten zu erreichen, in denen holziges Gesträuch sie verbarg. Bisweilen sprangen sie auch von den Pferden, hieben Bäume quer über den Engweg nieder, um die Verfolger aufzuhalten. Als die Dämmerung hereinbrach, trennten sie sich. Die jüngeren Brüder und die Mädchen verkrochen sich in einer Höhle, Kassar bog seitwärts ab, und Temudschin selbst ritt weiter einem Berg zu, wo sich ein Versteck bot.

Dort hielt er sich mehrere Tage vor den Verfolgern verborgen, bis ihn schließlich der Hunger zu dem Versuch zwang, sich mit seinem Pferd durch die lauernden Taidjuten hindurchzuschleichen. Dabei wurde er entdeckt, überwältigt und vor Targutai gebracht. Dieser befahl, ihn in den »Kang« zu schließen – ein schweres hölzernes Joch, das über den Nacken gelegt wurde und an beiden Enden die Handgelenke des Gefangenen festklemmte. So gefesselt wurde er von den Kriegern mitgeführt, die nun mit der geraubten Herde zu ihren Weideplätzen zurückkehrten. Eines Abends aber feierten sie ein Fest, und der Gefangene blieb allein mit einem Wächter zurück. Dunkelheit senkte sich über das Lager, es war nicht nach dem Sinn des jungen Mongolen, eine Gelegenheit zur Flucht ungenutzt zu lassen.

In der Finsternis des Zeltes schlug er mit dem Ende des Kang auf den Wächter ein, bis dieser bewußtlos war. Als er ins Freie trat, sah er, daß der eben aufgegangene Mond ein mattes Licht zwischen die Bäume des Waldes warf, in dem man das Lager aufgeschlagen hatte. Bald aber hörte er hinter sich den Lärm der Verfolger; er sprang ins Wasser und tauchte im Schutz des Ufergebüschs bis zum Kopf unter.

Während die Reiter der Taidjuten das Ufer nach ihm absuchten, beobachtete Temudschin, daß einer der Krieger ihn in seiner Lage entdeckte, stutzte, dann aber, ohne ihn zu verraten, weiterritt.

Eingeschlossen in den Kang war Temudschin so hilflos wie zuvor; und was er jetzt unternahm, dazu gehörte ebensoviel Geistesgegenwart wie Mut. Er stieg aus dem Wasser, folgte vorsichtig den zum Lager zurückkehrenden Reitern und schlich sich in die Jurte jenes Kriegers, der ihn in dem Gebüsch gesehen, aber nicht ausgeliefert hatte – vermutlich ein Fremder, der sich nur zufällig bei dem Clan aufhielt.

Beim Erscheinen des triefenden Knaben schien der Mann nicht weniger von Furcht erfüllt als Temudschin selbst. Doch erbarmte er sich des Gefangenen, wohl in der Erwägung, er könnte nach allem nichts Besseres tun, als den Jungen so rasch wie möglich entwischen zu lassen.

So schlug er den Kang auseinander, verbrannte die Stücke und verbarg Temudschin einstweilen in einem mit Schafwolle angefüllten Karren.

Zwischen der stickigen heißen Wolle war es nicht angenehm zu hocken – namentlich als dann die Taidjuten kamen, um das Zelt zu durchsuchen, und ihre Speere in den Karren stießen, wobei Temudschin am Schenkel verletzt wurde.

»Der Rauch meines Hauses wäre verweht und mein Feuer für immer verloschen, hätten sie dich gefunden«, erklärte der Krieger voll Ingrimm, gab dem Flüchtling aber zugleich zu essen und überreichte ihm dann einen Bogen mit zwei Pfeilen. »Geh jetzt zu deiner Mutter und den Brüdern.«

Temudschin fing sich ein Pferd und gelangte glücklich heim. Aber der Zustand seines Besitztums entsprach fast genau den Worten des fremden Kriegers – das Lager nur noch rauchende Asche, die Herden davongetrieben, Mutter und Brüder verschwunden. Er ging ihren Spuren nach und fand schließlich in einem abgelegenen Versteck eine halbverhungerte Familie: die ungebeugte Yühlun, den tapferen Kassar und seinen Halbbruder Belgutai, der ihn vergötterte.

Sie machten sich auf die Wanderung zu dem weit entfernten Lager eines ihnen Wohlgesinnten. So gut es ging, schlugen sie sich durch, reisten nur bei Nacht mit den ihnen noch verbliebenen acht Pferden, nährten sich von Fischen an Stelle fetter Hammel und erlegten hier und da allerschlechtestes Wild, wie Murmeltiere. Temudschin aber lernte in dieser Zeit, einem wohlgelegten Hinterhalt zu entgehen und sich durch die Reihen der ihn jagenden Reiter geschickt hindurchzuschleichen. Denn gehetzt wurde er dauernd, und mit den Jahren wuchs seine Gewandtheit und Verschlagenheit. Ein zweites Mal, das steht fest, hat er sich nicht fangen lassen.

Zwar hatte er zunächst von den Weideplätzen seiner Väter fliehen müssen; aber der jugendliche Khan war weit davon entfernt, sein rechtmäßiges Erbe so schlechthin den Feinden zu überlassen. Er suchte die versprengten Niederlassungen seines Stammes auf und forderte mit Nachdruck den dem Khan zustehenden Tribut – von jeder der Herden ein Kamel, Rind, Pferd und Schaf – zum Unterhalt für seine Mutter.

Bemerkenswert ist, daß er zwei Dinge zu tun unterließ. Burtai, die Grauäugige, wartete noch immer darauf, daß er käme und sie in sein Zelt hole. Und der Vater Burtais war ein mächtiger Clansmann, Herr über viele Speere. Doch Temudschin hielt sich von ihnen fern.

Und ebensowenig wandte er sich an den alten und einflußreichen Toghrul, das Oberhaupt der Keraït-Türken. Toghrul hatte mit Yesukai Blutsbrüderschaft getrunken – und dieser Bund berechtigte den Sohn, den Schutz des andern als Pflegevater in Anspruch zu nehmen. Es wäre wohl nicht schwierig gewesen, über die Steppen hin zu den Keraïts zu reiten, die in ummauerten Städten lebten und märchenhafte Schätze besaßen: kostbare Steine, gewebte Stoffe, die schönsten Waffen und sogar Zelte aus Goldstoff – jenen Keraïts, die der Kunde nach zum Reich des Priesterkönigs Johannes von Asien gehörten.

»Wenn man als Bettler mit leeren Händen kommt«, erklärte Temudschin, »so wird einem nur Verachtung zuteil, aber keine Unterstützung.«

Und dabei blieb er, nicht aus falschem Stolz, sondern nach der geraden Denkweise der Yakka-Mongolen. Priesterkönig Johannes war verpflichtet, ihm zu helfen – in Hochasien ist ein Freundschaftseid bindender als das verpfändete Wort eines Königs. Temudschin aber wollte sich erst dann an diesen Herrn über Städte und seltsame Wunderwerke wenden, wenn er nicht als Flüchtling, sondern als Verbündeter vor ihm erscheinen konnte.

Unterdessen geschah es, daß der Familie die acht Pferde gestohlen wurden.

Die Geschichte mit den acht Pferden ist wert, getreu nach der Chronik berichtet zu werden. Räubernde Taidjuten waren die Diebe; und Belgutai war gerade unterwegs auf dem neunten Pferd, jener Fuchsstute, die Temudschin aus den Fängen Targutais errettet hatte. Als Belgutai von der Murmeltierjagd zurückkehrte, trat der junge Khan ihm entgegen.

»Die Pferde hat man uns gestohlen.«

Eine böse Sache; denn damit waren alle Brüder bis auf einen gezwungen, zu Fuß weiterzuwandern, wehrlos der Gnade jedes des Wegs kommenden Reiters ausgesetzt.

Belgutai erklärte sich sofort bereit, den Dieben nachzusetzen.

»Du kannst ihnen ja doch nicht folgen und sie finden«, warf Kassar ein, »ich werde gehen.«

»Du wirst sie nicht finden.« sagte Temudschin, »und selbst wenn du sie triffst, kannst du die Pferde nicht zurückbringen. Ich werde gehen.«

Also tat er, setzte sich auf die ermüdete Fuchsstute, nahm die Spur der Reiter und der acht Pferde auf und folgte ihr drei Tage lang. Er hatte sich etwas getrocknetes Fleisch mitgenommen, eingeklemmt zwischen Sattel und Pferderücken, um es mürbe zu machen und warm zu halten. Das Fleisch war längst verzehrt; doch ein weit ernstlicheres Hemmnis war seine völlig ermattete Stute. Die Taidjuten konnten im Galopp von einem Pferd zum andern wechseln, und so hatte er sie aus den Augen verloren.

In der Frühe des vierten Tages traf er einen Krieger etwa seines Alters, der seitwärts der Fährte eine Stute melkte.

»Hast du acht Pferde gesehen, mit Männern, die sie davontrieben?« fragte Temudschin anhaltend. »Freilich, vor Sonnenaufgang wurden acht Pferde hier vorübergetrieben. Ich werde dir den Weg zeigen, den sie nahmen.«

Nach einem zweiten kurzen Blick auf den Mongolen nahm der fremde Jüngling den ledernen Milchsack, band ihn zu und versteckte ihn im hohen Gras. »Du bist erschöpft und in Not«, sagte er. »Ich heiße Bordschu und will mit dir reiten nach den Pferden.«

Der müde Fuchs wurde auf die Weide getrieben; Bordschu fing aus der Herde, die er hütete, einen Schimmel ein, sattelte ihn und übergab ihn Temudschin. Von neuem nahmen sie die Fährte auf; und nach dreitägigem Ritt erblickten sie die Lagerstätte der Taidjuten, nahe dabei grasten die gestohlenen Pferde.

Die beiden Jünglinge fingen sie ein und trieben sie davon; ebenso rasch setzten die Taidjuten hinter ihnen her. Einer der Verfolger, auf einem Schimmelhengst und mit dem Lasso bewaffnet, kam ihnen hart auf die Fersen.

Bordschu bot sich an, Temudschins Bogen zu nehmen und zurückbleibend die Verfolger aufzuhalten; aber davon wollte Temudschin nichts wissen. Sie trieben die Pferde weiter, bis es zu dämmern begann und der Krieger auf dem Schimmelhengst schon fast nahe genug gekommen war, um das Fangseil zu werfen.

»Der Mann da könnte dich verletzen«, sagte der junge Mongole zu seinem neugewonnenen Freund, »ich werde den Bogen abschießen.«

Und zurückbleibend spannte er die Sehne und schoß einen Pfeil auf den Taidjuten, der aus dem Sattel stürzte. Als die anderen den Verwundeten eingeholt hatten, hielten sie an. Die beiden Jungen setzten weiter durch die Nacht und erreichten auch glücklich – mit den Pferden und der Geschichte ihrer wackeren Tat – das Lager von Bordschus Vater. Bordschu eilte, den Sack voll Milch zu finden und heimzubringen, um den Zorn seines Vaters zu beschwichtigen.

»Ich sah ihn erschöpft und in Not«, entschuldigte er sich, »so bin ich mit ihm geritten.«

Der Vater, Herr einer zahlreichen Herde, hörte nicht ohne Stolz den Bericht des Vollbrachten an – war doch die Kunde von Temudschins heldenhaften Abenteuern schon von Zelt zu Zelt über die Steppe gedrungen. »Ihr seid beide jung«, sagte er, »bleibt Freunde und haltet euch die Treue.«

Man gab dem jungen Khan Proviant sowie einen Sack gefüllt mit Stutenmilch auf den Weg und sandte ihn heim. Bald danach besuchte ihn Bordschu und brachte einen schwarzen Pelz als Geschenk für den jungen Häuptling und seine Familie.

»Ohne dich würde ich die acht Pferde nie gefunden haben«, begrüßte ihn Temudschin; »also gehört die Hälfte von ihnen dir.«

Aber Bordschu wollte davon nichts hören: »Würde ich

nehmen von dem, was dir gehört, wie könntest du mich dann deinen Freund nennen?«

Knauserigkeit lag nicht in der Art Temudschins und seiner jugendlichen Schar. Er war von Natur großzügig, und nie vergaß er ihm erwiesene Dienste. Außerhalb der kleinen Gefolgschaft jedoch wurde jeder zunächst als Feind betrachtet.

»Wie der Kaufmann für den erwarteten Gewinn auf die Güte seiner Stoffe vertraut«, versicherte er seinen Anhängern, »so beruht des Mongolen einzige Hoffnung auf Glück allein in seiner Tapferkeit.«

In ihm offenbarten sich die gleichen kriegerischen Tugenden und die oft grausamen Härten jenes anderen großen Nomadenvolkes, der Araber. Schwäche und Milde galten ihm nichts, und außerhalb seines Clans mißtraute er allem und jedem. Er hatte gelernt, die Verschlagenheit seiner Feinde mit allen Listen und Tücken zu parieren; doch sein Wort, einmal verpfändet, war ihm heilig.

»Nichts ist so verächtlich für einen Herrscher als Wortbruch«, sagte er in späteren Jahren.

Selbst innerhalb seines Clans, der sich nun allmählich durch den Zuzug der einstigen Gefolgsleute seines Vaters mehrte, beruhte der Anspruch seiner Führerschaft allein auf seiner persönlichen Schlauheit und Geschicklichkeit, mit der er den Feinden auswich und die lebenswichtigen Weideplätze um jeden Preis seinen Clansmännern zu erhalten wußte. Diesen, und nicht dem Oberhaupt waren nach Stammessitte Herden und Waffen zu Eigentum. Der Sohn des Yesukai durfte mit ihrer Gefolgschaft nur so lange rechnen, als er ihr Dasein auch zu schützen vermochte. Die Überlieferung – das Gesetz des Stammes – billigte dem Clan das Recht zu, sich einen anderen Führer zu erwählen, falls Temudschin in den erbarmungslosen und nie endenden Kämpfen der Nomadenvölker versagte.

List und Verschlagenheit hatten Temudschin das Leben bewahrt, Klugheit und wachsende Schärfe des Verstandes hielten wenigstens den Kern des Clans um ihn geschart. Wohl vermochten die Häuptlinge, die raubend in die begehrten Gebiete zwischen dem Kerulon und Onon einfielen, ihn aus dem Bergland heraus in die flache Ebene zu treiben; aber sich ihnen zu stellen, dazu brachten sie ihn nicht.

»Die Macht Temudschins und seiner Brüder«, so hieß es, »wächst mit jedem Tag.«

Aber in Temudschin allein glühte der Funke eines unbeugsamen Ziels: Eines Tages wird er die Herrschaft über das Erbe seiner Väter antreten!

Zu dieser Zeit, da er siebzehn Jahre alt war, machte er sich auf, um Burtai aufzusuchen und sie als seine erste Frau heimzuführen.

3. Kapitel

Die Schlacht bei den Wagen

In diesem Volk der Bogenschützen, »diesen Männern aus dem Land der langen Tage und der hohen weißen Berge« – wie die alten Chinesen die nördlichen Barbaren zu bezeichnen pflegten –, steckte ein Hang zu Lust und Scherz, eine angeborene Neigung zu froher Laune. Das Dasein war nie endende Not und Mühsal, die Natur hart und feindlich und Entbehren der Tage ständiges Gebot; ließ dann einmal der Druck des Lebens nach, gab man sich um so bereitwilliger Spaß und Vergnügen hin. Man muß sie bei ihren Belustigungen gesehen haben, um ein rechtes Bild von Temudschin und seinen Mongolen zu gewinnen; ihre Ausgelassenheit war zu Zeiten gleich überschäumend wie ihre Grausamkeit; ihre Gelage waren wilde Bacchanale.

Hochzeiten und Begräbnisse namentlich boten willkommenen Anlaß zum »Ikhüdür«, zu Festlichkeiten. Und eine solche Ausspannung vom Dasein eines gehetzten Wolfes war Temudschins Brautfahrt.

Unerwartet ritt er in das Zeltlager von Burtais Vater ein, begleitet von mehreren hundert jungen Männern, alle im Schmuck ihrer Waffen, gekleidet in Schaffelle und darüber die lose Jacke aus gegerbtem Leder, vor der Brust den grauslich bemalten Lackschild, die Lanze quer über die Schulter und hinten auf der Pferdekruppe, am hochbordigen Sattel befestigt, den ledernen Wassersack – die knochigen Gesichter verstaubt und wüst anzusehen unter der dick aufgetragenen Fettschicht, die vor Kälte und beißender Schärfe des Winters schützt.

»Als ich von der großen Feindschaft gegen dich hörte«, bewillkommnete Burtais Vater den jungen Khan, »da haben wir nicht geglaubt, dich jetzt so munter am Leben zu sehen.«

Das gab reichlich Anlaß zu Gelächter und stürmischer Begrüßung. Das ganze Lager wird lebendig. Diener eilen, um Schafe und feiste Pferde abzustechen und die Kochtöpfe zu füllen. Indessen sitzen die vornehmsten der Mongolenkrieger – die Waffen haben sie am Eingang der Jurte abgelegt – im Zelt zur Rechten des Familienhaupts, schwingen den Becher und klatschen schallend in die Hände. Der Fiedler spielt auf seiner einbesaiteten Geige auf; und vor jedem Rundtrunk tritt einer der Diener vor das Zelt, um das Trankopfer in jede der vier Richtungen des Windes darzubringen.

Draußen auf dem freien Platz Gruppen von wettergegerbten Steppenreitern. Stampfend tanzen sie umher in ihren schweren Hirschlederschuhen oder ziehen einander rückwärts bei den Ohren, als wollten sie die Kehle weiten, damit Kumys und Reiswein glatter hinunterströme.

Am dritten Tage sitzt Burtai im Häuptlingszelt zur Linken des Vaters, angetan mit dem langen Festgewand aus weißem Filz; die Zöpfe schwer von eingeflochtenen Silbermünzen und winzigen Figürchen; auf dem Kopf die Brautkrone: ein hoher Kegel aus Birkenrinde mit Seidenbrokat überzogen, von den aufgesteckten Haarschnekken beiderseits der Ohren getragen. So sitzt sie still und schweigsam, wie es die Sitte heischt, bis die Stunde der Entführung gekommen ist. Dann muß sie zwischen den Zelten hindurch entfliehen; Temudschin muß sie verfolgen und in einer Art Scheinkampf ihren Schwestern und Mägden entreißen, um sie dann zuletzt auf seinem Roß davonzutragen.

Im ganzen war es freilich nur ein kurzes »Ikhüdür« zu Ehren der schmalnasigen Schönheit, die nun das heimatliche Zeltdorf verließ. Vier Jahre hatte sie auf Temudschin gewartet und zählte jetzt dreizehn Jahre.

So ritt sie im Männersitz auf einem von Temudschins Ponys davon, Brust und Leib mit blauen Gürteln umwunden, gefolgt von ihren Mägden, die einen prächtigen Zobelmantel als Geschenk für Temudschins Mutter mitführten. Nun war sie die Frau des Khans, mußte seine Jurte in Ordnung halten, die Tiere, wenn es not tat, melken und, waren die Männer fort im Krieg, die Herden hüten und bewachen. Auch mußte sie den Filz für die Zelte weben, Kleider nähen mit einer gespaltenen Sehne als Nadel, sowie Sandalen und Socken für die Männer anfertigen.

Das waren ihre Pflichten. Aber freilich hatte sie das Geschick auch vor allen anderen Frauen ausgewählt. Die Geschichte kennt sie als Burtai Fidschen, die »Kaiserin«, Mutter von drei Söhnen, die über ein Reich herrschen sollten, weit größer als das Roms.

Auch der Zobelmantel fand seine Bestimmung. Temudschin hielt es nun an der Zeit, den mächtigen Toghrul, Herrn der Keraïts, zu besuchen. So machte er sich in Begleitung seiner jungen Helden auf und nahm den Zobelmantel als Geschenk mit.

Nach allem scheint Toghrul Khan ein gerechter und friedliebender Herrscher gewesen zu sein. War er auch selbst kein Christ, so fand sich doch in seinem Volk das Nestorianische Christentum weit verbreitet, nachdem es durch die frühen Apostel Andreas und Thomas in jene Gegenden gelangt war. Die Keraïts besaßen jene Flußländer, wo heute die Stadt Urga liegt. Sie gehörten in weiterem Sinne zu den Türkvölkern, einer Rasse, die mehr zum Handel und seinen Üppigkeiten neigte als die Mongolen.

Bei diesem ersten Besuch am Hof seines Pflegevaters – so mag er genannt werden – erbat Temudschin keine Hilfe von den mächtigen Keraïts; und erst beim Abschied gemahnte Toghrul selbst den jungen Khan an das sie verknüpfende Band.

Aber nicht lange danach sollte Temudschin des alten Toghrul Freundschaft in Anspruch nehmen. In der Gobi waren die Fehden von neuem aufgeflammt. Ein mächtiger Clan kam plötzlich aus der nördlichen Ebene herabgezogen und fiel raubend in die Lager der Mongolen ein. Sie nannten sich Merkits oder Merguen, noch reine Barbaren, die zu den Urbewohnern der Tundren gehörten – Menschen aus der »weißen Eiswelt«, die auf Schlitten, von Hunden oder Rentieren gezogen, durchs Land reisten.

Nach allem, was man wußte, waren es gefährliche Gegner. Zudem gehörten sie zum Clan jenes Kriegers, dem Temudschins Vater vor nun achtzehn Jahren Yühlun geraubt hatte; und sicher hatten sie die alte Schmach nicht vergessen. Mitten in der Nacht stürmten sie in das Lager der Mongolen und warfen brennende Fackeln in das Zelt des jungen Khans. Temudschin hatte gerade noch Zeit, ein Pferd zu greifen und sich mit Bogen und Pfeil in Sicherheit zu bringen; Burtai aber fiel in die Hände der Räuber. Nach der ausgleichenden Gerechtigkeit der Stämme übergab man sie einem Verwandten jenes Mannes, dem einst Yühlun geraubt worden war.

Aber die Krieger des Nordens erfreuten sich nicht lange des Besitzes der jungen Mongolenfrau. Temudschins Gefolgschaft war freilich zu schwach, um allein einen Angriff gegen die Merkits zu wagen. So ging er zu seinem Pflegevater Toghrul und erbat dessen Hilfe, die auch bereitwillig gewährt wurde. Mongolen und Keraïts zogen nun gemeinsam aus; und in einer Mondnacht fielen sie über das Lager der Räuber her.

Die Szene ist in der Chronik geschildert: Temudschin reitet im Wirrwarr der umgestürzten Zelte, den Namen seiner verlorenen Gattin rufend, suchend umher – Burtai hört seine Stimme, eilt ihr nach, faßt die Zügel seines Pferdes und wird erkannt.

»Ich habe gefunden, was ich suchte«, ruft er seinen Kameraden zu und springt aus dem Sattel.

Zwar konnte Temudschin nie sicher sein, ob der Erstgeborene Burtais ein Sohn von ihm wäre; doch brachte er ihr immer die gleiche Liebe und Verehrung entgegen. Zwischen ihren Söhnen machte er keinen Unterschied; und hatte er auch noch viele andere Kinder, so waren jene doch seine bevorzugten Begleiter. Von seinen übrigen Frauen und deren Kindern verzeichnet die Chronik nur schemenhafte Namen.

Mehr als einmal hat Burtais weibliches Vorahnen Anschläge gegen sein Leben durchschaut. Oft fand er sie,

Die Schlacht bei den Wagen

wenn der Morgen dämmerte, weinend neben seinem Bett knien.

»Wenn die Feinde deine Helden, diese Zedern an Kraft und Wuchs, erschlagen, was soll dann aus deinen kleinen schwachen Kindern werden?«

Nie gab es Friede oder nur Waffenstillstand im Kampf der Wüstenclans. Noch immer waren die Mongolen der schwächste unter den Nomadenstämmen, die die weiten Steppen jenseits der Großen Mauer durchwanderten. Dank dem Beistand Toghruls hatte Temudschin mehrere Jahre lang Ruhe vor den Völkern auf der westlichen Seite; aber von Osten her bedrängten ihn die Taidjuten und Bujarsee-Tataren* mit der ganzen Verbissenheit uralter Feindschaft. Nur ein ungewöhnlich kräftiger und zäher Körper und der scharfe Instinkt eines Wolfes mit untrüglicher Witterung für jede Gefahr sicherten Temudschin in diesem erbitterten Daseinskampf das Leben.

Einst blieb er, durch einen Pfeil in die Kehle getroffen, für tot im Schnee liegen. Zwei seiner Kameraden fanden ihn endlich, saugten das Blut aus der Wunde und wuschen die Verletzungen mit geschmolzenem Schnee. Die Hingabe seiner Krieger hatte nichts mit Liebedienerei zu tun – sie stahlen für ihn Nahrung direkt aus dem feindlichen Lager, als er krank lag; und wenn der Sandsturm tobte, hielten sie ihre ledernen Mäntel über den Schlafenden.

---

* Die Tataren waren ein den Mongolen fremder Stamm und ihre Nachbarn im Osten. Früher hat man in Europa die Mongolen irrtümlich als Tataren bezeichnet und das Kaiserreich der Mongolen-Khans als »Tatarenland«. Im Chinesischen kommt das Wort von: T'a T'a oder T'a tzi, das »Ferne Volk«; während die Tataren selbst ihren Namen von einem frühen Häuptling, Tatur, ableiten.

Als er einmal die Jurte eines anscheinend freundlichen Khans betrat, entdeckte er, daß man unter dem hingebreiteten Teppich, auf den er sich setzen sollte, heimlich eine Fallgrube angelegt hatte. Bald ging weit und breit die Kunde, der junge Temudschin verstehe es, seinen Clan aus jeder, auch der schlimmsten Klemme wieder glücklich herauszuretten.

Und so war es auch mit der berühmten Wagenschlacht. Die Mongolen, nun auf dreizehntausend Krieger angewachsen, befanden sich auf der Wanderung von der Sommer- zur Winterweide. Die Karawane durchzog gerade, weithin zerstreut, ein langes Tal; gemächlich rumpelten die Lastkarren und die »Kibitkas« (die Zeltwagen) zwischen dem Gewimmel der langsam dahintrottenden Herden – da wurde dem Khan die Meldung gebracht, daß eine gewaltige Schar von Feinden am Horizont aufgetaucht wäre und sich mit großer Schnelligkeit auf sie zubewegte.

Wohl kaum jemals hat ein legaler Thronerbe Europas sich in einer ähnlich verzweifelten Lage befunden. Der Gegner entpuppte sich als eine Armee von dreißigtausend Taidjuten unter Führung Targutais. Flucht hätte die Preisgabe der Frauen, des Viehs und des ganzen Besitztums des Clans bedeutet. Wäre er aber mit seinen Bewaffneten sofort zum Angriff vorgegangen und den Taidjuten im offenen Feld entgegengetreten, so würde er unweigerlich von der fast dreifachen Übermacht überwältigt und seine Kriegerschar niedergemacht und zersprengt worden sein.

Es war einer jener kritischen Augenblicke im Leben der Nomaden, der die ganze Existenz des Stammes mit Untergang bedrohte und der vom Führer unmittelbaren Entschluß und sofortige Tat verlangte.

Ohne zu zögern und ganz auf seine Art begegnete Temudschin der Gefahr. Im Nu waren alle Krieger im Sattel und sammelten sich unter ihren Fahnen. Er stellte sie, zu Schwadronen geordnet, nebeneinander auf, mit der linken Flanke an ein deckendes Waldstück gelehnt. Auf dem rechten Flügel ließ er im großen Kreis die Kibitkas zu einer Wagenburg ineinanderfahren; in den freien Innenraum wurde das Vieh getrieben; Frauen und Knaben, mit Bogen bewaffnet, besetzten die Karren.

Nun konnte er dem Angriff der Dreißigtausend in Ruhe entgegensehen. Sie kamen, das Tal durchquerend, in voller Schlachtordnung heran, formiert zu Schwadronen von je fünfhundert Mann. Jede Schwadron hatte hundert Mann in einer Linie, war also fünf Glieder tief.

Die beiden vordersten Glieder trugen Rüstung – schwere Eisenplatten, durch Riemen zusammengehalten, die Helme aus Eisen oder hartem Lackleder, mit wehenden Roßschweifen. Auch die Pferde waren rings um Nacken, Brust und Flanken mit Leder gepanzert. Bewaffnet waren sie mit kleinen Rundschilden und langen Lanzen, die unterhalb der Spitze ein Pferdehaarbüschel zierte.

Die beiden Reihen der Gepanzerten hielten nun an, indessen die hinteren Glieder – leichte Reiter in nur gegerbtem Leder, bewaffnet mit kurzem Wurfspieß und Bogen – durch sie hindurch vorgingen. Auf ihren flinken Pferden stürmten sie gegen die Front der Mongolen an und schossen ihre Waffen ab, um so dem Angriff der schweren Kavallerie den Weg zu bahnen.

Temudschins Leute, ähnlich bewaffnet und ausgerüstet, begegneten diesem Vorstoß mit einem Regen von Pfeilen ihrer kräftigen, mit Horn verstärkten Bogen.

Nach diesem vorbereitenden Scharmützel schwenkte die leichte Reiterei des Feindes ab und zog sich hinter die beiden Reihen der Gepanzerten zurück, die sich nun ihrerseits in Galopp setzten.

Das war der Augenblick für Temudschin, mit seinen Mongolen vorzustürmen. Er hatte seine Scharen zu Doppelschwadronen von je tausend Mann formiert, hundert Mann breit, aber dafür zehn Glieder tief. So konnte er zwar den dreißig Einheiten Targutais nur dreizehn entgegenwerfen; aber der wuchtige Anprall der tiefer gegliederten, auf engen Raum zusammengeschlossenen Formationen brachte den Angriff der Taidjuten zum Stehen, und die beiden vorgaloppierenden Reihen der Gepanzerten wurden auseinandergetrieben.

Damit konnte Temudschin die schwere Masse seiner Reiterei gegen die leichten Schwadronen des Gegners werfen. Und die Mongolen, der voraneilenden Fahne mit den neun Yak-Schwänzen folgend, stürmen vorwärts, ziehen sich auseinander und brechen, in vollem Lauf ihre Bogen abschießend, in die Reihen der Feinde ein.

Das blutige Handgemenge solcher Steppenschlachten folgte – ein wirbelndes Durcheinander wutbrüllender Reiterhorden, schwirrender Pfeilhagel, Aufblitzen kurzer Krummsäbel; Lassos fliegen hoch und reißen den Gegner aus dem Sattel, Haken an den Lanzenspitzen zerren ihn vom Pferde. Jede Schwadron kämpft für sich in erbittertem Einzelgefecht. Hin und her wogt der Kampf durch das Tal hin; wird eine Abteilung geworfen, sammelt sie sich und stürmt von neuem vor.

Erst mit Sonnenuntergang nahm die Schlacht ein Ende. Temudschin hatte einen vollen Sieg erfochten. Fünf- bis sechstausend der Feinde waren gefallen; und siebzig Anführer wurden, Schwert und Köcher über den Nacken gehängt, gefangen vor ihn geführt.

Nach einzelnen Berichten soll der Mongolen-Khan diese Siebzig dazu verurteilt haben, an Ort und Stelle bei lebendigem Leibe in Kesseln gesotten zu werden – ein kaum glaublicher Zug von Grausamkeit. Mitleid war dem jungen Khan fremd; hingegen wußte er die Brauchbarkeit kriegsgeübter Gefangener für seine Dienste wohl zu schätzen*.

---

* Siehe Note I. Die Metzeleien. Seite 257 ff.

4. Kapitel

Temudschin und die »Reißenden Ströme«

Der rothaarige Khan der Mongolen hatte seine erste regelrechte Schlacht geschlagen und sie gewonnen. Nun durfte er mit berechtigtem Stolz den Stab aus Elfenbein führen, das Abzeichen des Feldherrn – Anführers der Krieger.

Und ihn beseelte ein brennender Eifer, wehrhafte Männer um sich zu sammeln. Dieses Verlangen, stark zu werden durch Gefolgschaft, entstammte ohne Zweifel jener Zeit des Elends und der Ohnmacht, da Bordschu ihm aus Mitleid geholfen und die Pfeile des unerschrockenen Kassar ihm das Leben gerettet hatten.

Aber Macht galt dem jungen Temudschin nicht etwa als Faktor der Politik – diese trat zu jener Zeit kaum in seinen Gesichtskreis –, noch weniger als ein Mittel zur Bereicherung. Als Mongole verlangte er nicht mehr, als was er zum Leben brauchte; Besitz als solcher schien ihm von geringem Nutzen. Für ihn bedeutete Macht lediglich Stärke und kriegerische Kraft. Und rühmte er seine Helden, so sagte er stets von ihnen, sie hätten Steinblöcke zu Kies zermahlen, Felsklippen umgestürzt und reißende Gewässer zum Stehen gebracht.

Treue vor allem anderen forderte er von seinen Anhängern. Verrat eines Clansmanns war Todsünde und wurde nie verziehen. Konnte doch durch einen Verräter das ganze Zeltdorf der Vernichtung preisgegeben und die Horde in den feindlichen Hinterhalt gelockt werden. So war Treue zum Clan – und zum Khan selbstverständlich – oberstes Gesetz. »Was soll mir ein Mann, der am Morgen ein Versprechen gibt, um es bei Sonnenuntergang zu brechen?«

Auch in seinem Gebet spricht sich dieser Wunsch nach Gefolgschaft aus. Der Mongole pflegte dazu auf den Gipfel eines kahlen Berges zu steigen, denn dort, so glaubte er, wäre der Sitz der »Tengri«, Dämonen der Luft, der Entfesseler von Wirbelstürmen, von Donner und Blitz und allen Schrecknissen des grenzenlosen Himmelsraumes. Den Gürtel über die Schulter gelegt, betete er nach allen vier Richtungen des Windes:

»Herr des unermeßlichen Himmels, schenke mir deine Gnade; sende die Geister der Luft, mich zu beschützen; auf Erden aber sende mir Männer, mir zu dienen.«

Und Männer strömten nun herbei und scharten sich um die Fahne der neun Yakschwänze, gezählt nicht mehr nach Familien oder Zelten, sondern nach Hunderten. Ein großer Clan, auf der Wanderung begriffen und in Fehde mit seinem einstigen Häuptling, erwog gewichtig die Verdienste Temudschins des Mongolen: – »Seinen Jägern erlaubt er, alles Wild zu behalten, das sie bei den großen Jagden erlegen, und jeder erhält nach der Schlacht seinen gerechten Teil an der Beute. Er hat seinen Mantel von der Schulter genommen und ihn fortgeschenkt; er ist von seinem Pferde gestiegen und hat es dem Bedürftigen gegeben.«

Und wohl kaum ein Sammler kann den Erwerb einer kostbaren Seltenheit freudiger begrüßen als der Mongolenhäuptling den Zuzug dieses ganzen Clans.

Aus seinen treuesten Gefolgsleuten schuf er sich eine Art Hofstaat, ohne Kanzler und Marschall, nur ausgesucht tüchtige Männer. Seine ersten Waffenbrüder, Bordschu und Kassar, gehörten natürlich dazu; ferner Arghun, der Lautenspieler; Bayan und Muhuli – zwei geschickte und erprobte Schlachtenführer – und Soo, der große Armbrustschütze.

Arghun, der Sänger, scheint zugleich ein genialer Dichter gewesen zu sein. Einiges Licht fällt auf ihn gelegentlich des Vorfalls mit der goldenen Laute, einem Lieblingsstück des Khans, die Arghun sich ausgeborgt und anscheinend verloren hatte. Der leicht aufbrausende Khan schickte in einem Anfall von Wut zwei seiner Gefolgsleute aus, um Arghun zu erschlagen. Statt dessen aber ergriffen diese den Sünder, ließen ihn zwei Schläuche mit Wein austrinken und versteckten ihn darauf. Am nächsten Morgen rüttelten sie ihn aus seiner Betäubung wach, führten ihn mit Tagesanbruch vor die Jurte des Khans und riefen: »Sieh, schon glänzt das Licht des jungen Tages über deinem Ordu*, o Khan! Öffne den Eingang, und laß auch du die Sonne deiner Gnade scheinen.«

Und den Augenblick des Schweigens benutzend, sang Arghun:

»Ehe noch der Drossel Ting-tirili verklungen,
Stieß herab auf sie des Falken scharfer Griff –

---

* Ordu, das Zeltdorf, der eigentliche Mittelpunkt des Clans

So auch fiel auf mich der schlimme Zorn des Herrn.
Ach, wohl liebe ich den überschäumenden Becher,
Doch ein Dieb, der bin ich nicht.«

Stand auch auf Diebstahl Todesstrafe, so wurde Arghun doch vergeben; und der Verbleib der goldenen Laute ist bis heute unaufgeklärt geblieben.

Diese Paladine des Mongolenkhans waren bald weit und breit in der Gobi als die »Kijats«, die »Reißenden Ströme«, bekannt. Zwei unter diesen, damals noch fast Knaben, sollten später Krieg und Verwüstung über dreißig Längengrade der Erde hin verbreiten; es waren Chepe Noyon, der Bogenkönig, und Ssubotai Bahadur, der Kühne.

Chepe Noyon gehörte ursprünglich zu einem feindlichen Clan. Nach einer für die Mongolen siegreichen Schlacht setzten ihm Temudschin und seine Scharen nach und nahmen ihn gefangen. Da er unberitten war, bat er um ein Pferd und erbot sich, es mit jedem der Mongolen aufzunehmen. Temudschin ging darauf ein und gab ihm ein schnelles Pferd mit weißer Nase. Sobald der jugendliche Chepe im Sattel saß, focht er mit den Mongolen, und es gelang ihm, sich durch ihre Reihen durchzuschlagen und zu entkommen. Später kehrte er zurück und erklärte, dem Khan dienen zu wollen.

Lange Zeit danach, als Chepe Noyon auf der Jagd nach Gütschlük von Schwarz-Cathay den Tian-schan durchstreifte, ließ er tausend weißnasige Pferde zusammentreiben und sandte sie dem Khan als Geschenk und Zeichen, daß er jenen Vorfall, dem er sein Leben verdankte, nicht vergessen hatte.

Weniger draufgängerisch als der junge Chepe, dafür

aber verschlagener war Ssubotai von den Uriankhis, dem Rentiervolk. In ihm steckte etwas von der schlauen Gerissenheit eines Temudschin. Einmal, vor einem beabsichtigten Angriff auf die Tataren, fragte der Khan, wer von seinen Offizieren den ersten Ansturm zu führen bereit wäre. Ssubotai meldete sich; man lobte ihn und forderte ihn auf, sich hundert erprobte Krieger als Sturmtrupp auszuwählen.

Ssubotai aber erklärte, er brauche keine Begleiter; er wolle allein und dem Heere voraus in das feindliche Lager gehen.

Temudschin gab, etwas mißtrauisch, seine Zustimmung. Ssubotai ritt in das Tatarenlager und erklärte, er wäre von seinem Khan abgefallen und wollte zu ihnen übergehen. Es gelang ihm auch, den Tataren weiszumachen, daß keine Mongolenhorde in der Nähe wäre; und so traf sie der Überfall der Mongolen völlig überraschend und rieb sie auf.

»Ich werde deine Feinde von dir abwehren, wie der Filz schützt vor dem Winde«, versprach Ssubotai dem jungen Khan, »das werde ich für dich tun.«

»Und wenn wir schöne Frauen erobern und prächtige Hengste«, erklärten seine Paladine, »so werden wir dies alles dir bringen. Überschreiten wir aber deine Befehle und tun dir Schaden an, so setze uns aus in die öde Wüste, auf daß wir umkommen.«

»Ich war wie ein Schläfer, als ihr zu mir kamt«, antwortete dann wohl Temudschin seinen Helden; »ich saß in Schwermut versunken vormals, ihr aber habt mich aufer-weckt.«

Sie achteten ihn als den, der er de facto war, das Oberhaupt der Yakka-Mongolen; und er teilte seinen Paladinen Ruhm und Ehre zu, jedem nach seiner Art und Fähigkeit.

Bordschu, so bestimmte er, sollte in der Kurultai, der Versammlung der Häuptlinge, ihm zunächst sitzen und zu den Bevorrechteten gehören, die des Khans Bogen und Köcher trugen. Anderen wurden die Herden und die Sorge für die Ernährung anvertraut; wieder andere erhielten die Obhut über die Kibitkas und die Dienerschaft. Kassar, der außerordentliche Körperkraft, aber nur geringe Einsicht besaß, ernannte er zu seinem Schwertträger.

Zu seinen Unterführern – den Generalen der Kriegshorde – erwählte Temudschin Männer, die Wagemut mit kühlem Urteil vereinigten. Er kannte den hohen Wert jener kunstfertigen Handhabung der Führerschaft, die den Vorwärtsdrang zu zügeln weiß und den geeigneten Augenblick abwartet, um den Schlag zu führen. In der Tat, den rechten Mann an den rechten Platz zu stellen war eine der hervorstechendsten Fähigkeiten des Mongolen.

Von einem seiner Führer sagte er: »Yessutai ist wohl einer meiner tapfersten und befähigtsten Soldaten. Doch da auch die längsten Märsche ihn nicht ermüden und er nie Hunger noch Durst verspürt, so denkt er immer, daß seine Offiziere und Mannschaften ebensowenig darunter leiden. Aus diesem Grunde ist er zum höheren Kommando nicht geeignet. Ein General muß Hunger und Durst kennen, um zu wissen, was er seinen Untergebenen darin zumuten kann, und muß haushälterisch umgehen mit den Kräften von Mann und Pferd.«

Um unter diesen wilden Kampfhähnen seiner Gefolgschaft die Autorität zu wahren, bedurfte der junge Khan seiner ganzen rücksichtslosen Entschlossenheit ebenso wie eines äußerst fein wägenden Gerechtigkeitssinns. Die Häuptlinge, die sich seiner Fahne anschlossen, waren störrisch und unbotmäßig wie Wikinger.

Die Chronik berichtet nun, wie Burtais Vater, begleitet von seinen sieben Söhnen, im Lager erschien, um diese dem Khan zuzuführen. Geschenke wurden ausgetauscht, und die sieben Söhne fanden ihren geziemenden Platz unter den Mongolen, wo sie dann freilich ein Element nie endenden Verdrusses und Zwiespalts bilden sollten. Namentlich einer unter ihnen tat sich darin hervor, Tebtengri mit Namen, ein »Schamane«, ein solcher also, der seinen Körper nach Belieben verlassen und mit der Geisterwelt in Verbindung treten konnte; ihm war die Gabe geheimnisvollen Vorauswissens eigen.

Und Tebtengri war von unbändigem Ehrgeiz besessen. Nachdem er einige Zeit in den Zelten der einzelnen Anführer verbracht hatte, fielen er und einige seiner Brüder gemeinsam über Kassar her und verprügelten ihn mit Fäusten und Stöcken.

Kassar ging zu Temudschin, dem Oberhaupt, und beklagte sich bei ihm.

»Du hast dich doch gerühmt«, versetzte sein Bruder, »daß keiner im ganzen Lager dir gleichkommt an Kraft und Gewandtheit – warum also läßt du dich von diesen Burschen verhauen?«

Erbost über diese Antwort, zog sich Kassar in den ihm gehörigen Bezirk des Lagers zurück und hielt sich von Temudschin fern. Dies benutzte Tebtengri, um sich an den Khan selbst heranzumachen. Er suchte ihn in seinem Zelt auf und sprach: »Mein Geist hat Worte aus dem Jenseits vernommen, und der Himmel selbst gab mir dieses Wissen kund. Temudschin wird eine Weile über sein Volk herrschen, dann aber wird Kassar zur Macht kommen. Wenn du kein Ende machst mit Kassar, wird deine Herrschaft nicht lange währen.«

Die List des Zauberpriesters verfehlte nicht ihre Wirkung auf den Khan, denn er glaubte an Prophezeiung. Am Abend bestieg er sein Pferd und ritt mit einem kleinen Gefolge von Kriegern fort, um sich Kassars zu bemächtigen. Yühlun, seine Mutter, erfuhr davon. Sie ließ sofort einen Wagen mit dem schnellsten Kamel bereitmachen und eilte dem Khan nach.

Sie erreichte Kassars Zelt und schritt ungehindert durch die Reihen der Wache haltenden Krieger. Als sie die Häuptlingsjurte betrat, fand sie Temudschin vor dem knienden Kassar stehen, dem man Kappe und Gürtel abgenommen hatte. Temudschin blickte finster, und die Blässe des Todes lag auf dem Gesicht des jüngeren Bruders, des Bogenschützen.

Yühlun, eine Frau entschlossener Tat, ging auf Kassar zu, löste seine Fesseln und gab ihm Kappe und Gürtel zurück. Dann warf sie sich auf die Knie, entblößte ihre Brust und sprach zu Temudschin: »Ihr beide habt von diesen Brüsten getrunken. Deine Gaben sind groß, o Temudschin; aber nur Kassar besitzt die Kraft und Geschicklichkeit, Pfeile zu schießen, die nie ihr Ziel verfehlen. Wer sich auch gegen dich empört hat, stets hat Kassar dich mit seinen Pfeilen geschützt.«

Temudschin hörte die Worte seiner Mutter schweigend an. Dann wandte er sich nach dem Ausgang der Jurte und sagte: »Furcht hat mich bewogen, so zu handeln; jetzt aber schäme ich mich.«

Tebtengri jedoch fuhr fort, Unheil und Aufruhr im Lager zu stiften. Seine Anschläge erklärte er als Weisungen der Oberen Welt, ihm durch übernatürliche Offenbarungen kundgetan; und so wurde er nachgerade zu einer fressenden Wunde im Fleisch der Mongolen. Es gelang ihm sogar, beträchtliche Anhängerschaft um sich zu sammeln, und, getrieben von seinem Ehrgeiz, glaubte er, das Ansehen des jungen Khans untergraben zu können. Doch an Temudschin selbst traute er sich nicht heran; und so suchten er und seine Genossen Temugu, den jüngsten Bruder des Khans, heraus und zwangen ihn mit Gewalt, vor ihnen niederzuknien.

Nach strenger Stammessitte durften Streitigkeiten zwischen den Mongolen nicht mit der Waffe ausgetragen werden. Nach dieser Tat des Schamanen aber entbot Temudschin seinen Bruder Temugu zu sich und sagte zu ihm: »Heute wird Tebtengri in meine Jurte kommen. Verfahre mit ihm, wie dir beliebt.«

Doch war seine Lage keineswegs einfach. Burtais Vater, Munlik, Häuptling eines starken Clans, hatte ihm in manchem Kriegszug beigestanden und genoß daher eine ehrenvolle Stellung. Tebtengri aber war ein »Schamane«, ein Prophet und Zauberer. Man erwartete von Temudschin als Khan, daß er bei Entscheidung in Streitfällen dem Recht Geltung verschaffte, dabei aber keine persönlichen Wünsche verfolgte.

Er saß allein neben dem Feuer im Zelt, als Munlik, begleitet von seinen sieben Söhnen, eintrat, Temudschin begrüßte sie und ließ sie zu seiner Rechten niedersitzen. Dann erschien Temugu. Alle Waffen waren brauchgemäß vor dem Eingang der Jurte abgelegt worden, und nun ging Temugu auf Tebtengri zu, packte ihn bei der Schulter und rief: »Gestern hast du mich gezwungen, vor dir zu knien; heute aber werden wir uns messen.«

Eine Weile rangen sie miteinander; die anderen Söhne Munliks sprangen auf.

»Hier wird nicht gekämpft«, rief Temudschin den beiden Kämpfenden zu. »Geht hinaus.«

Neben dem Ausgang der Jurte lauerten drei starke Ringer – bereitgestellt von Temugu, oder vielleicht vom Khan selbst. Sobald Tebtengri hinaustrat, packten sie ihn, zerbrachen ihm das Rückgrat und warfen ihn zur Seite. Regungslos lag er neben dem Rad eines Wagens.

Temugu erschien wieder im Zelt und rief seinem Bruder, dem Khan, zu: »Tebtengri zwang mich gestern auf die Knie. Jetzt, wo ich meine Kräfte mit ihm messen will, liegt er da und will nicht aufstehen.«

Munlik und seine sechs Söhne traten zum Eingang und sahen draußen den Körper des Schamanen liegen. Von Kummer ergriffen, wandte sich der alte Häuptling zu Temudschin und sagte: »O Khan, ich habe dir gedient – bis zum heutigen Tag.«

Was das besagen wollte, war klar; schon waren die sechs Söhne im Begriff, sich auf den Mongolenkhan zu stürzen. Temudschin erhob sich, Waffen hatte er nicht, und nur durch den Eingang konnte er die Jurte verlassen. Anstatt aber um Hilfe zu rufen, sagte er mit barscher Stimme: »Macht Platz! Ich will hinaus!«

Verblüfft durch den unerwarteten Befehl, gaben sie den Weg frei. Temudschin trat aus dem Zelt und begab sich zur Wache seiner Krieger.

Soweit war das Ereignis nur einer jener Zwischenfälle,

wie sie häufig genug waren in den nie ruhenden Kämpfen rings um den rothaarigen Khan. Doch eine Blutfehde mit Munliks Clan wollte er, wenn irgend möglich, vermeiden. Ein kurzer Blick auf den Körper des Schamanen verriet ihm, daß Tebtengri tot war. Er befahl, seine Jurte etwas vorzuschieben, so daß der Karren den Leichnam bedeckte; dann wurde die Eingangsklappe verschlossen.

In der darauffolgenden Nacht sandte Temudschin zwei seiner Leute in das Zelt mit der Weisung, den Körper des Zauberpriesters durch das Rauchloch in der Spitze der Jurte hindurchzustecken und zu befestigen. Am anderen Morgen, als schon Geraune durch das Ordu ging, was aus dem Zauberer geworden wäre, versammelte Temudschin seine Leute, ließ die Zeltklappe aufheben und gab folgende Erklärung:

»Tebtengri betrieb Anschläge gegen meine Brüder und schlug sie. Nun haben die Geister des Himmels seine Seele wie auch seinen Körper zu sich genommen.«

Aber als er dann mit dem alten Munlik allein war, sprach er ernsthaft mit ihm. »Du hast deine Söhne nicht so zum Gehorsam erzogen, wie es nötig gewesen wäre. Jener da wollte mir gleich sein an Macht, darum mußte ich ihn beseitigen, wie es mit anderen auch geschah. Was aber dich betrifft, so habe ich geschworen, daß dir, was auch kommen möge, nie ein Leid geschieht. So laß uns also mit dieser Sache ein Ende machen.«

In den Kriegen zwischen den Stämmen der Gobi, jenen erbitterten Fehden der großen Clans, die sich wie Wölfe anfielen und sich gegenseitig hetzten und beraubten, gab es nie ein Ende. Die Mongolen waren immer noch eins der schwächeren Völker, wenn auch schon hunderttausend

Zelte der Fahne des Khans folgten. Nicht mehr nur die Verantwortung für eine Familie, sondern für ein ganzes Volk lag auf Temudschins Schultern. Aber er konnte jetzt in den Nächten ruhig schlafen, und seine Herden mehrten sich ständig unter dem Zustrom des Zehnten. Er war jetzt dreißig Jahre alt und in der Fülle seiner Kraft; seine Söhne ritten nun mit ihm auf Brautschau, wie er einst mit seinem Vater Yesukai durch die Steppe geritten war. Er hatte sein rechtmäßiges Erbe Stück für Stück dem Raubgriff seiner Feinde wieder entrissen, und er gedachte es sich zu wahren.

Aber noch ein anderes beschäftigte seine Gedanken; ein Plan, kaum schon zur Gestalt geworden, ein Wunsch, nur erst halb ausgesprochen.

»Unsere Eltern haben uns immer gelehrt«, sagte er eines Tages in der Ratsversammlung, »daß in einem Körper nie mehrere Herzen und Seelen sein können. Aber gerade das werde ich zuwege bringen. Ich will meine Herrschaft über meine Nachbarn ausdehnen.« Die Häuptlinge seines Clans, seine »wilden Kampfhähne«, zu einem festen Bund zusammenzuschweißen und die ihm feindlichen Stämme der Gobi sich untertan zu machen, das war seine Idee. Und er machte sich ans Werk mit der ganzen beharrlichen Geduld und Zähigkeit seines Charakters.

5. Kapitel

Als die Fahne auf dem Gupta wehte

Es erübrigt sich, auf all die Kämpfe näher einzugehen, die unter den Nomadenstämmen – den Tataren und Mongolen, Merkits und Keraïts, Naimans und Uiguren – auf den Hochsteppen zwischen der Großen Mauer des Reiches Cathay und den fernen Bergen Mittelasiens mit wechselndem Glück jahrelang hin und her wogten. Das zwölfte Jahrhundert näherte sich seinem Ende, und noch immer mühte sich Temudschin um jene Idee, deren Verwirklichung seine Vorfahren für undurchführbar erklärt hatten – den föderativen Zusammenschluß aller Stämme der Gobi. Nur einen Weg gab es, um das zu erreichen: die Vorherrschaft eines Stammes über alle anderen.

Die Keraïts mit ihren Städten an der Karawanenstraße, die von den Nordtoren des Reiches Cathay nach Westen führte, bildeten sozusagen das Zünglein an der Waage der Macht. Also begab sich Temudschin zu Toghrul, dem Priesterkönig, und unterbreitete ihm einen Bündnisvorschlag. Die Mongolen waren jetzt stark genug, um als gleichberechtigt zu gelten.

»Ohne deine Hilfe, o mein Vater«, erklärte Temudschin, »bleibt mein Dasein gefährdet. Und auch du kannst ohne meine sichere Freundschaft nicht in Frieden leben. Deine falschen Brüder und Vettern möchten in dein Land einfallen und die Weideplätze unter sich verteilen. Dein Sohn ist nicht weise genug, um das jetzt schon einzusehen; aber haben erst deine Feinde obgesiegt, so wird ihm Krone und Leben geraubt werden. Unsere Macht und unser Erbe können wir nur wahren durch eine Freundschaft, die unerschütterlich ist. Wäre auch ich dein Sohn, so würde das für uns beide nützlich sein.«

Temudschin hatte das Recht, die Adoption durch den älteren Khan zu fordern, und Priester Johannes willigte ein. Er war alt und hatte zudem eine besondere Vorliebe für den Mongolen.

Temudschin hielt diesem Bunde stets die Treue. Als die Keraïts von den westlichen Stämmen – meist Muhammedanern und Buddhisten, die schon aus religiösem Gegensatz von Haß erfüllt waren gegen die christlich-schamanistischen Keraïts – angegriffen und aus Land und Besitz vertrieben wurden, sandte Temudschin ihren völlig ratlosen Generalen seine »Reißenden Ströme« zu Hilfe.

Und als Bundesgenosse des alten Toghrul versuchte er sich auch – probeweise – in der politischen Staatskunst.

Die Gelegenheit dazu schien nach seiner Meinung besonders günstig. Hinter der Großen Mauer rührte sich der Goldene Kaiser des Reiches Cathay* aus seinem Schlaf und erinnerte sich der Einfälle der Bujarsee-Tataren, die

---

* So wurde im dreizehnten Jahrhundert China genannt. Das Reich war damals geteilt zwischen der Chin- oder Goldenen Dynastie im Norden und der Sung-Dynastie im Süden. Cathay ist abgeleitet von K'itai, dem tatarischen Wort für China und der Dynastie der Chin. Noch heute wird in Mittelasien und Rußland China K'itai genannt. Reisende brachten dann den Namen nach Europa.

seine geheiligten Grenzen mißachtet hatten. Er ließ – zur tiefen Besorgnis seiner Untertanen – verkünden, daß er in höchsteigener Person eine mächtige Expedition über die Große Mauer zur Bestrafung der unverschämten Stämme unternehmen werde. Schließlich wurde denn auch nur ein General mit einem cathayischen Heer gegen die Tataren entsandt, die sich wie üblich rechtzeitig aus dem Staube machten. Die cathayische Armee, die zum größten Teil aus Infanterie bestand, konnte sie natürlich nicht einholen.

Kunde davon gelangte zu Temudschin; und so schnell die harthufigen kleinen Pferde laufen konnten, schickte er Befehle über die Steppe hin. Nach Versammlung seiner Kriegsmacht sandte er Botschaft an den Priester Johannes und erinnerte ihn daran, daß die Tataren einst seinen Vater erschlagen hätten. Die Keraïts folgten dem Ruf, und die vereinigten Horden zogen nun gegen die Tataren, die diesmal nicht ausweichen konnten, da ihnen die cathayische Armee im Rücken saß.

Es entspann sich eine große Schlacht mit dem Ergebnis, daß die Macht der Tataren gebrochen wurde, die siegreichen Mongolenstämme ihren Mannschaftsbestand durch Einstellung zahlreicher Gefangener erheblich vermehren konnten und dem General des cathayischen Expeditionskorps die willkommene Gelegenheit geboten wurde, alle Ehre des Sieges für sich allein in Anspruch zu nehmen. Er belohnte den Priester Johannes mit dem Titel »Wang Khan« oder »Herr der Könige« und Temudschin mit dem Generalspatent eines »Befehlshabers gegen die Rebellen«. Die Cathayer kostete diese Ehrung nichts, außer eine silberne mit Goldgewebe bespannte Wiege. Titel sowohl wie

Gabe mag den hartgesottenen Mongolen einigermaßen verwunderlich vorgekommen sein. Jedenfalls wurde die Wiege, die erste, die man in der Steppe sah, zur allgemeinen Besichtigung im Zelt des Khans ausgestellt.

Neue Krieger schlossen sich den Scharen der »Reißenden Ströme« an. Temudschins Söhne waren nun groß, und er konnte sie zur Übung im Waffenhandwerk auf kleinere Kriegs- und Raubzüge unter Führung Chepe Noyons, des Bogenkönigs, ausschicken. Dieser Chepe Noyon trug mit besonderer Vorliebe prächtige Zobelstiefel und ein silbernes Panzerhemd, die er einem wandernden Cathayer abgenommen hatte; so richtig wohl war ihm erst, wenn er, einen Reitertrupp hinter sich, in die weite Steppe hinausgaloppieren konnte, gewiß ein guter Mentor für den ältesten der Söhne, Juchi, den »Gast«. Ein Schatten lag auf dessen Geburt; er war mürrisch, finster, mißtrauisch, doch von einer Kühnheit und Unerschrockenheit, die dem Vater Freude machten.

Es war das letzte Jahr im zwölften Säkulum. Temudschin war mit seinem Hausclan zur Jagd ausgezogen, die Flußtäler hinab dem Land der Keraïts zu. Die Reiter hatten beiderseits in weitem Bogen ausgreifend einen Kreis geschlagen. Viele Antilopen, einige Hirsche und geringes Wild waren aufgetrieben worden; der Ring wurde geschlossen, und die Jäger ließen die Pfeile von den krummgezogenen Bogen schwirren, bis die letzte Kreatur am Boden lag. Solch eine Mongolenjagd war kein Zeitvertreib.

Weiter rückwärts in der Steppe hielten die geschlossenen Kibitkas und die Kamelkarren. Als die Jäger zurückkehrten, wurden die Wagen abgeschirrt, das Stangenwerk der Jurten wurde aufgerichtet und der Filz straff darübergespannt. Dann zündete man Feuer an.

Ein guter Teil des Wildes mußte beiseite gelegt werden, als Gabe für den alten Toghrul, jetzt Wang Khan. Die Keraïts hatten sich anmaßend und überheblich den Mongolen gegenüber gezeigt. Beute, die rechtmäßig Temudschins Leuten zukam, hatten sich die Leute Wang Khans angeeignet. Die Mongolen hatten es schweigend hingenommen.

Im Lande der Keraïts saßen allzu viele Feinde Temudschins, meist vom Geschlecht der Burchikun, die ihn aus seiner Khanswürde und der Gunst des Keraïten-Herrschers verdrängen wollten. So hatte er sich denn aufgemacht, um seinen Adoptivvater aufzusuchen. Denn sie hatten miteinander ausgemacht, wenn Mißhelligkeiten entstünden, so wollten sie sich aller feindseligen Akte enthalten und die Sache gemeinsam in Ruhe besprechen, um alles klarzustellen.

Temudschin hatte eine harte Schule der Erfahrung durchgemacht. Er wußte, sobald Wang Khan stürbe, würde überall im Lande Krieg ausbrechen. Teile der Keraïtischen Truppen jedoch standen auf seiner Seite. So hatten die Feinde Temudschins die Leibgarde Wang Khans bestimmen wollen, ihn bei seinem Kommen festzunehmen, aber sie hatte sich geweigert. Und jetzt waren auch Heiratsangebote von den Keraïts an die Mongolen gelangt. Sie hätten, hieß es, eine Braut für Juchi unter den Töchtern der Häuptlingsfamilien.

Aber Temudschin, mißtrauisch geworden, hielt sich vorläufig in gemessener Entfernung von den Zeltlagern der Keraïts und hatte nur Reiter vorausgesandt, um zu erkunden, ob der Weg sicher wäre. Diese Reiter kehrten nie zurück. Dagegen kamen in der Nacht nach dem Jagdtage zwei Pferdehirten mit ihren Herden in das Lager galoppiert und brachten Kunde von den Keraïts – schlimme und verhängnisvolle Kunde.

Seine Feinde im Westen – Dschamuka, der Verschlagene, und Tukta Beg, Oberhaupt der widerhaarigen Merkits – hatten sich mit dem Sohn des Wang Khan zusammengetan und beschlossen, mit Temudschin ein Ende zu machen. Schließlich war es ihnen auch gelungen, den alten und zögernden Wang Khan auf ihre Seite zu ziehen, und dieser hatte sich mit den Streitkräften der Keraïts ihnen angeschlossen. Das Heiratsangebot war eine Falle gewesen – wie Temudschin schon halb und halb vermutet hatte.

Seine politischen Bemühungen waren also mißlungen. Allem Anschein nach hatte er den Plan gehabt, die Keraïts durch Kriege mit den westlichen Türk-Stämmen zu beschäftigen, während er selbst seine Stellung im Osten befestigte, und zugleich an dem Bündnis mit Wang Khan so lange festzuhalten, bis er durch Unterwerfung östlicher Stämme stark genug war, um es mit den Keraïts aufnehmen zu können. Gewiß eine hinterhältige Politik; aber auf der anderen Seite arbeitete man mit noch größerer Heimtücke – und jetzt sogar mit Verrat.

Die Keraïts – so berichteten die beiden Hirten – wären schon im Anmarsch auf sein Lager, wollten es noch in dieser Nacht überfallen und ihn in seinem Zelt mit Pfeilen niederschießen.

Die Lage war nahezu verzweifelt. Die Keraïts waren numerisch bedeutend überlegen, und zudem hatte Temudschin die Familien seiner Soldaten bei sich und mußte für deren Schutz tunlichst sorgen. Er hatte nicht mehr als sechstausend Mann ins Feld zu stellen, nach anderen Berichten nur etwa dreitausend. Aber er war gewarnt und verlor nun keine Minute, die nötigen Anordnungen zu treffen.

Er sandte sofort die Wache seiner Jurte durch das Lager, um die Schläfer zu wecken, die Führer zu benachrichtigen und die Hüterbuben auf die Beine zu bringen. Denn die Herden mußten schleunigst hochgetrieben, in die Steppe gejagt und auf möglichst weiten Raum hin verstreut werden. Das war die einzige Möglichkeit, sie zu retten. Die Leute des Ordu beeilten sich, die Pferde anzuschirren und die leichten Kamelkarren mit Gepäck und den Frauen zu beladen. Dann zogen sie ohne Murren oder Frage den langen Weg zurück zu dem befestigten Lagerplatz.

Die Wohnzelte und die schweren Ochsenkarren blieben stehen, wo sie waren; und Temudschin ließ eine kleine Abteilung seiner Bestberittenen zurück mit der Weisung, die Feuer weiter zu unterhalten.

Er selbst zog sich mit seinen ausgewählten Truppen langsam zurück, um den Abmarsch der Wagen zu decken. Dem unter dem Schutz der Nacht hereinbrechenden Strom war nicht mehr auszuweichen. Etwa acht bis neun Meilen rückwärts lag eine Hügelkette, die einige Deckung gewährte, falls die Truppe auseinandergetrieben würde. Nach Überquerung eines Flusses ließ Temudschin hier, gedeckt in einer Talschlucht, zunächst haltmachen, um die Pferde nicht vorzeitig zu ermüden.

Mittlerweile waren die Keraïts noch vor Tagesanbruch in das verlassene Lager eingedrungen und hatten schon das Häuptlingszelt mit ihren Pfeilen von allen Seiten durchbohrt, ehe sie überhaupt die Stille ringsum und das Fehlen der Herden wie der Fahne gewahr wurden. Daraufhin eine Weile Bestürzung und hastige Beratung. Die hellbrennenden Feuer hatten sie in dem Glauben gehalten, daß die Mongolen noch alle in ihren Jurten steckten. Als sie dann feststellten, daß man in den Zelten alles Gerät – selbst die unentbehrlichen Sättel und Milchsäcke – zurückgelassen hatte, waren sie überzeugt, daß die Mongolen, von Furcht gepackt, Hals über Kopf sich aus dem Staub gemacht hätten.

Aber auch die Dunkelheit konnte die breite Spur nach Osten hin nicht verbergen, und die Vorhut der Keraïts nahm unverzüglich die Verfolgung auf. Bei Morgengrauen kamen die Scharen, dichte Staubwolken hinter sich aufwirbelnd, gegen die Hügelkette herangebraust. Temudschin beobachtete die Annäherung und sah, daß der scharfe Ritt sie ziemlich ausgepumpt hatte. Die Abteilungen waren ohne Zusammenhalt auf langer Strecke auseinandergezogen, die schnellsten Pferde weit voraus.

Die Gelegenheit war günstig; und nun führte Temudschin seine Truppe, wohlgeordnet und mit ausgeruhten Pferden, aus der Schlucht zum Angriff vor. Sie setzten über den Fluß, trieben die Vorhut der Keraïts auseinander und hielten dann das wellige Wiesengelände besetzt. Inzwischen war Wang Khan mit der Hauptmacht herangerückt. Die Keraïts wurden von neuem formiert, und die mörderische Schlacht um Sein oder Nichtsein begann.

Temudschin kam in äußerste Bedrängnis. Nur der persönlichen Bravour seiner »Reißenden Ströme« und der Standhaftigkeit seiner Haustruppe, den schwerbewaffneten Reitern der Urhuts und Manhuts, war es zu danken, daß er sich gerade noch halten konnte. An einen Angriff war bei seiner Minderzahl nicht zu denken; er mußte sich darauf beschränken, den kleinen Vorteil, den ihm das Gelände bot, auszunutzen – nämlich eine Reserve für den äußersten Fall gedeckt zurückzubehalten.

Als sich dann der Tag neigte und die Niederlage unabwendbar schien, ließ er einen seiner Eidbrüder, Guïldar, den Fahnenträger, Häuptling der Manhuts, zu sich kommen und befahl ihm, die Front der Keraïts zu umgehen und einen Hügel, der Gupta hieß und hinter der linken Flanke des Feindes lag, zu besetzen und zu halten.

»O Khan, mein Bruder«, erwiderte der ermattete Guïldar, »ich werde mein bestes Pferd nehmen und alles überreiten, was sich mir entgegenstellt. Ich werde die Yakschwanz-Fahne auf den Gupta aufpflanzen. Ich werde dir beweisen, was ich wert bin; und sollte ich fallen, so nimm dich meiner Kinder an. Mir ist's gleich, ob mein Leben zu Ende geht.«

Ein solches Umgehungsmanöver, das den Feind in Flanken und Rücken zugleich faßte, war eine beliebte Taktik der Mongolen, genannt der »Tulughma« oder »Fahnenschwung«. Jetzt, wo schon Dämmerung herabsank und die Keraïts bereits in seine erschütterten Reihen einzudringen begannen, war es nur mehr ein letztes verzweifeltes Wagnis zu einem Gegenschlag. Guïldar aber, der Kühne, erreichte den Hügel, pflanzte die Fahne auf und hielt den Platz. Die Keraïts wurden dadurch in ihrem Vorgehen gehemmt, zumal auch der Sohn des Wang Khan durch einen Pfeilschuß am Hals verwundet war.

Als die Sonne untergegangen war, zogen sich die Keraïts

und nicht die Mongolen ein Stück vom Schlachtfeld zurück. Temudschin hielt die Stellung so lange, bis Guïldar wieder in Sicherheit war und seine verwundeten Paladine – zwei von seinen Söhnen darunter – auf eroberten Pferden, oft zwei auf einem Tier, zurückgeritten kamen. Dann wich er nach Osten aus; und am nächsten Tage nahmen die Keraïts die Verfolgung auf.

Es war Temudschins verzweifeltste Schlacht gewesen, und er hatte sie verloren. Doch das Gros seiner Streitmacht war intakt geblieben, das Ordu in Sicherheit gebracht und sein Leben gerettet.

Wang Khan aber erklärte: »Wir haben mit einem Mann gekämpft, gegen den wir nie hätten die Waffen erheben dürfen.«

Die mongolische Legende erzählt noch heute davon, wie Guïldar die Fahne auf dem Gupta aufpflanzte. Auf dem langen Rückzug aber – so gebot es das Leben im Ödland – machten sich die Reiter, »ihre Wunden beleckend«, auf die Jagd, in weitausgreifenden Kreisen, um Antilopen und Rotwild zu erlegen, soviel die Pfeile erreichen konnten. Das geschah nicht aus sportlichem Vergnügen, sondern um dem Ordu die notwendigste Nahrung zu beschaffen.

6. Kapitel

Tod des Priesterkönigs Johannes

Der Sieg der Keraïts bewirkte sofort eine bedenkliche Festigung des gegen Temudschin gerichteten Bundes. Die Nomadenhäuptlinge waren nur allzu geneigt, sich einer sichtlich wachsenden Macht anzuschließen; das bedeutete für sie Sicherheit und Mehrung des Wohlstands.

An Wang Khan aber sandte der erbitterte Mongole Worte beredten Vorwurfs:

»O Khan, mein Vater, als du von deinen Feinden hart bedrängt wurdest, schickte ich dir da nicht meine vier Generäle zu Hilfe? Du kamst zu mir auf blindem Pferd, in zerrissenen Kleidern, ernährt nur vom Fleisch eines einzigen Schafes. Habe ich dir da nicht Pferde und Schafe im Überfluß gegeben?

Vor nicht allzulanger Zeit haben sich deine Krieger alle Schlachtbeute angeeignet, die rechtens mir zukam. Du verlorst alles wieder, deine Feinde nahmen es dir ab. Meine Helden haben es dir zurückerobert. Dann, am Schwarzen Fluß, schworen wir uns, nicht auf die bösen Reden jener zu hören, die uns zu entzweien gedachten, sondern zusammenzukommen und den Fall gemeinsam besprechen zu wollen. Nicht habe ich gesagt: Allzu kläglich ist meine Belohnung, größere steht mir zu.«

Wenn am Karren ein Rad bricht, so können die Ochsen nicht weiterziehen. Bin ich nicht ein Rad an deiner Kibitka? Wodurch habe ich dich erzürnt? Warum streitest du jetzt wider mich?«

Eine gewisse Verachtung ist aus den Worten herauszuhören. Sie traf vor allem den Mann des schwankenden Charakters, der nicht weiß, was er eigentlich will – Priester Johannes auf blindem Pferd reitend.

Mit seiner ganzen zähen Entschlossenheit aber ging Temudschin sofort daran, die Folgen aus seiner Lage zu ziehen. Boten wurden ringsum an die Stämme entsandt. Und bald versammelten sich die Khans seines eigenen Volkes wie der Nachbarn und hockten nun mit würdig übergeschlagenen Beinen zu beiden Seiten der weißen Pferdehaut des Mongolenhäuptlings, die langen Gewänder von reichverziertem Gürtel gebunden, die braunen scharfzügigen Gesichter vom flackernden Jurtenfeuer spärlich beleuchtet. Es war der Rat der Khans.

Jeder der Reihe nach erhob seine Stimme, und so mancher darunter hatte schon eine Niederlage von Temudschins harter Faust zu schmecken bekommen. Ein Teil war für Kapitulation vor den Keraïts und Unterwerfung unter die Oberherrschaft des Priesters Johannes und seines Sohnes. Die Kühneren erklärten sich für Kampf und boten Temudschin den Stab des Oberführers an. Dieser Vorschlag überwog.

Temudschin nahm den Feldherrnstab an und erklärte, alle Clans müßten seinem Befehle unbedingt Folge leisten und es müßte ihm das Recht zustehen, jeden, der ihm zuwiderhandelte, nach Gutdünken zu bestrafen. »Von Anfang an habe ich euch gesagt«, fuhr er fort, »daß die

Länder zwischen den drei Flüssen einen einzigen Herrn haben müßten. Ihr habt es nicht einsehen wollen. Erst jetzt, wo ihr fürchtet, daß Wang Khan mit euch genau so verfahren wird, wie er mit mir verfahren ist, wählt ihr mich zu eurem Führer. Ich habe euch Gefangene, Frauen, Jurten und Herden verschafft. Nun werde ich euch Land und Sitte eurer Väter wahren und erhalten.«

In dem nun folgenden Winter war die Gobi in zwei feindliche Lager gespalten; die Völker östlich vom Baikalsee rüsteten gegen den mongolischen Westbund. Temudschin war diesmal zuerst auf dem Plan. Noch ehe der Schnee in den Tälern geschmolzen war, rückte er im stillen gegen das Lager des Wang Khan vor.

Die Chronik gibt einen hübschen Einblick in die schlauen Listen der Nomadenvölker. Temudschin hatte einen seiner Leute in die Linien des Feindes entsandt, der sich über schlechte Behandlung beklagen und zugleich erzählen sollte, daß die Mongolen noch weit entfernt wären. Gar so leichtgläubig waren aber die Keraïts nicht; und sie entsandten eine Kavalleriepatrouille zusammen mit dem Überläufer nach dem Gipfel eines Aussicht gewährenden Hügels, um die Wahrheit der Angaben festzustellen.

Der Mongole hielt scharf die Augen offen; und als sie eben den Hügel hinaufritten, gewahrte er dicht vor sich die Fahnenstange der im Anmarsch begriffenen mongolischen Vorhut. Er wußte, die Keraïts waren gut beritten und hätten, sobald sie die Fahne entdeckten, schleunigst kehrtgemacht, um das Nahen des Feindes zu melden. So sprang er rasch aus dem Sattel und machte sich an seinem Pferd zu schaffen. Als man ihn fragte, was wäre, sagte er:

»Ein Stein ist in einem der Hufe.«

Und bis der Mongole den angeblichen Stein entfernt hatte, erreichte die Vorhut den Hügelkamm und nahm sämtliche Keraïts gefangen, so daß keine Nachricht zurückkam.

Darauf erfolgte der überraschende Angriff auf das Lager Wang Khans, und ein erbitterter Kampf begann. Mit dem Abend war der Widerstand der Keraïts gebrochen; Wang Khan und sein Sohn, beide verwundet, retteten sich durch die Flucht. Temudschin ritt in das eroberte Lager ein und verteilte unter seine Mannen die Kostbarkeiten der Keraïts, Sättel mit Seide und Samt buntfarbig bedeckt, Zaumzeug und Geschirr aus rotem Leder, reichverzierte Säbel aus feinstem Stahl, silberne Platten und Trinkbecher. Für ihn hatten diese Dinge keinen Wert. Das Zelt des Wang Khan, mit Goldstoff behangen, schenkte er den beiden Hirten, die ihn damals in der Nacht am Berge Gupta vor den Keraïts rechtzeitig gewarnt hatten.

Dann verfolgte er die Trümmer des keraïtischen Heeres, umstellte sie mit seinen Reiterscharen und bot ihnen an, ihnen das Leben zu schenken, wenn sie sich ergäben. »Männer, die so tapfer für die Rettung ihres Herrn kämpfen, sind Helden. Tretet zu mir über und dient mir.«

Die Reste der Keraïts schlossen sich seiner Fahne an. Und Temudschin rückte nun gegen die Hauptstadt vor, Karakorum, der »Schwarze Sand«.

Bald danach wurde auch sein Vetter Dschamuka, der Ränkeschmied, gefangen eingebracht.

»Welches Schicksal erwartest du?« fragte ihn Temudschin.

»Das gleiche, das ich dir bereitet hätte, wärst du in

meine Gewalt gekommen!« antwortete Dschamuka ohne Zögern. »Den langsamen Tod.«

Damit war die bei den Chinesen übliche Folter gemeint, die allmähliche Zerstückelung. Sie begann am ersten Tage mit dem Abschneiden der Spitzen der kleinen Finger und wurde Stück für Stück über alle Glieder fortgesetzt. Den Abkömmlingen der Burchikun gebrach es sicherlich nicht an Mut. Temudschin jedoch folgte dem Brauch seines Volks, der es untersagte, das Blut von Häuptlingen hoher Geburt zu vergießen. Dschamuka wurde fortgeschickt, um mit seidener Bogenschnur erdrosselt oder zwischen schweren Filzdecken erstickt zu werden.

Priester Johannes, der den Krieg gegen seine bessere Einsicht begonnen hatte, irrte verzweifelt in seinen Ländern umher, bis er schließlich von zwei Kriegern eines Türk-Stammes umgebracht wurde. Sein Schädel, so wird erzählt, wurde in Silber eingefaßt, und der Häuptling jenes Stammes bewahrte ihn in seinem Zelt als einen Gegenstand der Verehrung. Auch sein Sohn kam auf ganz ähnliche Weise um.*

Ein Nomadenkhan gewöhnlichen Formats würde sich aller Wahrscheinlichkeit nach mit den Früchten eines solchen Sieges begnügt haben. Nomadische Eroberungen zeigten immer die gleichen Ergebnisse – Einsammeln der Beute, Ausruhen und Genießen, dann gegenseitige Streitigkeiten oder Aufteilung des planlos zusammengerafften Gebiets unter die ewig Schweifenden.

Temudschin zeigte sich aus ganz anderem Stoff geformt. In den Keraïts, die den Boden bebaut und Städte

---

* Siehe Note II. Priester Johannes von Asien. Seite 260 ff.

errichtet hatten – aus Lehm und Rohr freilich nur, aber doch feste, schutzgebende Siedelungen –, besaß er jetzt den ersten festen Kern eines Königtums. Mit allen Mitteln suchte er sie mit seiner Herrschaft zu versöhnen und im Lande festzuhalten; dann aber trieb er unverzüglich seine Horde neuen Eroberungen entgegen.

»Das Verdienst einer Tat besteht darin«, sagte er zu seinen Söhnen, »daß man sie auch bis zum letzten Ende durchführt.«

Nach der Schlacht, die ihn zum Herrscher über die ganze Gobi gemacht hatte, führte er in den drei darauffolgenden Jahren seine kriegsgeübten Reiterscharen weit hinein in die Täler der westlichen Türkstämme, der Naimans und Uiguren, Völker höherer Kultur. Sie waren Feinde des Priesterkönigs Johannes gewesen und würden sich nun auch gegen Temudschin zusammengeschlossen haben, wenn er ihnen Zeit dazu gelassen hätte. Von den hohen weißen Bergen des Nordens her führten seine Generäle die vorwärts stürmende Kavallerie längs der Großen Mauer nach Süden zu, hinweg über die uralten Städte Bischbalik und Choten.

Hier mag angeführt werden, was Marco Polo über Temudschin schrieb:

»Hatte er eine neue Provinz erobert, so ließ er die Bevölkerung und ihren Besitz unbehelligt. Einen geringen Teil seiner Mannschaft verteilte er über das Land, mit dem übrigen zog er zur Eroberung neuer Provinzen weiter. Und wenn dann die Besiegten erkannten, daß sie keinerlei Unbill unter seiner Herrschaft zu erleiden hatten, daß er ihnen Schutz angedeihen ließ gegen alle andern und überhaupt ein Fürst edler Denkungsart war, dann schlossen sie sich ihm mit Herz und Seele an und wurden ihm treue und zuverlässige Anhänger. Und nachdem er sich auf diese Weise so viele Menschen untertan gemacht hatte, daß man schier die ganze Erde damit hätte bevölkern können, reifte in ihm der Plan, einen großen Teil der Welt sich zu erobern.«

Sicherlich winkte den Feinden seiner ersten Zeit kein so günstiges Schicksal. War die Macht eines feindlichen Stammes gebrochen, dann wurde die gesamte Häuptlingssippe zu Tode gehetzt und ausgerottet. Was an kriegstüchtigen Männern des besiegten Clans noch vorhanden war, wurde in die Horde eingestellt; die schönsten Frauen nahmen sich die Mongolen zur Ehe, die übrigen wurden Sklavinnen. Weideland und Herden gingen in den Besitz der Sieger über.

Bis zu diesem Zeitpunkt war Temudschins Leben durch seine Feinde geformt worden. Kampf und Gegnerschaft hatten seinen Körper gestählt und jene wolfsartige Schläue in ihm ausgebildet, die ihn in allen Lagen rein instinktmäßig das Richtige finden ließ. Nun aber war er stark genug, Eroberungen ganz nach seinem eignen Sinn zu machen. Und war der Widerstand des ihm entgegentretenden Feindes gebrochen, zeigte er sich als milder Sieger und Herr.

Neue Teile der Welt erschlossen sich ihm, Zentralasiens uralte Karawanenstraßen und großen Städte, und all dies weckte seine Wißbegier. Unter den Gefangenen bemerkte er Männer, reich gekleidet und in stolzer Haltung, ohne doch Krieger zu sein; er erfuhr, daß es Gelehrte waren – Astrologen, der Sterne kundig – Ärzte, die sich auf den Gebrauch von Heilkräutern und die Krankheiten der Frauen verstanden.

Eines Tages brachte man einen Uiguren aus dem Gefolge eines besiegten Häuptlings vor ihn, der einen kleinen goldenen, sonderbar gearbeiteten Gegenstand fest in der Hand hielt.

»Warum hältst du das so fest umklammert?« fragte Temudschin.

»Ich wünsche es zu bewahren«, antwortete der Minister, »bis zum Tode dessen, der es mir anvertraut hat.«

»Du bist ein treuer Diener«, bemerkte der Khan, »aber dein Herr ist tot, und alles, was sein war, gehört nun mir. Sage mir, wozu ihr das Ding brauchtet.«

»Wenn immer mein Herr eine Steuer auf Silber und Getreide erheben wollte, sandte er an seine Beamten entsprechende Befehle; doch mußten die Weisungen stets mit diesem Siegel gestempelt sein, um sie unzweifelhaft als königliche Schriftstücke erkennen zu lassen.«

Sofort wurde auf Temudschins Befehl ein Siegel aus grünem Jade für ihn angefertigt. Den gefangenen Uiguren begnadigte er, zog ihn an seinen Hof und gab ihm den Auftrag, seine Kinder die Schrift der Uiguren zu lehren. Sie ist eine Abart des Syrischen und aller Wahrscheinlichkeit nach durch nestorianische Priester nach Mittelasien gebracht worden.

Seine Paladine aber, die getreuen Helfer in mancher Not und Bedrängnis, wurden mit den größten Ehren und Belohnungen überhäuft. Sie bekamen mit dem Titel »Tar-Khan« den höchsten Rang vor allen andern und hatten das Recht, jederzeit unangemeldet den Königlichen Pavillon zu betreten. Von jeder Kriegsbeute erhielten sie den zehnten Teil, den sie sich zuerst aussuchen durften. Und mehr als das: Sie konnten kein Unrecht begehen; bis zum neunten Mal mußten sie von einer verhängten Todesstrafe begnadigt werden. Welches Land sie sich auch zu Besitz wünschten, es gehörte ihnen, und dieses Privilegium vererbte sich auf ihre Kinder bis in die neunte Generation.

In der Vorstellung der Nomaden konnte es nichts Begehrenswerteres geben, als zum Kreis dieser »Tar-Khans« zu gehören. Sie waren befeuert von den Siegen, gleichsam wie trunken von dem Dahinstürmen durch zahllose fremde Länder, dennoch aber fest in Zügel und Zaum gehalten durch die scheue Ehrfurcht vor dem allmächtigen Mongolen-Khan.

Alle Stämme Innerasiens vom Baikalsee bis zum Tianschan hatten sich nun unter Temudschin, dem Eroberer, zusammengeschlossen. Blutfehden waren für den Augenblick vergessen. Buddhisten und Schamanen, Muhammedaner, Nestorianerchristen und Teufelsanbeter saßen brüderlich beieinander in Erwartung kommender Dinge.

Nahezu nichts mehr war jetzt unmöglich. Und was Temudschin nun tat, griff weit über die Vorstellungsmöglichkeiten seiner Ahnen hinaus. Er rief die Kurultai, den Rat der Khans, zusammen und schlug vor, einen Mann aus ihrer Mitte zu erwählen, der allein über alle Völker Hochasiens herrschen und Macht haben sollte über alle andern – einen Kaiser.

Natürlich fiel die Wahl im Hinblick auf die Ereignisse der letzten drei Jahre auf Temudschin selbst. Aber der Rat machte auch den Vorschlag, daß dem neuen Oberherrn ein entsprechender Titel gegeben werden müßte. Da erhob sich ein Wahrsager in der Versammlung und verkündete, sein neuer Name sollte Dschingis Kha Khan sein, der »Herr der Herrscher«, »Kaiser der Menschheit«.

Das gefiel dem Rat, und auf einmütiges Drängen nahm Temudschin den neuen Titel an.

7. Kapitel

Die Yassa

Die Ratsversammlung hatte 1206 stattgefunden. Im gleichen Jahre meldete der Beamte der Cathayer, der Wächter der westlichen Grenzen, der die Barbaren jenseits der Großen Mauer zu beobachten und den Tribut von ihnen einzutreiben hatte, daß »in den fernen Königreichen völlige Ruhe herrschte«. Zu eben der Zeit waren die gesamten Türko-Mongolen durch die Wahl Dschingis Khans zu ihrem Oberherrn zum ersten Male für mehrere Jahrhunderte zu einer Art Nation zusammengeschlossen.

In der Hochflut ihrer Begeisterung glaubten sie, Temudschin, jetzt Dschingis Khan, wäre ein »Bogdo«, ein Gottgesandter, mit überirdischer Macht ausgerüstet. Aber Begeisterung allein konnte aus diesen gesetzlosen Horden noch kein Ganzes schaffen. Ihr Dasein war bisher lediglich durch Stammessitte geregelt worden; und Stammessitten wechseln wie die Naturen der Menschen.

Um unter den zahllosen Stämmen Ordnung zu halten, hatte er seine kriegsgeübte Truppe von Mongolen. Aber er wollte sie auch wahrhaft regieren und verkündete daher, daß er die Yassa verfaßt habe, nach der sich fortan jeder zu richten hätte. Die Yassa war ein Gesetzbuch, eine

Die Yassa

Zusammenfassung seiner eigenen Beschlüsse und der gebräuchlichsten Stammessitten.

Es geht daraus hervor, daß Diebstahl und Ehebruch für die schlimmsten Verbrechen galten und mit dem Tode bestraft wurden. Wer ein Pferd stahl, hatte seinen Kopf verwirkt. Ferner wurde verlangt, daß die Kinder den Eltern Gehorsam entgegenbringen müßten, ebenso die jüngeren Brüder ihren älteren. Ein Mann muß zu seiner Frau Vertrauen haben, diese aber dem Mann untertan sein. Die Reichen sollen den Armen beistehen, Untergebene dem Vorgesetzten Achtung bezeigen. Über die Trunksucht, ein Laster der Mongolen, sagte er: »Ein Betrunkener ist gleich einem, den man vor den Kopf geschlagen hat; keine Schlauheit oder Geschicklichkeit hilft ihm mehr. Betrinkt euch höchstens dreimal im Monat. Besser freilich wäre es, ihr tätet's überhaupt nicht. Aber wer könnte sich dessen gänzlich enthalten?«

Eine andere Schwäche der Mongolen war ihre Furcht vor Gewitter. Während der heftigen Stürme der Gobi packte sie manchmal eine solche Angst, daß sie sich aufs Geratewohl in Seen und Flüsse warfen, um dem Zorn des Himmels zu entgehen – so berichtete wenigstens der gelehrte Reisende Fra Rubruquis (Wilhelm Ruysbroeck). Die Yassa nun verbot während eines Gewitters jedes Baden und selbst das Berühren von Wasser.

War er selbst auch ein Mann von hemmungslosem Temperament, so unterband Dschingis Khan doch in seinem Volk die eingeborene Neigung zu Zügellosigkeit und Gewalttat. Zwistigkeiten unter den Mongolen waren aufs strengste verboten. Und noch in einem andern Punkt war er unerbittlich – es sollte keinen zweiten Dschingis Khan geben. Sein Name und der seiner Söhne durfte nur in Goldlettern geschrieben werden – oder überhaupt nicht, noch durften die Untertanen den Namen ihres Kaisers unnützlich führen.

Als einfacher Gottesfürchtiger und aufgewachsen zwischen den verschlagenen Schamanen der Gobi, erwies er sich in seinem Gesetzbuch Glaubensfragen gegenüber als tolerant. Die Priester anderer Religionen, die Mönche und die Gebetsrufer der Moslem waren von allen öffentlichen Lasten befreit. Und in der Tat, eine bunt zusammengewürfelte Priesterschar folgte den Lagern der Mongolen – gelb- oder rotgekleidete Wanderlamas, ihre Gebetsmühlen drehend, manchmal eine »Stola über der Schulter mit dem Bildnis des wahrhaftigen christlichen Teufels«, wie Fra Rubruquis bemerkt. Und Marco Polo berichtet, daß Dschingis Khan vor der Schlacht den Astrologen befahl, die Vorzeichen zu deuten. Diese »Sarazenen«-Wahrsager scheinen mit ihren Prophezeiungen wenig Glück gehabt zu haben; mehr Erfolg hingegen hatten die Nestorianerchristen mit zwei kleinen Stäben, auf denen die Namen der beiderseitigen Führer eingeritzt waren; wurde dann laut aus dem Buch der Psalmen vorgelesen, so fiel der eine Stab über den andern. Aber wenn Dschingis Khan die Wahrsager auch befragte – und in späteren Jahren gab er sehr viel auf die Warnungen eines cathayischen Astrologen –, so hat es nicht den Anschein, daß er sich dadurch von Unternehmungen abhalten ließ.

Mit Spionen, Sodomiten, falschen Zeugen und schwarzen Zauberern machte die Yassa kurzen Prozeß, sie wurden mit dem Tode bestraft.

Recht bemerkenswert ist das erste Gesetz der Yassa.

Es heißt da: »Alle sollen an einen einigen Gott glauben, den Schöpfer Himmels und der Erden, den Allmächtigen und Allwissenden, den alleinigen Herrn über Leben und Tod, Reichtum und Armut, nach seinem Willen« – unverkennbar ein Echo der frühen nestorianischen Lehre. Aber dieses erste Gesetz wurde der Öffentlichkeit nie bekannt gemacht. Dschingis Khan wollte anscheinend vermeiden, religiösen Zwiespalt in sein Volk zu tragen und den stets unter der Asche glimmenden Fanatismus aufzurühren.

Rechtsgelehrte könnten vielleicht einwenden, die Yassa befaßte sich ausschließlich mit drei Dingen: Gehorsam gegenüber Dschingis Khan, fester Zusammenschluß aller Nomaden und unbarmherzige Bestrafung jeder Missetat. Aber es handelte sich ja hier lediglich um Menschen, und nicht um Besitz und Eigentum. Übrigens wurde ein Angeklagter nicht für schuldig erklärt – außer er wurde auf frischer Tat ertappt –, wenn er sich nicht dazu bekannte. Und man darf nicht vergessen, daß bei den Mongolen, die Analphabeten waren, das gesprochene Wort als heilig galt.

In den meisten Fällen würde ein Nomade, war er einer Missetat angeklagt, seine Schuld auch offen bekannt haben. Es kam sogar vor, daß man aus freien Stücken zum Khan ging und Bestrafung verlangte.

In späteren Jahren wurde dem Khan bedingungsloser Gehorsam entgegengebracht. So ließ sich einmal ein Divisionsgeneral, dessen Garnison tausend Meilen vom Hof entfernt war, durch den von einem einfachen Soldaten überbrachten Befehl seines Postens entheben und aburteilen.

»Sie halten bessere Disziplin als jedes andere Volk«, erzählt Bruder Carpini. »Ihren Führern bringen sie Achtung und Ehrerbietung entgegen und täuschen sie niemals, weder durch Worte noch durch Taten. Streitigkeiten untereinander sind selten, und Schlägereien, Verletzungen oder gar Totschläge kommen kaum je vor. Diebe und Räuber gibt es bei ihnen nicht, und so lassen sie auch ihre Häuser und Karren, die alle ihre Besitztümer und Schätze bergen, stets unverschlossen und unverriegelt. Hat sich ein Tier ihrer Herden verlaufen, so bringt der Finder es dem Eigentümer zurück oder liefert es dem Aufseher ab, der nach verirrten Tieren zu sehen hat. Untereinander sind sie sehr ritterlich und helfen sich gegenseitig mit ihren Vorräten aus, auch wenn diese knapp sind. Entbehrungen tragen sie mit außerordentlichem Gleichmut, und selbst wenn sie ein oder zwei Tage gehungert haben, singen sie noch und treiben Scherz. Auf Märschen ertragen sie größte Hitze oder Kälte, ohne zu klagen. Sie verlieren nie die Haltung, und obgleich sie oft betrunken sind, kommt es beim Becher nie zu Streitigkeiten.«

(Das letztere scheint den Reisenden aus Europa besonders in Erstaunen versetzt zu haben.)

»Trunkenheit ist bei ihnen Ehrensache. Wenn sich ein Mann vollgetrunken hat, übergibt er sich und fängt von neuem an. Fremden Völkern gegenüber sind sie äußerst stolz und anmaßend und blicken auf alle andern, sie mögen noch so vornehm sein, mit Verachtung herab. So sahen wir am kaiserlichen Hof den Großfürsten von Rußland, den Sohn des Königs von Georgien, zahlreiche Sultane und andere große Herren; aber ihnen wurde keinerlei Achtung und besondere Rücksicht entgegengebracht. Selbst die Tataren, die zu ihrer Begleitung bestimmt und oft von niederem Rang waren, traten vor diesen gekrönten Häuptern ein und setzten sich auf die oberen Plätze.

Außerhalb ihrer Nation verachten sie alle andern und sind ebenso reizbar wie in unglaublichem Maße hinterlistig. Ihre Anschläge und bösen Vorhaben wissen sie so geschickt zu verbergen, daß man gar nicht die Möglichkeit hat, sich dagegen vorzusehen. Das Niedermetzeln anderer Völker ist ihnen etwas Selbstverständliches.«

Untereinander Hilfsbereitschaft und gegenseitige Unterstützung – fremden Völkern aber Vernichtung: ein deutliches Echo der Yassa. Nur auf diese Weise konnten diese kriegshungrigen und fehdelustigen Nomadenstämme zusammengehalten werden. Sich selbst überlassen, würden sie sehr bald wieder in ihren alten Brauch gegenseitiger Zerfleischung, unausgesetzter Kämpfe um Beute und Weideland zurückgefallen sein. Der rothaarige Groß-Khan hatte Wind gesät und war nun bereit, Sturm zu ernten.

Er war sich darüber klar – mußte sich darüber klar sein, wenn man seine kommenden Taten in Betracht zieht. Er kannte seine Nomaden von Grund auf und wußte, er konnte sie nur durch ein Mittel verhindern, sich wieder gegenseitig an die Kehle zu fahren, nämlich durch Krieg nach außen hin. Und er gedachte, dem Sturm die Richtung zu bestimmen und ihn von der Gobi fortzulenken.

Die Chronik gönnt uns einen Blick auf Dschingis Khan zur Zeit jener Festgelage, die auf die große Kurultai folgten. Am Fuß des Delighun-Buldak, jenes Gebirges, das sein Heimatland überschattete, stand er neben der nun allen vertrauten Fahne mit den neun weißen Yak-Schwänzen und sprach zu den Burchikun und den Häuptlingen, die ihm soeben den Huldigungseid geleistet hatten.

»Diese Männer, die Freud und Leid der Zukunft mit mir teilen wollen und deren Treue so klar sein wird wie Bergkristall – sie sollen, das wünsche ich, von nun an Mongolen heißen. Und ich will ihnen Macht geben über alles, was auf Erden atmet.«

In seiner Idee sah er dieses bunte Gemisch zügelloser Geister zu einer einzigen Horde vereinigt. Die klugen und geheimnisvollen Uiguren, die stahlharten Keraïts, die kühnen Yakka-Mongolen, die wilden Tataren, die trotzigen Merkits, die schweigsamen und zähen Männer aus den Eisländern – alle diese Jäger und Reiter Hochasiens sollten zusammengeschlossen sein in einem einzigen gewaltigen Clan, und er selbst war ihr Führer und Oberherr.

Schon früher einmal waren sie unter den Hsiung-nu Herrschern kurze Zeit vereinigt gewesen und hatten das Land Cathay verheert, bis dann der Bau der Großen Mauer weiteren Einfällen ein Ende setzte. Dschingis Khan besaß die Gabe der Beredsamkeit, um lang schlummernde Gefühle in ihnen wachzurufen und Begeisterung zu entfachen. Und an seiner Berufung zum Führer hatte er nie den geringsten Zweifel.

Stets hielt er ihnen das lockende Ziel von Eroberung und Besitznahme ferner unbekannter Länder vor Augen; zugleich aber mühte er sich mit allen Mitteln, seine Horde militärisch straff zu organisieren. Und auch dazu diente die Yassa.

Dem Soldaten war es streng verboten, seine Kameraden – die Männer der Rotte, der »Zehn« – im Stich zu lassen, und ebenso durfte innerhalb der Zehn nie ein Verwundeter zurückbleiben. Jedem der Horde war es verboten zu fliehen, solange nicht die Fahne aus der Schlacht zurückgezogen war, oder, um zu plündern, die Reihen zu verlassen, bevor nicht der kommandierende Offizier die Erlaubnis dazu gegeben hatte.

(Dem unausrottbaren Hang der Nomaden zu plündern, wo immer es ging, wurde durch die Vorschrift begegnet, daß jeder gleichmäßigen Anteil an der Beute hatte – die Offiziere mit eingeschlossen.)

Und Bruder Carpini, ein guter Beobachter, bestätigt, daß Dschingis Khan die militärischen Vorschriften der Yassa auch wirklich zur Durchführung brachte. Denn er erzählt von den Mongolen, »daß sie nie das Schlachtfeld verließen, solange die Fahne wehte, nie um Pardon baten, wenn sie in der Macht ihrer Gegner waren, und auch selbst keinen lebenden Feind schonten«.

Die Horde war keineswegs ein ungeordneter Haufe von Stämmen. Gleich der römischen Legion hatte sie ihre feste Organisation; je zehntausend Mann bildeten die sogenannte »Tuman«, eine Division etwa, die natürlich nur aus Kavallerie bestand. Führer der Armeen waren die »Orkhons«, die Marschälle des Khans, elf an Zahl, darunter der nie versagende Ssubotai, der alte und kriegserfahrene Muhuli und der Draufgänger Chepe Noyon.

Die Waffen – meist Lanzen, Rüstungen und Schilde – wurden in Arsenalen aufbewahrt, die unter Leitung besonderer Offiziere standen. Hier wurden sie gesäubert und instand gehalten, um erst ausgegeben zu werden, wenn ein Feldzug bevorstand. Der kluge Mongole hielt es nicht für angebracht, einige hunderttausend Mann unter voller Bewaffnung zu halten, die über mehr als eine Million Quadratmeilen Gebirge und Ebenen verstreut waren.

Zur Winterszeit – vom ersten größeren Schneefall bis zum ersten jungen Grün – mußten nach Anordnung der Yassa zur Beschäftigung der Leute und zur Betätigung ihrer Kräfte Jagden in großem Maßstab abgehalten werden, Hetzen hinter Antilope, Hirsch und dem schnellfüßigen Wildesel.

Im Frühjahr erließ er dann den Befehl, daß die höheren Offiziere sich zu einer Besprechung bei ihm einfinden sollten, und er erwartete, daß jeder erschien. »Wer etwa in seinem Standort bleibt, anstatt zu kommen, um meine Weisungen in Empfang zu nehmen, dessen Schicksal wird sein wie der Stein, der ins Wasser fällt, und der Pfeil zwischen Rohrdickicht – er wird verschwinden.«

Zweifellos hat Dschingis Khan an die überkommene Tradition angeknüpft und sich alte Stammesbräuche zunutze gemacht; aber die Umbildung der Horde zu einem straffen militärischen Organismus ist ausschließlich sein Werk. Die Yassa regelte ihren Mechanismus; die Zuchtrute unerbittlicher Autorität hielt sie zusammen. Dschingis Khan hatte sich damit ein ganz neues Mittel damaliger Kriegsführung geschaffen: wohldisziplinierte Massen schwerer Kavallerie mit rascher Manövrierfähigkeit in jeder Art Gelände. Vor ihm besaßen vielleicht nur die Perser und die Parther gleich zahlreiche Reitergeschwader, aber ihnen fehlte die vorwärts stürmende Angriffslust der Mongolen und ihre unerreichte Fertigkeit im Bogenschießen.

Mit dieser Art Horde besaß Dschingis Khan eine Waffe, die, richtig gehandhabt und mit eiserner Faust zusammengehalten, ein Eroberungsinstrument vortrefflichster Art war. Und er war nun gewillt, die erste Probe darauf gegen Cathay zu machen, das uralte und unwandelbare Kaiserreich jenseits der Großen Mauer.*

---

* Siehe Note IV. Über die numerische Stärke der Mongolen. Seite 266 ff.

ZWEITER TEIL

8. Kapitel

Cathay

Innerhalb der Großen Mauer zeigte die Welt ein ganz anderes Gesicht als auf den Steppen Innerasiens. Hier herrschte eine fünf Jahrtausende alte Kultur, deren schriftliche Urkunden nahezu dreißig Jahrhunderte zurückreichten. Und hier lebten Menschen, die ihr Dasein philosophischer Betrachtung so gut wie dem Kriegshandwerk widmeten.

Auch ihre Vorfahren waren einst Nomaden gewesen, Reitervölker, wohlgeübt in der Handhabung des Bogens. Doch seit dreitausend Jahren hatten sie das Wanderleben aufgegeben und sich Städte erbaut; vieles hatte sich in diesem Zeitraum gewandelt. Die Bevölkerung hatte sich außerordentlich stark vermehrt; und wie stets, wenn Menschen überzahlreich werden und sich auf engem Raum zusammendrängen, hatten sie gegeneinander Schranken errichtet und sich in verschiedene soziale Klassen geteilt.

Ungleich der Gobi gab es innerhalb der Großen Mauer Sklaven und Bauern; Studenten, Soldaten und Bettler; Mandarine, Herzöge und Fürsten. Immer hatten sie einen Kaiser gehabt, »den Himmelssohn«, T'ientsi, und einen Hof, den »Schatten des Himmels«.

Im Jahre 1210, dem Jahr des Schafbocks im Kalender

der zwölf Tiere, hatte die Chin- oder Goldene Dynastie den Thron inne. Der Hof residierte in Yen-king, nahe dem heutigen Peking.

Das Reich Cathay glich einer Greisin, versunken in Nachsinnen, gekleidet mit vielleicht etwas allzu großer Pracht und umgeben von einem Gewimmel von wenig behüteten Kindern. Die Stunden des Aufstehens und Schlafengehens waren genau geregelt; man ließ sich in Sänften tragen, begleitet von Dienern, und betete zu den Tafeln der Toten.

Die Kleidung bestand aus weicher, buntfarbiger Seide; aber die Sklaven trugen Baumwolle und mußten barfuß laufen. Über die ehrwürdigen Häupter der hohen Beamten wurden Sonnenschirme gehalten. Hinter den Eingängen der Wohnungen waren Wandschirme aufgestellt, um herumschweifende Teufel fernzuhalten. Man beugte den Kopf nach den Vorschriften des Rituals und sann mit Eifer darüber nach, sein Leben denkbar vollkommen zu gestalten.

Vor einem Jahrhundert waren Barbaren von Norden eingedrungen – die Cathayer selbst und die Chins. Sie wurden aufgesogen von den Menschenmassen innerhalb der Großen Mauer. Sehr bald hatten sie die Gewohnheiten der Ansässigen angenommen, kleideten sich wie sie und folgten dem gleichen Ritus.

In den Städten von Cathay gab es Lustteiche; man konnte in schönen Barken darauf spazierenfahren und Reiswein trinken, indes man dem Klang der von einer Frauenhand bewegten Silberglocken lauschte. Vielleicht, daß man sich unter das bunte Ziegeldach einer Pagode treiben ließ, von der die rufenden Schläge des Tempelgongs herübertönten.

Man las in den Bambusbüchern längst vergangener Jahrhunderte oder unterhielt sich bei ausgedehnten Festgelagen über die goldenen Tage der T'ang. Jetzt sind sie Untertanen der Chin, ergeben der Dynastie, Diener dessen, der auf dem Thron sitzt. Tradition beherrscht sie, und diese erheischt als höchste Pflicht die Hingabe an das Kaiserhaus – was freilich nicht hinderte, daß sie gelegentlich ihren Spott ausließen, wie in den Tagen des Meisters K'ung. Als da nämlich der kaiserliche Zug vorüberkam, der allerhöchste Herr eine Kurtisane im Wagen neben sich, indes der Weise hinterdrein folgte, riefen sie: »Oho, da ist ja die Wollust vorneweg und die Tugend hinten.«

Oder es konnte geschehen, daß ein schweifender Poet, hingerissen von der Schönheit des über den Fluß glitzernden Mondes, in seiner Begeisterung ins Wasser fiel und ertrank. Der Weg zur Vollkommenheit war weit und mühevoll; aber die Zeit galt nicht viel in Cathay.

Der Maler begnügte sich, ein Stück Seide mit nur wenigen Farbflecken zu betupfen – ein Vogel auf einem Zweig oder der Schneegipfel eines Berges: eine Einzelheit nur, diese aber vollkommen bis ins letzte. Der Astrologe in seinem Dachgewölbe zwischen Fernrohren und Quadranten notierte genau die Bewegung jedes einzelnen Sterns. Selbst die Barden des Krieges haben noch etwas Beschauliches in ihren Gesängen.

»Kein Vogelstimmchen mehr tönt von den stummen Mauern. Nur der Wind wispert durch die lange Nacht, in deren Glast die Todesgeister schweifen. Durch der fallenden Flocken weißen Schleier blinzelt des Mondes schmale Sichel. Der Wälle Gräben starren von gefrorenem Blut und Leichen, die Bärte steif vom Eis. Verschossen ist der letzte Pfeil, zerbrochen der letzte Bogen. Dahingeschwunden ist der Streitrosse edle Kraft. Das ist die Stadt Han-li unter des Feindes Hand.«

Auch hier, wo der Sänger ein Bild des Todes malt, klingt die Resignation an, die ein Erbteil Cathays ist. Kriegsmaschinen besaßen sie – Streitwagen von zwanzig Pferden gezogen, veraltet und nicht mehr verwendbar; daneben aber auch Steinschleudern, Armbrustkanonen, die zu spannen mehr als zehn Mann nötig waren, Wurfmaschinen, deren schwere Taue von zweihundert Artilleristen gespannt werden mußten; ferner hatten sie »Feuer, das fliegen konnte«, und Feuer, das in Bambusrohren explodierte.

Die Kriegführung war eine Kunst in Cathay seit den Tagen, da Panzerregimenter und Kampfwagen auf den weiten Ebenen Asiens manövrierten und man im Lager einen Tempel für den Generalissimus errichtete, damit er darin ungestört über seine Operationspläne nachdenken konnte. Kwan-ti, der Kriegsgott, hatte immer seine getreuen Verehrer. Die Stärke der Cathayer lag in der Disziplin ihrer gedrillten Massen und in ihrem unerschöpflichen Menschenvorrat.

Ihre Schwäche aber war es, daß der Kaiser in Yen-king bleiben und die Führung seinen Generälen überlassen mußte. Die Stärke der Nomaden dagegen war das militärische Genie ihres Khans, der die Armee persönlich führte.

Die Lage Dschingis Khans war ähnlich wie die Hannibals in Italien. Wie dieser, besaß er nur eine begrenzte Zahl von Soldaten. Eine einzige schwere Niederlage würde die Nomaden unweigerlich in die Steppen zurückgetrieben haben. Aber auch ein halber Sieg war kein Gewinn. Der

Erfolg mußte gleich zu Anfang entscheidend sein, und zwar ohne allzu große Einbuße an Menschenleben. Dabei war er genötigt, mit seinen Divisionen gegen Armeen zu operieren, die von Meistern der Taktik geführt wurden.

Indessen war er draußen in Karakorum noch immer »Befehlshaber der Rebellen« und als solcher ein Untertan des Goldenen Kaisers.

Bisher, wenn das Glück dem Cathay-Reiche günstig war, forderten die Kaiser Tribut von den Nomaden jenseits der Großen Mauer. Ging es der Dynastie aber schlecht, so suchte man die Nomaden durch Bestechung von Raubeinfällen abzuhalten und sandte ihnen allerlei schöne Dinge, wie Silber, Seidenballen, feingearbeitetes Leder, geschnitzte Jadesteine und Karawanen beladen mit Korn und Wein. Um der Ehre Genüge zu tun oder, mit anderen Worten, um das Gesicht zu wahren, wurden diese Zahlungen stets Geschenke genannt. Dagegen hießen in den Jahren der Macht die Zahlungen der Nomaden stets Tribut.

Die habsüchtigen Steppenvölker hatten die prächtigen Gaben nicht vergessen, ebensowenig wie die lästigen Tributeintreibungen der cathayischen Beamten und die seltenen Expeditionen des »Hut und Gürtel«-Volkes über den Grenzwall der Großen Mauer hinaus. Zur Zeit also waren die Völker der östlichen Gobi nominell Untertanen des Goldenen Kaisers und standen – theoretisch – unter der Verwaltung des meist abwesenden »Wächters der westlichen Grenzen«. Dschingis Khan war in die Listen der kaiserlichen Beamten als »Befehlshaber gegen die Rebellen« eingetragen. Also sandten die Sekretäre in Yen-king auch an ihn Abgesandte mit der Weisung, den schuldigen

Tribut an Vieh und Pferden einzutreiben. Er hat den Tribut nie entrichtet.

Wie man sieht, eine als typisch chinesisch zu bezeichnende Situation. Dschingis Khans Haltung ist mit zwei Worten auszudrücken – beobachtendes Abwarten.

Im Lauf seiner Feldzüge in der Gobi war er mehrmals auf die Große Mauer gestoßen und hatte sich diesen gewaltigen Grenzwall aus Stein und Ziegeln, mit den hohen Tortürmen und der eindrucksvollen Breite des Kammes, auf dem sechs Reiter nebeneinander galoppieren konnten, aufmerksam betrachtet.

Vor kurzem erst hatte er Anlaß genommen, gelegentlich eines Kriegszuges seine Fahne hart unter den Toren aufzupflanzen – eine Herausforderung, der der Wächter der westlichen Grenzen und der Goldene Kaiser nicht die geringste Beachtung schenkten. Die Grenzstämme aber, die Puffer sozusagen, die im Schatten der Mauer lebten und dem cathayischen Herrscher bei seinen Jagdausflügen Dienste leisteten, nahmen diese Kühnheit voll zur Kenntnis und schlossen daraus, daß der Goldene Kaiser Furcht vor dem Nomadenhäuptling habe.

Das war wohl schwerlich der Fall. Gesichert in ihren Städten, kümmerten sich die zahllosen Millionen Cathayer überhaupt nicht um jene Horde von einer Viertelmillion Nomaden. Nur der Goldene Kaiser nahm gelegentlich Notiz von ihnen, wenn er Hilfe brauchte. Und da er jetzt wieder einmal in Krieg mit der alten Sung-Dynastie im Süden jenseits des Yang-tse verwickelt war, schickte er abermals Abgesandte an den Khan und ersuchte um Unterstützung durch die Nomadenreiter.

Dieser Beistand wurde bereitwillig gewährt; und Dschingis Khan entsandte mehrere Tumans, Kavalleriedivisionen, unter Führung Chepe Noyons und anderer Orkhons. Was sie als Hilfstruppen des Goldenen Kaisers ausrichteten, ist nicht bekannt. Sicher aber ist, daß sie die Augen offenhielten und allerlei Erkundigungen einzogen.

Sie besaßen die bei Nomaden hochentwickelte Fähigkeit, eine einmal gesehene Gegend gut im Kopf zu behalten. Und als sie dann zur Horde in der Gobi zurückkehrten, hatten sie eine ziemlich genaue Vorstellung von den Geländeverhältnissen Cathays.

Aber auch allerlei Wundermären brachten sie mit. In Cathay, so erzählten sie, liefen die Straßen geradeswegs über den Fluß, auf großen Steinplatten; hölzerne Kibitkas schwebten auf den Flüssen, und all die gewaltig großen Städte hatten Mauern so hoch, daß ein Pferd sie nicht überspringen könnte.

Die Leute dort trügen Jacken aus Baumwolle oder Seide in allen erdenklichen Farben, und es gäbe sogar Sklaven, die nicht weniger als sieben solcher Jacken hätten. Nicht alte fahrende Sänger hielt sich der Hof zur Unterhaltung, sondern junge Versemacher – und die trügen nicht etwa Heldenlieder mit dröhnender Stimme vor, sondern schrieben Worte auf Seidenstreifen; und diese Worte priesen die Schönheit der Frauen. Es wäre alles ganz wunderbar.

Die Offiziere waren kaum mehr zu halten und drängten darauf, gegen die Große Mauer vorzustürmen. Hätte aber der Khan nachgegeben und schon jetzt den Einfall in Cathay unternommen, so würde das für ihn selbst wie für sein Land schwere Gefahren bedeutet haben. Wenn er sein eben zusammengezimmertes Reich verließ und im Osten dann, in Cathay, eine Niederlage erlitt, so hätten seine übrigen Feinde keinen Augenblick gezögert, in das Mongolenland einzufallen.

Das Gebiet der Wüste Gobi gehörte ihm, aber an seinen Grenzen im Süden, Südwesten und Westen standen drei beachtenswerte Gegner. Längs der »Nanlu«, der südlichen Karawanenstraße, lag das merkwürdige Königreich Hsia-the, das sogenannte Räuberkönigreich. Bewohnt war es hauptsächlich von geächteten Cathayern und armen Tibetanern, die die Möglichkeit zu plündern aus ihren Bergen gelockt hatte. Südwestlich anschließend erstreckte sich das Land der Kara K'itai, eine Art Bergkaiserreich; und im Westen saßen die räuberischen Horden der Kirgisen, die den Mongolen bislang ausgewichen waren.

Dschingis Khan entsandte nun mehrere Gruppen von Kavalleriedivisionen unter Führung von Orkhons gegen all diese unruhigen Nachbarn, um sie in Respekt zu halten. Er selbst unternahm während mehrerer Sommer Feldzüge gegen das Reich der Hsia; und diese wohlgelungenen Raubüberfälle in das ungeschützte Land überzeugten die Hsia-Häuptlinge sehr bald davon, daß man besser mit dem Groß-Khan Frieden schlösse. Dieses Bündnis wurde noch durch Heirat gefestigt, indem man ein Mädchen der königlichen Familie Dschingis Khan zur Frau gab. Das alles geschah als Vorsichtsmaßregel – militärisch ausgedrückt, um sich Flanken und Rücken zu sichern. Nebenbei brachte es ihm noch den Anschluß mehrerer Häuptlinge und Rekruten für seine Horde. Vor allem aber erhielten dadurch die Truppen eine sehr wünschenswerte Schulung für den Krieg.

Mittlerweile war der Monarch von Cathay gestorben, und sein Sohn kam auf den Drachenthron, ein Mann von großer Statur, mit wundervollem Bart, der sich im wesentlichen nur für Malerei und Jagd interessierte. Er nannte sich Wai Wang, ein etwas hochtönender Titel für einen Durchschnittsmenschen.

Wie es sich bei einem Thronwechsel gehörte, legten nun die Mandarine dem neuen Monarchen die Tributlisten vor; und auch an Dschingis Khan wurde ein Offizier entsandt, um die festgesetzte Zahlung einzufordern. Zugleich überbrachte dieser auch die Proklamation des neuen Souveräns. Dieses kaiserliche Edikt mußte der Vorschrift nach kniend in Empfang genommen werden; der Mongole aber blieb stehen, ergriff die Rolle und nahm sich nicht einmal die Mühe, den Inhalt durch einen Dolmetscher übersetzen zu lassen.

»Wie heißt der neue Kaiser?« fragte er.

»Wai Wang.«

Anstatt nun, wie es sich geziemte, den Kopf in der Richtung nach Süden hin zu neigen, spuckte der Khan aus. »Ich dachte, der Sohn des Himmels müßte ein außerordentlicher Mann sein; aber ein Dummkopf wie Wai Wang ist eines Thrones unwürdig. Warum sollte ich mich vor ihm demütigen?«

Damit bestieg er sein Pferd und ritt davon. In der gleichen Nacht wurden die Orkhons in seinem Zelt zusammengerufen, darunter auch die neuen Bundesgenossen, Idikut von den »Stoßenden Falken« und »Löwenherz« von den westlichen Türken. Am Morgen darauf ließ er den Gesandten kommen und gab ihm eine Botschaft zur Übermittlung an den Goldenen Kaiser.

»Unser Reich«, sagte der Mongole, »ist nun so wohlgeordnet, daß wir Cathay einen Besuch machen können. Ist das Reich des Goldenen Khans auch so gut imstand, daß es uns empfangen kann? Wir werden mit einem Heer erscheinen, das wie ein schäumender Ozean ist. Uns ist es einerlei, ob wir mit Freundschaft oder mit Krieg empfangen werden. Wenn der Goldene Khan unser Freund sein will, werden wir ihm die Herrschaft über sein Reich unter unserer Oberhoheit gestatten. Wählt er den Krieg, so wird dieser nicht eher endigen, bis einer von uns beiden Sieger, der andere vernichtet ist.«

Eine beleidigendere Botschaft konnte wohl kaum entsandt werden. Dschingis Khan mußte entschieden haben, daß nun die Zeit für den Einfall gekommen war. Solange der alte Kaiser noch lebte, hat er sich möglicherweise durch die Vasallenschaft gebunden gefühlt. Wai Wang ging ihn nichts an.

Der Gesandte kehrte nach Yen-king, der kaiserlichen Residenz, zurück. Wai Wang war mit Recht entrüstet über die erhaltene Antwort.* Der Hüter der westlichen Grenzen wurde befragt, womit die Mongolen beschäftigt wären. Er antwortete, daß sie viele Pfeile machten und Pferde zusammentrieben. Daraufhin wurde der Hüter der westlichen Grenzen ins Gefängnis geworfen.

Der Winter verging, und die Mongolen fuhren fort, sehr viele Pfeile zu machen und Pferde zusammenzutreiben. Zum Unglück für den Goldenen Kaiser taten sie aber noch weit mehr. Dschingis Khan schickte Gesandte und Geschenke zu den Männern von Liao-tung im Norden des

---

* Nach einigen Berichten wurde eine cathayische Armee nach dem nächsten der Gobi-Clans vorgeschickt. Das ist auch sehr wohl möglich, da wir die Mongolen in Kämpfen außerhalb der Großen Mauer finden, kurz ehe sie in das Reich der Chin einfielen.

Reiches Cathay. Er wußte, sie waren kriegerischen Geistes und hatten nicht vergessen, daß ein Goldener Kaiser sie einst ihres Landes beraubt hatte.

Die Gesandtschaft suchte den Fürsten der Liao-Dynastie auf; und bald war ein Bündnis abgeschlossen, eidlich beschworen durch Blut und zerbrochene Pfeile. Die Männer von Liao – wörtlich: Männer von Eisen – verpflichteten sich, im Norden von Cathay einzufallen; als Gegenleistung garantierte ihnen der Mongolen-Khan den Wiederbesitz ihres Landes. Der Vertrag wurde übrigens von Dschingis Khan genau eingehalten. Später machte er die Fürsten von Liao zu Regenten von Cathay unter seiner Oberhoheit.

9. Kapitel

Der Goldene Kaiser

Zum erstenmal unternahm die Nomadenhorde einen Angriff gegen ein zivilisiertes Volk von weit überlegener Militärkraft. Die Berichte geben ein gutes Bild der Operationstaktik Dschingis Khans.*

Zunächst waren, schon lange zuvor, einzelne Gruppen von Nomaden nach Cathay entsandt worden, die als Spione dienen und auch Gefangene zurückschicken sollten, um auf diese Weise Nachrichten zu liefern.

Dem eigentlichen Anmarsch gingen Patrouillen voraus, etwa zweihundert Reiter im ganzen, paarweise über die ganze Gegend verteilt. Weit hinter diesen Aufklärern folgte dann die Vorhut, drei Divisionen, also dreißigtausend Mann auserlesener Truppen, aufs beste beritten – jeder Mann hatte wenigstens zwei Pferde zur Verfügung. Befehligt wurden diese Tumans von dem alten Kriegshelden Muhuli, dem schneidigen Chepe Noyon und dem jungen vielversprechenden Ssubotai, dem Massena unter den Marschällen des Khans.

Mit der Vorhut durch Verbindungsleute in ständiger Fühlung kam dann die Hauptmasse der Horde über die

---

* Siehe Note V. Das Eroberungsverfahren der Mongolen. S. 268 ff.

kahlen Hochebenen heranmarschiert, gewaltige Reiterscharen, umhüllt von dichten Staubwolken. Hunderttausend bildeten das Zentrum, meist altgediente Yakka-Mongolen; ebenso stark waren rechter und linker Flügel. Dschingis Khan kommandierte stets das Zentrum, ihm zur Seite ritt sein jüngster Sohn.

Wie Napoleon hatte er eine kaiserliche Leibgarde, tausend Mann, in Lederrüstung und auf Rappen. Übrigens ist bei diesem ersten Feldzug gegen Cathay im Jahre 1211 die Horde der Zahl nach wahrscheinlich noch nicht so stark gewesen.

Die Truppe näherte sich der Großen Mauer und marschierte durch die Sperre hindurch, ohne Aufenthalt und ohne einen einzigen Mann zu verlieren. Dschingis Khan hatte einige Zeit zuvor die Grenzstämme insgeheim für sich gewonnen, und so stand eins der Tore offen, als er herankam.

Innerhalb der Großen Mauer wurden einzelne der mongolischen Divisionen abgesondert und rückten, mit bestimmten Weisungen versehen, nach verschiedenen Teilen von Schan-si und Dschili vor. Nachschub brauchte die Armee nicht, rückwärtige Verbindungen waren ihr unbekannt.

Den vorgeschobenen Truppen der cathayischen Streitkräfte, die bestimmt waren, die Anmarschwege von der Grenze her zu decken, ging es schlecht. Die mongolischen Kavalleriedivisionen griffen die getrennten Abteilungen, meist nur Fußvolk, einzeln an und ritten sie nieder, wobei sie, ihre Bogen in voller Karriere abschießend, ein wahres Gemetzel unter der dicht massierten Infanterie des Feindes anrichteten.

Eine der Armeen des Kaisers sollte den Eindringlingen

entgegenrücken. Aber dabei verfehlte sie den Weg, verirrte sich und geriet in ein welliges, von Schluchten durchsetztes Gelände. Der führende General, erst vor kurzem ernannt, kannte die Gegend nicht und war auf die Führung von Landbewohnern angewiesen. Chepe Noyon, der ihm entgegengeschickt wurde, hatte Straßen und Zugangstäler noch gut in der Erinnerung; in einem Nachtmarsch umging er den Feind und griff ihn am nächsten Morgen im Rücken an. Diese Armee wurde von den Mongolen großenteils abgeschnitten; die Reste flohen ostwärts und verbreiteten Schrecken in den Reihen des cathayischen Hauptheeres.

So geriet auch dieses ins Wanken und machte kehrt; der Obergeneral entfloh nach der Hauptstadt. Dschingis Khan erreichte Taitong-fu, die erste der stark ummauerten Städte, und schloß sie ein; dann eilte er mit seinen Divisionen weiter, der Hauptstadt Yen-king zu.

Der Inhaber des Drachenthrons war über das verheerende Heranstürmen der Mongolen so bestürzt, daß er schleunigst aus Yen-king entflohen wäre, hätten ihn seine Minister nicht zurückgehalten. Denn nun war es die Pflicht des Kaisers, die gesamte Verteidigung des Landes selbst in die Hand zu nehmen, wie immer in Fällen äußerster Gefahr für die Nation – dieses unzähligen Gewimmels von Kleinbürgern, dieser dumpfen gläubigen Masse, Nachfahren kriegerischer Ahnen, denen es als heiligste Pflicht galt, ihr Leben für den Thron einzusetzen.

Dschingis Khan hatte in erstaunlich kurzer Zeit den ersten bewaffneten Widerstand des Landes gebrochen. Seine Divisionen hatten eine Anzahl Städte erobert, wenn sich auch Taitong-fu, die »Westliche Residenz«, noch hielt.

Aber wie Hannibal vor Rom, sah er sich jetzt der zähen Lebenskraft eines zum letzten entschlossenen Volkes gegenüber. Neue Armeen kamen die Flußtäler hinaufgezogen, in den belagerten Städten schienen sich die Besatzungen zu vervierfachen.

Dschingis Khan erreichte Yen-king; und es gelang ihm, bis in die Gärten, die die Stadt rings umgaben, vorzudringen. Und nun erblickte er zum erstenmal die gewaltige Ausdehnung der hohen Festungsmauern, die Türme, Brücken, Wälle einer ganzen Serie von Zitadellen.

Er mußte wohl die Unmöglichkeit systematischer Belagerung eines derartig befestigten Platzes mit seinen zur Verfügung stehenden Kräften erkannt haben; denn kurz danach trat er den Rückzug an. Und im Herbst gab er Befehl, nach der Gobi abzumarschieren.

Im darauffolgenden Frühjahr, nachdem die Pferde neu gekräftigt waren, erschien er wieder innerhalb der Großen Mauer. Er fand die Städte, die sich ihm ergeben hatten, stark besetzt und zum Widerstand entschlossen; so machte er sich von neuem ans Werk. Taiton-fu, die Westliche Residenz, wurde eingeschlossen; und unter deren Mauern blieb er mit seinen Hauptkräften stehen.

Diese Belagerung sollte allem Anschein nach als eine Art Köder dienen. Er hoffte, daß feindliche Armeen zum Entsatz heranrücken würden, damit er sie dann abfangen könnte. Der Feldzug hatte bisher zwei Dinge deutlich erwiesen: Die mongolische Kavallerie konnte cathayische Heere im offenen Feld angreifen und entscheidend schlagen; aber gut verteidigte Städte hatte sie bis jetzt nicht zu nehmen vermocht.

Chepe Noyon jedoch sollte auch das fertigbringen. Die verbündeten Fürsten von Liao wurden im Norden von einem sechzigtausend Mann starken Heer der Cathayer hart bedrängt und baten den Khan um Hilfe. Dieser entsandte Chepe Noyon mit einer Division nach Norden; der kühne Reitergeneral umging die cathayische Armee und machte sich an die Eroberung der Stadt Liao-yang in deren Rükken.

Die ersten Versuche der Mongolen, die Stadt zu erstürmen, schlugen gänzlich fehl. Chepe Noyon aber, ungeduldig wie Marschall Ney, versuchte eine List, deren sich Dschingis Khan wohl im Felde, aber bisher nie bei einer Belagerung bedient hatte. Er ließ seine gesamte Bagage, Wagen und Vorräte im Stich und rückte, recht offensichtlich vor den Augen der Cathayer, mit seinen Reiterscharen und Pferdereserven ab, so als gäbe er die Belagerung auf oder fürchte das Herankommen einer Entsatzarmee.

Zwei Tage hindurch zogen sich die Mongolen langsam zurück; dann machten sie kehrt, bestiegen ihre besten Pferde und jagten in einer einzigen Nacht »den blanken Säbel in der Zügelfaust« wieder vor. Bei Tagesgrauen erreichten sie Liao-yang. Die Cathayer, überzeugt vom endgültigen Abzug der Mongolen, waren gerade damit beschäftigt, das zurückgelassene Gepäck zu plündern und die Beute in die Stadt zu schaffen – sämtliche Tore standen offen, die Einwohner in buntem Durcheinander mit den Soldaten. Der Ansturm der Nomaden traf sie völlig überraschend; und das Ergebnis war ein wildes Gemetzel, dem die Einnahme von Liao-yang folgte.

Chepe Noyon bekam alle seine Bagagen wieder und noch ein hübsches Teil dazu.

Dschingis Khan jedoch wurde bei einem Ansturm gegen Taitong-fu verwundet. Die Mongolenhorde ebbte zurück, wie die weichende Flut von der Küste, und trug ihn mit sich fort.

Mit jedem Herbst sahen sich die Nomaden gezwungen, wieder nach der Gobi auszuweichen. Frische Pferde mußten aufgebracht und zusammengetrieben werden. Den Sommer über konnten Mann und Pferd aus dem Lande ernährt werden; aber der Winter in Nordchina war nicht ergiebig genug für die Verpflegung. Zudem gab es in der Heimat noch allerlei einfallslüsterne Nachbarn, die in Schach zu halten waren. Im darauffolgenden Sommer begnügte sich Dschingis Khan mit einer Reihe von Raubüberfällen, um die Cathayer nicht zur Ruhe kommen zu lassen.

Offensichtlich war dieser Krieg, der erste großen Maßstabs, auf den toten Punkt gekommen. Er konnte nicht wie Hannibal in den eroberten Städten Besatzungen zurücklassen; seine Mongolen, damals noch ungeübt in der Verteidigung fester Plätze, wären von den Cathayern während des Winters aufgerieben worden.

Eine Reihe von Siegen im offenen Feld, errungen durch geschickte Taktik, die die Bewegung seiner Divisionen dem Feind verschleierte, um ihn dann mit rasch vereinten Kräften anzugreifen, hatten als einziges Ergebnis gehabt, daß der Gegner in seinen befestigten Plätzen verblieb. Der Mongole war bis unter die Mauern Yen-kings vorgedrungen in der Absicht, sich des Kaisers zu bemächtigen; aber der Sohn des Himmels konnte aus seiner nahezu uneinnehmbaren Festung nicht herausgelockt werden. Mittlerweile bekamen die cathayischen Armeen auch die Oberhand über die Männer von Liao-tung und die Reiter der Hsia, die die Flanken des Khans deckten.

Ein Nomadenhäuptling gewöhnlichen Schlages würde unter diesen Umständen von der Sache Abstand genommen haben und, zufrieden mit der errafften Beute und dem Ruhm mehrerer Siege über das mächtige Cathayer-Reich, in Zukunft außerhalb der Großen Mauer geblieben sein. Aber Dschingis Khan, verwundet, doch unbeugsam, machte sich die Erfahrungen der bisherigen Feldzüge zunutze und bereitete neue Schläge vor, indessen der Goldene Kaiser von düsteren Vorahnungen heimgesucht wurde.

Und die Ahnungen wurden mit dem Frühjahrsbeginn des Jahres 1214 zu drohender Wirklichkeit. Von drei verschiedenen Punkten her drangen mongolische Armeen in Cathay ein. Im Süden bahnte sich die erste Armee unter Führung der drei Söhne des Khans eine breite Straße durch Schan-si; im Norden überstieg die Armee Juchis die Kette des Tschingan-Gebirges und vereinigte sich mit den Streitkräften von Liao-tung; Dschingis Khan selbst mit dem Zentrum stieß bis zur Küste des Ozeans jenseits Yen-king vor.

Diese drei Armeen operierten auf ganz neue Art. Sie blieben getrennt, setzten sich vor den stärksten Plätzen fest, trieben dann die gesamte Landbevölkerung zusammen und jagten die Gefangenen beim ersten Sturmangriff vor sich her. Meist öffneten dann die Cathayer innerhalb der Mauern die Tore der Stadt. In diesem Falle wurde ihr Leben geschont; im offenen Land jedoch wurde alles vernichtet oder davongeführt – die Ernten wurden in Brand gesteckt oder zertrampelt, Herden fortgetrieben, Männer, Frauen und Kinder niedergemacht.

Angesichts dieser Kriegführung à outrance gingen mehrere der cathayischen Generäle mit ihren Truppen zu den Mongolen über; sie wurden als Besatzung in die eroberten Städte geschickt unter Aufsicht mongolischer Offiziere.

Hunger und Seuche, zwei der vier Reiter der Apokalypse, hefteten sich an die Fersen der mongolischen Scharen und behaupteten das Feld; indes der Troß der Horde – die endlosen Wagenreihen, die Büffelherden, die hörnergekrönten Feldzeichen – fern am Horizont verschwand.

Als der Sommer zu Ende ging, brachen auch unter der Horde Krankheiten aus. Die Pferde magerten ab und wurden leistungsunfähig. Dschingis Khan lagerte mit seiner Hauptarmee unter den Zinnen von Yen-king; die Offiziere drängten zum Sturm auf die Stadt.

Wiederum weigerte sich der Khan; doch sandte er Botschaft an den Goldenen Kaiser.

»Wie denkst du jetzt über den Krieg zwischen uns? Alle Provinzen nördlich des Gelben Flusses sind in meiner Gewalt. Ich kehre jetzt in mein Heimatland zurück. Könntest du aber meine Offiziere davonziehen lassen, ohne ihnen Geschenke zu senden und so ihren Groll zu beschwichtigen?«

In der Tat ein sonderbares Ansinnen; im Grunde aber war es nur ein politischer Schachzug des geschäftstüchtigen Mongolen. Bewilligte nämlich der Kaiser die Forderung, so hatte er Gaben, um seine Offiziere zu belohnen und sie für den Ausfall der erhofften Beute zu entschädigen, während gleichzeitig das Ansehen des Drachenthrons erhebliche Einbuße erlitt.

Einige der cathayischen Kronräte, wohl unterrichtet vom mißlichen Zustand der Horde, suchten den Kaiser zu bestimmen, mit den Truppen einen Ausfall aus Yen-king gegen die Mongolen zu machen. Die möglichen Folgen eines solchen Unternehmens lassen sich nicht beurteilen. Jedenfalls aber war der Chin-Dynast schon zu sehr von Kummer niedergebeugt, um sich noch zu kühner Tat aufzuraffen. Er sandte Dschingis Khan fünfhundert Jünglinge und ebenso viele Mädchen als Sklaven, ferner einen ganzen Troß edler Pferde und Ladungen von Seide und Gold. Auch ein Waffenstillstand wurde abgeschlossen; der Kaiser verpflichtete sich, die Liao-Fürsten, die Verbündeten des Khans, unbehelligt im Besitz von Liao-tung zu belassen.

Aber der Khan forderte noch mehr; sollte schon ein Waffenstillstand zwischen ihnen sein – so müßte er auch eine Frau kaiserlichen Geblüts erhalten. Und so wurde ihm denn eine Dame aus der Herrscherfamilie zugesandt.

Im Herbst kehrte Dschingis Khan nach der Gobi zurück. Doch vor Eintritt in die Wüste ließ er die Mehrzahl der Gefangenen, die man bis dahin mitgeschleppt hatte, niedermachen – ein Akt unnötiger Grausamkeit.

(Anscheinend war es Brauch bei den Mongolen, sobald sie sich nach einem Feldzug heimwärts wandten, alle Gefangenen, die Künstler und Gelehrten ausgenommen, zu töten. Sklaven traf man zu jener Zeit nur ganz wenige bei den Mongolen. Ein Haufe schlecht ernährter Gefangener wäre nicht imstande gewesen, zu Fuß die weiten Wüstenstrecken zurückzulegen, die das Heimatland der Nomaden umgaben. Anstatt sie nun laufen zu lassen, machte man einfach ein Ende mit ihnen – so wie man etwa unbrauchbar gewordene Kleider fortwirft. Menschenleben hatten keinen Wert in den Augen der Mongolen; es war ihnen vor allem darum zu tun, fruchtbare Gegenden zu entvölkern, um Weideplätze für die Herden zu gewinnen.)

Ob nun Dschingis Khan das cathayische Reich wirklich in Frieden verlassen hätte, bleibt dahingestellt. Der Goldene Kaiser jedenfalls dachte nur an seine eigene Person. Er ließ seinen ältesten Sohn in Yen-king zurück und entfloh nach Süden.

»Wir tuen unseren Untertanen kund, daß wir unsere Residenz nach der Hauptstadt des Südens verlegen werden.«

So lautete das kaiserliche Edikt – eine lahme Geste, das Gesicht zu wahren. Seine Ratgeber und die Vornehmen des Landes beschworen ihn, sein Volk nicht im Stich zu lassen. Aber er ging, und Aufruhr folgte seiner Flucht.

10. Kapitel

Umkehr der Mongolen

Als der Kaiser mit seiner näheren Umgebung aus der Hauptstadt entfloh, ließ er seinen ältesten Sohn, den Kronprinzen, im Palast zurück. Er wollte den Mittelpunkt seines Reiches nicht verlassen, ohne wenigstens den Schein einer Herrschaft aufrechtzuerhalten; die Dynastie sollte dem Volk in einem Vertreter sichtbar bleiben. Yenking war vollgestopft von Truppen.

Aber wie es die greisen Ratgeber vorausgesehen, begann nun das Chaos die militärische Kraft der Chin zu untergraben. Ein Teil der Truppen, zur Eskorte des Kaisers bestimmt, meuterte und ging zu den Mongolen über.

In der Hauptstadt selbst fand eine eigenartige Rebellion statt. Der Kronprinz, die Beamten und Mandarine taten sich zusammen und schworen, um jeden Preis für den Schutz der Dynastie einzutreten. Von ihrem Herrscher im Stich gelassen, beschlossen sie den Krieg auf eigene Faust fortzusetzen. Die Truppen, dichtgedrängt in den Straßen, barhäuptig im strömenden Regen, erklärten unter stürmischer Begeisterung, dem Thronerben zur Rettung des Landes Gefolgschaft zu leisten. Wiederum zeigte sich die tiefeingewurzelte Treue zur Dynastie, die auch durch die Flucht eines schwächlichen Herrschers nicht zu erschüttern war.

Der Kaiser sandte Boten nach Yen-king, um seinen Sohn nach Süden abzuberufen.

»Tue das nicht«, widersprachen die alten Ratgeber. Aber der Kaiser blieb hartnäckig, und noch immer war sein Wille oberstes Gesetz. Der Kronprinz gehorchte dem Befehl und verließ die Hauptstadt, in der nur noch einige Frauen der kaiserlichen Familie, die Eunuchen, die Kommandanten der Garnison und die Soldateska zurückblieben. Inzwischen hatte sich die von den Mandarinen entfachte Flamme über das Land verbreitet, und überall loderte der Widerstand auf. Mongolische Besatzungen und Außenposten wurden überfallen; eine Hilfsarmee sandte man nach der am meisten gefährdeten Provinz Liao-tung, wo sie dank ihres frischen Elans überraschende Erfolge erzielte.

Kunde von dem plötzlichen Umschlag der Dinge drang zu der abziehenden Horde. Dschingis Khan ließ sofort haltmachen und wartete zunächst genauere Nachrichten ab, die ihm seine zurückgelassenen Offiziere und Späher sehr rasch überbrachten.

Sobald er die Lage klar übersah, schritt er unverzüglich zur Tat.

Eine seiner besten Divisionen wurde nach Süden über den Gelben Fluß entsandt mit dem Auftrag, dem fliehenden Kaiser nachzusetzen.

Schon war es Winter; aber die Mongolen drangen in Eilmärschen vor und zwangen den Herrn der Chin, auf der andern Seite des Grenzflusses im Gebiet seiner alten Feinde, der Sung, Zuflucht zu suchen. Aber auch dorthin folgten ihm die Mongolen, bahnten sich mühsam ihren Weg über schneebedeckte Berge, und wo Steilschluchten sie hemmten, bauten sie sich Brücken aus zusammengeketteten Speeren oder Baumästen. Die Division stieß so weit ins feindliche Land vor, daß sie von der Horde abgeschnitten wurde, dennoch setzte sie ununterbrochen dem fliehenden Kaiser nach, der schließlich am Hof der Sung Schutz suchen mußte. Boten des Khans riefen die ungestüme Division zurück. Sie zog sich auf geschickte Art aus der Klemme, umging in weitem Bogen die Städte der Sung, überschritt den zugefrorenen Gelben Fluß und brachte sich so in Sicherheit.

Chepe Noyon mit seiner Division wurde beschleunigt nach der Gobi zurückgeschickt, um dort die Stammeshäuptlinge in Ruhe zu halten.

Ferner erhielt Ssubotai Auftrag, zur Feststellung der Lage in die nördlichen Bezirke vorzugehen. Dieser junge Orkhon entschwand für mehrere Monate gänzlich dem Gesichtskreis und sandte lediglich die üblichen Meldungen über den Zustand seiner Pferde. Anscheinend hatte er nichts Tatenwürdiges im nördlichen Cathay gefunden; denn als er schließlich zurückkehrte, brachte er dem Khan die Unterwerfung von Korea. Sich selbst überlassen, hatte der General nach eigenem Ermessen gehandelt und war längs des Golfs von Liao-tung vorgestoßen, um neue Gegenden zu erforschen. Diese Neigung der Unterführer abzuschweifen, wenn ihnen ein selbständiges Kommando anvertraut war, sollte später Europa noch manches Unheil bringen.

Dschingis Khan selbst blieb mit der Hauptmacht der Horde in der Nähe der Großen Mauer stehen. Er war nun fünfundfünfzig Jahre alt; fern in der Gobi – nicht mehr in den alten Filzjurten, sondern in prächtigen Gezelten – war ihm sein Enkel Kubilai geboren. Seine Söhne waren nun ausgereifte Männer; aber in kritischen Lagen erhielten die Orkhons das Kommando über die Divisionen, die kriegserprobten Führer der Horde, jene Bevorzugten, die kein Unrecht begehen konnten und deren Nachfahren dank ihrer Tüchtigkeit noch weitgehende Vorrechte genossen. Er hatte Chepe Noyon und Ssubotai die Handhabung von Kavalleriedivisionen beigebracht; und auf Muhuli, den alten Kriegshelden, konnte er sich jederzeit verlassen.

So konnte Dschingis Khan bei dem Zusammenbruch des cathayischen Reiches Zuschauer bleiben und, in seinem Zelt sitzend, die Botschaften der eintreffenden Meldereiter in Empfang nehmen, die, ohne je zum Essen oder Schlafen aus dem Sattel zu steigen, die weiten Strecken durchgaloppierten.

Muhuli aber, unterstützt von dem Liao-tung-Fürsten Mingan, führte den letzten Stoß gegen Yen-king. Mit nur fünftausend Mongolen ritt er nach Osten zurück und verstärkte sich unterwegs durch Aufsammeln zahlreicher cathayischer Überläufer und versprengter Soldatentrupps. Von der Division Ssubotai in der Flanke gedeckt, schlug er sein Lager unmittelbar unter den Wällen Yen-kings auf.

Die Cathayer besaßen genügend Truppen, Vorräte und Kriegsmaterial aller Art in Yen-king, um eine Belagerung mit Erfolg durchzuhalten. Doch die innere Zerrüttung der Armee war schon so weit fortgeschritten, daß an ernstlichen Widerstand nicht zu denken war. Als der Kampf in den Vorstädten begann, ergriff der eine der kommandierenden Generäle die Flucht. Die Frauen des kaiserlichen Hauses wollten sich ihm anschließen und flehten um Mitnahme, doch ließ er sie in der Dunkelheit zurück. In den Geschäftsstraßen begann man schon zu plündern; und die unglücklichen Frauen irrten verzweifelt zwischen den aufgelösten Banden einer von Panik ergriffenen Soldateska umher.

Feuersbrünste brachen in verschiedenen Teilen der Stadt aus. Im Kaiserpalast sah man Eunuchen und Sklaven, beladen mit Gold- und Silbergerät, durch die Gänge eilen. Der Thronsaal lag vereinsamt, die Wachen hatten ihre Posten verlassen und sich den Plünderern angeschlossen.

Wang-Yen, der zweite der Befehlshaber, ein Prinz von Geblüt, hatte eben erst ein Dekret des fernen Kaisers erhalten, worin alle Verbrecher und Gefangenen begnadigt und die Bezüge der Soldaten erhöht wurden – eine verfehlte Maßnahme in letzter Stunde, die dem alleingelassenen Wang-Yen keinen Pfifferling mehr nützte.

Da die Lage hoffnungslos war, schickte sich der General an zu sterben, wie es der Brauch vorschrieb. Er zog sich in seine Gemächer zurück und verfaßte ein Schreiben an den Kaiser, in dem er sich für strafbar und des Todes schuldig erkannte, weil er Yen-king nicht hatte verteidigen können.

Diesen Abschied schrieb er, wie berichtet wird, auf den Ärmelaufschlag seines Kleides. Dann rief er seine Diener und verteilte unter sie seinen Besitz an Gewändern und Kostbarkeiten. Während er im Schreiben fortfuhr, befahl er dem Mandarin seiner Umgebung, einen Becher Gift zurechtzumachen.

Als ihm dieser gebracht wurde, bat er seinen Freund, das Zimmer zu verlassen, und trank das Gift. Yen-king stand in Flammen; die Mongolen ritten in die Tore ein und betraten einen Schauplatz unermeßlichen Schreckens.

Der Untergang einer Dynastie ließ den nur aufs Reale

eingestellten Muhuli völlig kalt; er beschäftigte sich ausschließlich damit, die Schätze und Vorräte der alten Kaiserstadt systematisch zu sammeln, um sie dann dem Khan zuzusenden.

Unter den Gefangenen, die vor Dschingis Khan gebracht wurden, befand sich auch ein Fürst von Liao-tung, der auf seiten der Cathayer gekämpft hatte, ein Mann von hünenhafter Gestalt, mit einem Bart bis zum Gürtel. Seine tiefe und klare Stimme fiel dem Khan auf, und er fragte nach dem Namen des Gefangenen, der Ye Liu Chutsai lautete.

»Warum bist du Anhänger der Dynastie geblieben, die doch von jeher der Feind deiner Familie war?« fragte der Khan.

»Mein Vater hat den Chin gedient«, antwortete der junge Fürst, »und andere meiner Familie auch. So war es nicht angängig, daß ich anders handelte.«

Das gefiel dem Mongolen.

»Treu hast du deinem früheren Herrn gedient, so mögest du auch mir mit der gleichen Ergebenheit dienen. Bleibe bei mir.«

Andere hingegen, die von ihrem Herrscherhaus abgefallen waren, verurteilte er zum Tode, da er in diesem Verrat keinen Grund zur Gnade sah. Ebendieser Ye Liu Chutsai sagte später auch zu ihm: »Du hast ein großes Reich vom Sattel aus erobert. Aber regieren kannst du es von da aus nicht.«

Der siegreiche Dschingis Khan mochte wohl die Wahrheit dieser Worte eingesehen und auch erkannt haben, daß er in den gebildeten Cathayern ebenso gute Verwaltungsbeamte besaß wie in ihren Kriegsmaschinen brauchbare Zerstörungsmittel; jedenfalls zeigte er sich diesem

Rat zugänglich. Zu Gouverneuren der eroberten Bezirke erwählte er Männer von Liao-tung.

Sicher war er sich darüber klargeworden, daß die fruchtbaren und dichtbevölkerten Länder nicht in unbewohnte Weidegründe umgewandelt werden konnten, wie es die Mongolen gern gewünscht hätten. Für die Kunstfertigkeit der Chinesen freilich, ihre Philosophie und ihre Kastenhierarchie hatte er – darüber ist kein Zweifel – nur Geringschätzung. Er bewunderte den entschlossenen Mut der Mandarine, die den Krieg auch nach der Flucht ihres Herrschers weitergeführt hatten; und die Weisheit wie das Ansehen dieser Männer wollte er sich zunutze machen. Ye Liu Chutsai wußte ja gut Bescheid und konnte ihm die Namen der Prominenten nennen und ihre Bedeutung erklären. Als er dann mitsamt all den Schätzen der Städte nach Karakorum aufbrach, waren einige der berühmtesten Gelehrten von Cathay in seinem Gefolge.

Die Militärverwaltung der neuen Provinzen, wie auch eine spätere Eroberung des Sung-Reiches, übertrug er dem alten Muhuli. Er rühmte seine Verdienste vor den versammelten Divisionen und verlieh ihm eine Fahne, die mit neun weißen Yakschwänzen geziert war. »Im Bereich von Cathay«, erklärte er seinen Mongolen, »ist den Befehlen Muhulis so zu gehorchen, als wären es meine eigenen.«

Für den alten Kriegshelden war das eine außergewöhnliche Ehrung. Und wie stets hielt sich Dschingis Khan an seine Abmachungen. Muhuli konnte in dem ihm zugewiesenen Bezirk mit voller Selbständigkeit befehligen.

Was den Mongolen zu diesem Schritt veranlaßt haben mag, läßt sich nur mutmaßen. Zweifellos wünschte er nach

Innerasien zurückzukehren, um seine westlichen Grenzen neu zu sichern. Auch mag er wohl erkannt haben, daß eine Unterwerfung von ganz China lange Jahre dauern mußte. Unleugbar aber ließ sein Interesse an einem Lande nach, sobald die militärische Eroberung beendet war.

11. Kapitel

Karakorum

Nicht wie andere Eroberer wählte sich Dschingis Khan seinen Wohnsitz im üppigsten Teil seines neugewonnenen Reiches. Nach dem Sturz der Chin-Dynastie verließ er das Land und hat niemals mehr die Große Mauer durchschritten. Er ließ Muhuli als Regenten in Cathay und eilte selbst nach den öden Hochebenen seiner Heimat.

Unter den Wüstenstädten erwählte er sich Karakorum, »Schwarzer Sand«, zu seinem Hauptquartier und errichtete dort sein Ordu.

Eine merkwürdige Stadt, dieses Karakorum, eine Metropolis der Steppen, sturmgepeitscht und sandverweht. Im Innern schilfgedeckte Lehmhäuser in regelloser Anhäufung, ohne auch nur die Andeutung einer Straße; rings im weiten Umkreis die zahllosen schwarzen Kuppeln der Filzjurten.

Hier umgab sich Dschingis Khan mit allem, was sich ein Nomade nur wünschen konnte. Die Jahre der Entbehrung und des steten Wanderlebens waren vorbei. Feste geräumige Stallungen bargen den Winter über die Pferdeherden mit dem Brandstempel des Khans. In großen Speichern waren die Vorräte aufgehäuft und schützten vor Hungersnot – Hirse und Reis für die Menschen, Heu für die Pferde. Karawansereien gaben Reisenden und Gesandtschaften Obdach, die nun aus ganz Nordasien herbeiströmten.

Aus dem Süden erschienen arabische und türkische Kaufleute. Dschingis Khan hatte seine eigene Art, Geschäfte zu machen. Feilschen mochte er nicht, und versuchten die Kaufleute zu handeln, so wurde ihnen ihre Ware ohne Bezahlung abgenommen. Lieferten sie dagegen alles freiwillig ab, so erhielten sie Geschenke, die ihre Gaben überreichlich bezahlt machten.

Neben dem Gesandtenviertel lagen die Stätten der Priester. Alte Buddhatempel standen Seite an Seite mit Moscheen oder den kleinen Holzkirchen nestorianischer Christen. Man konnte beten, zu wem man wollte, solange man nur die Gesetze der Yassa und die Vorschriften des Mongolenlagers innehielt.

Besucher wurden an der Grenze von mongolischen Offizieren in Empfang genommen und von Führern weitergeleitet, nachdem schon vorher schnelle Kuriere der Karawanenstraße ihr Kommen in der Hauptstadt gemeldet hatten. Waren sie erst im Bereich der weidenden Herden, der schwarzen Kuppeln der Jurten und der über die flachen baumlosen Steppen rollenden Kibitkas, so standen sie unter Obhut und Gewalt des Herrn über Gesetz und Recht.

Nach alter nomadischer Sitte mußten sie bei ihrer Ankunft zwischen zwei mächtigen Feuern hindurchgehen. Es geschah ihnen meist nichts dabei; nur glaubten die Mongolen, daß durch das Feuer etwa in ihnen verborgene Teufel ausgetrieben würden. Darauf erhielten sie Obdach und Essen und wurden dann – falls der Khan den Wunsch geäußert hatte – vor das Angesicht des allmächtigen Eroberers geführt.

Er residierte in einem großen pavillonartigen Zelt aus weißem Filz, das innen mit Seide gefüttert war. Am Eingang stand stets ein silberner Tisch mit Fleisch, Früchten und Stutenmilch, auf daß jeder, der zu ihm kam, essen konnte, soviel ihm beliebte. Im entfernten Innern des weiten Raums thronte der Khan auf einem Hochsitz, etwas tiefer neben ihm Burtai oder eine andere seiner Frauen.

Nur wenige seines Gefolges umgaben ihn – Ye Liu Chutsai etwa, in reichgestickten Gewändern, imponierend mit dem langen Bart und seinem tiefen Baß; ferner ein uigurischer Sekretär, in der Hand Papierrolle und Pinsel, und ein mongolischer Noyon*, betraut mit dem Ehrenamt des Becherhalters. Auf den Bänken längs der Wände saßen in geziemendem Schweigen weitere Vornehme, alle in den langen wattierten Mänteln mit lose hängendem Gürtel, sozusagen der kleinen Uniform der Horde. In der Mitte des Zeltes brannte ein Feuer aus Dorngesträuch und getrocknetem Mist.

Tar-Khans, vor allen geehrt, mochten wohl nach Belieben hereinstolzieren und ihren Platz auf den niedrigen Bänken einnehmen, die Beine untergeschlagen, die narbigen Fäuste auf den stahlharten Reiterschenkeln ruhend. Orkhons** und Divisionsgeneräle folgten ihnen, den Kommandostab in der Hand. Man unterhielt sich mit leiser gedehnter Stimme; ergriff aber der Khan das Wort, so verstummte alles.

---

* Noyon oder Noian, Befehlshaber einer Tuman, einer Division von zehntausend Mann, bisweilen auch Adlige schlechthin
** Orkhon oder Ur-khan, Befehlshaber einer Armee

Hatte er gesprochen, so war das Thema erledigt. Keinem wäre es eingefallen, noch ein Wort hinzuzufügen. Gegeneinwände galten als Verstoß gegen die Sitte, Übertreibungen als moralische Schnitzer; nur dem Herrn über Leben und Tod war es gestattet, die Wahrheit umzubiegen. Die Rede war knapp, sparsam und von peinlichster Genauigkeit.

Von Fremden erwartete man, daß sie Geschenke mitbrachten. Diese Gaben wurden erst dem Khan vorgelegt, bevor der Besucher vom wachhabenden Gardehauptmann hereingeführt wurde. Dann wurden die Ankömmlinge auf Waffen durchsucht und verwarnt, nicht etwa die Stützpfosten des Pavillons oder – falls es ein Zelt war – eins der Seile zu berühren. Um mit dem Khan zu sprechen, mußten sie niederknieen. Auch durften sie den Bereich des Ordu nicht wieder verlassen, ehe nicht der Khan die Erlaubnis dazu gegeben hatte.

Karakorum – heute vergraben unter den Sandmassen der Gobi – wurde von eiserner Faust regiert. Jeder, der das Ordu betrat, unterstand der Hoheit des Herrn über Kronen und Throne. Andere Gesetze gab es nicht.

»Als ich zu den Tataren kam«, erzählt der tapfere Mönch Fra Rubruquis, »sah ich mich wie in eine andere Welt versetzt.«

Es war eine Welt, geregelt nach den Gesetzen der Yassa und in schweigender Unterwerfung unter den Willen des Khans. Die Verwaltung war rein militärisch – fast alles wurde durch Befehle bestimmt. Der Pavillon des Khans war stets nach Süden gerichtet, und davor blieb ein weiter Raum frei. Rechts und links hatte jeder Teil der Horde sein bestimmtes Quartier, gleich wie die Kinder Israels sich um das Tabernakel gruppierten.

Der Haushalt des Khans hatte sich bedeutend vergrößert. In ihren Zelten, verstreut über das ganze Ordu, wohnten seine zahlreichen Frauen, betreut von ihren eigenen Volksgenossen. Außer Burtai, der Grauäugigen, hatte er Prinzessinnen von Cathay und Liao, Töchter aus türkischen Königsfamilien und die schönsten Frauen aus den Wüstenclans sich zu Gattinnen erwählt.

Weibliche Schönheit wußte er wohl zu schätzen, nicht weniger wie Mut und Klugheit bei Männern, Schnelligkeit und Ausdauer bei Pferden. Einst schilderte ihm ein Mongole die vollendeten Reize eines Mädchens in einer der eroberten Provinzen; nur wo sie zu finden wäre, wußte er nicht. »Wenn sie wirklich so schön ist«, antwortete der Khan ungeduldig, »dann werde ich sie schon zu finden wissen.«

Amüsant ist die Geschichte von einem Traum, der ihn eines Nachts quälte; er träumte nämlich, daß eine seiner Frauen böse Ränke gegen ihn schmiedete. Wie meist war er im Felde, und als er aufwachte, rief er unverzüglich:

»Wer ist der Offizier der Zeltwache?«

Der Offizier erschien und nannte seinen Namen, worauf der Khan den Befehl gab: »Die und die Frau ist dein, ich schenke sie dir. Nimm sie in dein Zelt.«

Auch in Angelegenheiten der Moral entschied er durchaus auf seine ganz persönliche Art. So hatte eine seiner Nebenfrauen der Werbung eines Mongolen seiner Umgebung nachgegeben, und der Khan erfuhr davon. Nun aber verurteilte er nicht etwa beide zum Tode, sondern verbannte sie für immer aus seiner Nähe, indem er erklärte: »Es war falsch von mir, ein Mädchen von so niedrigen Trieben zu mir zu nehmen.«

Von seinen vielen Söhnen erkannte er nur die vier von Burtai geborenen als seine rechtmäßigen Erben an. Er machte sie zu seinen auserwählten Begleitern, wachte über ihre Erziehung und gab ihnen einen alten Offizier als Mentor zur Seite. Als er sich über ihre verschiedenen Naturen und Begabungen klargeworden war, teilte er jedem ein bestimmtes Amt im Staatsorganismus zu und machte sie zu »Orluks« – Adlern – Prinzen kaiserlichen Geblüts.

Juchi, der Älteste, wurde »Herr der Jagd«, die für die Mongolen noch immer Hauptquelle für die Ernährung bildete. Chatagai ernannte er zum »Herrn über Gesetz und Strafe«, also zu einer Art Justizminister; Ogotai wurde »Herr des Rates«; Tuli, den Jüngsten, aber, der nominell Chef der Armee war, behielt der Khan ständig an seiner Seite. Der Sohn Juchis, Batu, wurde später der Begründer der »Goldenen Horde« und unterwarf Rußland; Chatagai erbte Zentralasien, und einer seiner Enkel war der erste Großmogul von Indien. Der Sohn Tulis aber, Kubilai, herrschte später vom Chinesischen Meer bis nach Mitteleuropa.

Der jugendliche Kubilai war überhaupt der Liebling des Khans. Sein ganzer großväterlicher Stolz kam zum Ausdruck, wenn er sagte: »Merkt gut auf die Worte des Knaben Kubilai; sie sind voller Weisheit.«

Als Dschingis Khan von der Eroberung Cathays heimkehrte, fand er den westlichen Teil seines jungen Reichs in bedenklicher Auflösung. Die mächtigen Türkvölker Zentralasiens, Vasallen des Kaiserreichs Kara K'itai, waren unter die Herrschaft eines höchst geschickten Usurpators gekommen. Dieser, Gütschlük mit Namen, war der Fürst der Naimans, die von den Mongolen vor nicht langer Zeit besiegt worden waren.

Gütschlük scheint hauptsächlich durch einträglichen Verrat zur Macht gekommen zu sein. Er hatte sich mit den immer noch stärkeren Völkern des äußersten Westens verbündet und seinen Gastfreund, den Khan von Kara K'itai, umbringen lassen. Während dann Dschingis Khan jenseits der Großen Mauer beschäftigt war, hatte er sich des Landes der tüchtigen Uiguren bemächtigt und den christlichen Khan von Almalyk, einen Untertan des Mongolen, erschlagen. Auch die stets unruhigen Merkits hatten die Horde verlassen und sich ihm angeschlossen.

Mit diesem Gütschlük nun und seinem Eintagskaiserreich in dem weiten Gebirgsland, das sich von Tibet bis nach Samarkand* erstreckte, machte Dschingis Khan nach seiner Rückkehr nach Karakorum kurzen Prozeß. Die Horde wurde mit frischen Pferden versehen und gegen die Naimans geführt. Der Herr von Schwarz-Cathay wurde durch geschickte Manöver aus seiner Stellung gedrängt und bekam eine gehörige Lektion von den kriegsgeübten Mongolen. Ssubotai wurde mit einer Division entsandt, um den Merkits wieder den richtigen Begriff ihrer Pflicht beizubringen. Chepe Noyon aber bekam den ehrenvollen Auftrag, mit zwei Divisionen gegen Gütschlük selbst vorzugehen und ihn um jeden Preis zu Tode zu hetzen.

Es erübrigt sich, auf Chepe Noyons geschicktes Auftreten innerhalb der Gebirgswelt Mittelasiens des näheren einzugehen. Den Kampfeifer der Muhammedaner lähmte er durch Verkündigung einer Amnestie für alle Gegner,

---

* Es war der Kern des späteren Reichs von Tamerlan.

nur Gütschlük selbst ausgenommen; gleichzeitig ließ er die buddhistischen Tempel öffnen, die der Krieg geschlossen hatte. Darauf hetzte er den Kaiserusurpator ein Jahr lang über das Dach der Welt, bis dann Gütschlük schließlich erschlagen und sein Kopf nach Karakorum geschickt wurde – zugleich mit einer Herde von tausend weißnasigen Pferden, die der energische Mongole so nebenbei noch zusammengebracht hatte.

Dieser Feldzug nach Westen – der immerhin bei einer Niederlage für Dschingis Khan hätte verhängnisvoll werden können – zeitigte zunächst ein sehr wichtiges Ergebnis. Im Gebiet von Tibet über die Gebirgsketten hinweg bis in die Steppen Rußlands saßen die Türkstämme, ein ebenso zahlreiches wie kriegstüchtiges Volk, das nunmehr, nach dem Zusammenbruch des Cathay-Reiches, das Zünglein an der Waage der Macht in Asien bedeutete. Die nächst benachbarten Türkstämme von Tibet schlossen sich als erste den Mongolen an und wurden ein Teil der Horde.

Durch das Öffnen der Tempel gewann Dschingis Khan ein ganz neues, gleichsam mystisches Ansehen. Von den Städten hoch im Gebirge bis zu den Lagern im Tal erzählte man sich, daß er das Cathay-Reich unterworfen hatte, und der geheimnisvolle, weithin wirkende Einfluß des buddhistischen Cathay übertrug sich nun auf seine Person. Die Mollahs wiederum, verfolgt und bedrängt bisher, erhielten die Zusicherung unbehinderter Andachtsübung und blieben von Steuern und Abgaben befreit. Unter den Schneegipfeln Tibets, diesem Amphitheater eines in der Welt einzig dastehenden Religionshasses, hatten Bonzen, Lamas und Mollahs alle das gleiche Recht und erhielten strengen Befehl, den Religionsfrieden nicht zu stören. Auch bis dorthin reichte der Schatten der Yassa. Abgesandte des Khans, langbärtige Cathayer, verkündeten das neue Gesetz des Eroberers und brachten Ordnung in das Chaos, ebenso wie sie in Cathay selbst unter der eisernen Faust Muhulis ihrem Lande jede Erleichterung zu schaffen suchten.

Zu dem triumphierenden Chepe Noyon kamen Boten die Karawanenstraße angaloppiert und brachten Nachricht, daß der Khan die tausend Pferde empfangen habe. »Werde mir nicht übermütig in deinem Erfolg«, ließ er ihm sagen.

Ob er sich nun Ungnade zuzog oder nicht, Chepe Noyon kehrte nicht nach Karakorum zurück und fuhr fort, seine Truppen durch Zuzug aus dem Bergland von Tibet zu verstärken. Neue Arbeit lag vor ihm, in einem andern Teil der Welt.

In ganz Nordasien aber war nach der Niederwerfung Gütschlüks ebenso plötzlich, wie die Sonne hinter Wolken vorbricht, Friede eingekehrt. Von China bis zum Aralsee gebot ein Herr; Auflehnung gab es nicht mehr. Kuriere des Khans jagten über fünfzig Längengrade; und es hieß, eine Jungfrau könnte mit einem Sack voll Gold allein von einem Ende des Nomadenreichs bis zum andern reiten, ohne daß ihr das geringste Leid geschähe.

Doch die Verwaltungstätigkeit konnte dem ruhelosen Eroberer auf die Dauer nicht behagen. Auch an den winterlichen Jagden über die Steppen hin fand er nicht mehr Gefallen. Eines Tages fragte er in seinem Pavillon von Karakorum einen Offizier der Leibgarde, was wohl auf Erden das größte Glück zu bringen vermöchte.

Nach kurzem Nachsinnen antwortete der Offizier: »Die weite Steppe, ein klarer Tag, ein feuriges Pferd zwischen den Schenkeln, den Falken auf der Faust und die Jagd hinter schnellfüßigem Wild.«

»Nein«, versetzte der Khan, »seine Feinde vernichten, sie auf den Knien vor sich sehen, ihnen Pferde und Besitz abnehmen, das Jammern ihrer Frauen hören – das ist das Schönste.«

Der Herr über Kronen und Throne war auch die Gottesgeißel. Seine nächste Tat war wiederum Eroberung, folgenschwer in ihrer Wirkung, diesmal nach Westen gerichtet. Und sie kam auf höchst merkwürdige Art zustande.

DRITTER TEIL

12. Kapitel

Das Schwert des Islams

Bis dahin war die Herrschaft Dschingis Khans auf das ferne Asien beschränkt geblieben. Als Nomade in den Steppen aufgewachsen, kam er zum erstenmal im Cathay-Reich mit der Zivilisation in Berührung.

Doch von den üppigen Städten der Cathayer war er wieder in die herben Weidegründe seiner Heimat zurückgekehrt. Vor kurzem erst, gelegentlich des Feldzugs gegen Gütschlük und durch die Ankunft muhammedanischer Kaufleute, war ihm Kunde über die andere Hälfte Asiens gekommen.

Nun wußte er, daß jenseits der Grenzgebirge im Westen blühende Täler lagen, wo nie Schnee fiel im Jahr und die Flüsse winters nicht zufroren. Reiche, menschenwimmelnde Städte gab es dort, weit älter noch als Karakorum oder Yen-king. Und von jenen Völkern des Westens kamen die Karawanen, die die fein gearbeiteten Stahlklingen, die besten Kettenpanzer, weiße Stoffe und rotes Leder, Ambra und Elfenbein, Türkise und Rubine brachten.

Um das Mongolenland zu erreichen, mußten diese Karawanen den hohen Grenzwall Mittelasiens überschreiten, jenes wirre Gefüge von Gebirgsketten, die sich von Taghdumbasch, dem Dach der Welt, nach Nordosten und

Südwesten hin erstrecken. Schon seit undenklichen Zeiten hatte dieses Massiv eine trennende Schranke gebildet. Es war das Gebirge »Kâf« der frühen Araber. Breit hingelagert, hochgetürmt, unzugänglich zum Teil, schloß es die Nomaden der Gobi von der übrigen Welt ab.

In früheren Epochen hatten einzelne Nomadenvölker, gedrängt von stärkeren Nachbarn im Osten, diese Barriere durchbrochen. So waren Hunnen und Avaren in den Gebirgsketten verschwunden, um niemals wieder zurückzukehren.

Eroberer aus dem Westen waren bis an den Fuß dieser Mauer vorgedrungen. Vor siebzehn Jahrhunderten waren die Herrscher Persiens mit ihrer Panzerreiterei nach Osten aufgebrochen und hatten auf ihrem Marsch nach Samarkand und dem Indus dieses Bollwerk des Taghdumbasch ständig vor Augen gehabt. Und zwei Jahrhunderte später war auch der kühne Alexander mit seiner Phalanx nicht weiter als bis zum Fuß der Höhenzüge gelangt.

So bildete dieses Gebirgsmassiv eine Art gigantischer Landsperre, eine Scheidewand zwischen den Steppenvölkern Dschingis Khans und den Talbewohnern des Westens, deren Land von den Cathayern Tatsin, das »Ferne Land«, genannt wurde. Ein tüchtiger General der Cathayer hatte einst eine Armee bis in die Höheneinsamkeit geführt; doch bis jetzt hatte es noch kein Heerführer unternommen, jenseits dieses Gebirges Krieg zu führen.

Nun aber hatte sich Chepe Noyon, der größte Draufgänger unter den Marschällen des Khans, mitten in dieser Gebirgswelt festgesetzt. Und Juchi war, der untergehenden Sonne folgend, bis in die Steppenregion der

Kiptschakstämme vorgedrungen. Sie hatten berichtet, daß zwei Straßen durch die Gebirgsketten führten.

Dschingis Khan hatte zur Zeit sein Interesse vorzugsweise dem Handelsverkehr zugewandt. Die Waren und namentlich die Waffen der muhammedanischen Völker jenseits des Grenzwalls bedeuteten für die einfachen Mongolen höchst begehrenswerte Güter. So ermutigte auch er seine eigenen Kaufleute – meist Muhammedaner –, ihre Karawanen nach Westen zu senden.

Dschingis Khan erfuhr, daß sein nächster Nachbar im Westen der Schah von Charesm war, auch er Eroberer eines weiten Reichs. Zu diesem Schah schickte der Khan nun Abgesandte mit folgender Botschaft:

»Ich sende dir meine Grüße. Ich kenne die Macht und die große Ausdehnung deines Kaiserreichs, und ich schaue auf dich wie auf einen sehr geliebten Sohn. Du deinerseits wirst wissen, daß ich Cathay erobert und viele türkische Völker mir untertan gemacht habe. Mein Land ist ein großes Kriegslager und eine reiche Fundgrube von Silber, und ich trage kein Verlangen nach anderen Ländern. So scheint es mir, daß wir ein gleiches Interesse haben, den wechselseitigen Handel zwischen unsern Untertanen zu fördern.«

Für einen Mongolen jener Tage war das eine recht zahme Botschaft. Den Kaiser von Cathay hatte er seinerzeit in beleidigender Weise herausgefordert. Alaeddin Muhammed, dem Schah von Charesm, machte er den Vorschlag eines wechselseitigen Handelsabkommens. Indessen lag doch unzweifelhaft eine Herabsetzung darin, den Schah seinen Sohn zu nennen; es war das die in Asien gebräuchliche Formel zur Bezeichnung eines Vasallenverhältnisses.

Auch daß er die Niederwerfung der Türkstämme erwähnte, barg eine gewisse Spitze. Der Schah war selbst Türke.

Die Gesandten des Khans brachten dem Schah reiche Geschenke, Silberbarren, kostbare Jade und weiße Kamelhaarstoffe. Aber die Spitze saß. »Wer ist Dschingis Khan?« fragte der Schah. »Hat er wirklich China erobert?«

Die Gesandten erwiderten, daß dem so wäre.

»Sind seine Heere so groß wie die meinigen?« fuhr der Schah zu fragen fort.

Darauf gaben die Gesandten taktvoll die Antwort – es waren Muhammedaner, keine Mongolen –, daß sie der Zahl nach mit denen des Schahs nicht zu vergleichen wären. Der Schah schien zufrieden und gab seine Einwilligung zu dem Warenaustausch. Ein Jahr etwa ging die Sache gut.

Inzwischen war der Name Dschingis Khans auch in andern muhammedanischen Ländern bekannt geworden. Der Kalif von Bagdad lag damals gerade in Streit mit dem Schah von Charesm, und er dachte nun, jener geheimnisvolle Khan im Grenzland von Cathay könnte wohl seiner Sache behilflich sein. Also beschloß er, einen Boten von Bagdad nach Karakorum zu senden; und da dieser, um dorthin zu gelangen, das Land des feindlichen Schahs berühren mußte, wurden besondere Vorsichtsmaßregeln getroffen.

Die Chronik berichtet, daß dem Boten die Mitteilung auf den vorher kahl geschorenen Schädel mit einem glühenden Stift eingebrannt wurde. Dann ließ man das Haar wieder wachsen, und derweil mußte der Bote die Mitteilung so lange lernen, bis er sie wörtlich auswendig konnte. Der Agent des Kalifen gelangte dann auch glücklich zum

Mongolenkhan; der Schädel wurde wieder rasiert und die mündlich vorgetragene Botschaft mit der eingebrannten verglichen, so daß an der Glaubwürdigkeit kein Zweifel war.

Dschingis Khan jedoch nahm von der Sache keine Notiz. Anscheinend machte ihm dieser armselige Einzelsendling mit dem verstohlenen Hilferuf keinen günstigen Eindruck. Außerdem bestand ja auch das Abkommen mit dem Schah.

Aber dieser erste mongolische Versuch zum Handelsverkehr nahm ein sehr plötzliches Ende. Eine Karawane von mehreren hundert Kaufleuten wurde von dem Gouverneur von Otrar, einer Grenzfestung des Schahs, gefangengesetzt. Dschinaljuk, so hieß der Gouverneur, meldete seinem Herrn, daß unter den Kaufleuten mongolische Spione wären – was sehr wohl der Fall sein konnte.

Ohne die Sache näher zu untersuchen, sandte Schah Muhammed Befehl, sämtliche Kaufleute hinzurichten, und das geschah denn auch. Der Vorfall kam natürlich zu Ohren des Khans, und dieser schickte sofort eine Gesandtschaft an den Schah, um Genugtuung zu fordern. Muhammed hielt es für angemessen, den Führer der Gesandtschaft hinrichten und den übrigen die Bärte absengen zu lassen.

Als die Überlebenden der Gesandtschaft wieder vor Dschingis Khan erschienen, ging dieser, so wird berichtet, abseits auf einen Berg, um sich die Angelegenheit in Stille zu überdenken. Totschlag eines mongolischen Gesandten konnte nicht ungestraft hingehen; die Tradition verlangte Vergeltung für die angetane Schmach.

»Es können nicht zwei Sonnen am Himmel sein«, sagte

damals der Khan, »und nicht zwei Kha Khans auf Erden.«

Nun wurden wirklich Spione in die Gebirge geschickt, und Eilboten jagten über die Steppen, um die Horde zur Fahne zu rufen. Gleichzeitig ging eine kurze und folgenschwere Botschaft an den Schah ab.

»Du hast Krieg gewählt. Was geschehen soll, wird geschehen, und wie das Ende sein wird, wissen wir nicht. Gott allein weiß es.«

Damit begann die kriegerische Auseinandersetzung zwischen den beiden Eroberern, die unvermeidlich eines Tages kommen mußte. Und der klug abwartende Mongole hatte seinen Casus belli.

Bevor die Ereignisse geschildert werden, sei ein kurzer Blick vergönnt auf das Land jenseits der Berge – die Welt des Islams und des Schahs.

Es war eine waffenklirrende Welt, glanzvoll, sangeslustig und musikliebend. Eine Welt gebeutelt von inneren Wehen, auf ständiger Jagd nach Reichtum, von Sklaven abhängig, ein Tummelplatz von Laster und Intrige. Die Führung der Geschäfte überließ man Ausbeutern, die Frauen der Bewachung durch Eunuchen und das Gewissen der Obhut Allahs.

Mancherlei Dogmen hatten Geltung, und der Koran fand vieldeutige Auslegung. Man gab Almosen an die Armen, befolgte streng die vorgeschriebenen Waschungen, verschwatzte seinen Tag in den sonnenbeschienenen Vorhöfen der Moscheen und schmarotzte ausgiebig von der Gunst der Großen. Wenigstens einmal im Leben unternahm man die lange Reise zu dem schwarzen Stein unter der Samthülle in Mekka, dem Stein der Ka'aba. Auf diesen

Pilgerfahrten strömten die Glaubensgenossen aus allen Ländern zusammen, im Gedränge der Massen entzündete sich von neuem die religiöse Inbrunst, und man kehrte heim, von Stolz erfüllt über die Macht und Größe der islamitischen Welt.

Jahrhunderte zuvor hatte ihr Prophet ein Feuer entfacht, das dann von den Arabern über weite Teile der Erde getragen werden sollte. Seit jener Zeit waren die Völker des Islams nur von dem einen Gedanken beseelt – Eroberung. Die ersten Wogen der Allahstreiter waren bis nach Granada in Spanien geflutet und hatten ganz Nordafrika, Sizilien und Ägypten überschwemmt. Später war die Kampfkraft des Islams von den Arabern auf die Türken übergegangen; gegen die gepanzerten Scharen der christlichen Kreuzritter jedoch, die gekommen waren, ihnen Jerusalem zu entreißen, hatten sich beide im Heiligen Krieg zusammengetan.

Jetzt, im Beginn des dreizehnten Jahrhunderts, stand der Islam auf der Höhe seiner militärischen Kraft. Die letzten Kreuzritter waren bis an die Küsten des Heiligen Landes zurückgedrängt, und die erste Türkenwelle entriß Kleinasien der Machtsphäre des entarteten Byzanz.

In Bagdad und Damaskus erneuerten die Kalifen all den weltlichen Glanz aus den Tagen Harun al Raschids und der Barmekiden. Musik und Dichtkunst standen in hohem Ansehen; ein Wort voll Geist und Witz konnte das Glück eines Mannes machen. Ein Sternkundiger und Weiser, Omar al Chayyam, bemerkte, daß selbst diejenigen, die den Koran für den Inbegriff aller Weisheit der Erde hielten, weit öfter die Inschrift auf dem Grund ihres Bechers studierten.

Auch der nachdenksame Omar konnte sich dem heidnischen Glanz des kriegerischen Islams nicht verschließen:

»Wie doch Sultan auf Sultan in Pracht und Prunk
Der Schicksalsstunde harrte – und entschwand.«

Die Höfe von Dschamschid, der goldene Thron Mahmuds – innehaltend in seinen schwermütigen Vierzeilern, versank Omar in staunende Träumereien über sie und in Betrachtungen darüber, was wohl im Paradies noch für Freuden diesen Schildhaltern des Islams winken könnten.

Omar und Harun lagen schon lange in ihren Gräbern, doch die Nachkommen jenes Mahmuds herrschten über Nordindien. Die Kalifen von Bagdad waren weltklug geworden und liebten mehr das geschickte Spiel der Politik als Kampf und Eroberung. Aber die Ritterschaft des Islams – die ihre inneren Zwistigkeiten sofort vergaß, sobald es gegen einen Glaubensfeind zu streiten galt – war noch ebenso glanzvoll und heldenhaft wie in den Tagen, da Harun al Raschid mit seinen Zechkumpanen festete.

Diese Nachfahren von Eroberfürsten lebten in einem gottgesegneten Lande, wo die den Waldbergen entströmenden Flüsse die Felder zu ergiebiger Ernte befruchteten, wo eine warme Sonne den Geist belebte und heitere Freude am Behagen weckte. Ihre Waffen wurden von geschickten Handwerkern verfertigt – Stahlklingen, so biegsam wie Weidengerten, und Schilde, reich geschmückt mit silberner Ornamentik. Sie trugen Kettenpanzer und leichte Stahlhelme, ritten Vollblutpferde von außerordentlicher

Schnelligkeit, aber nicht sehr großer Ausdauer. Und sie kannten das Geheimnis des flammenden Naphthas und des schrecklichen griechischen Feuers.

Das Leben bot ihnen mancherlei Zeitvertreib:

»Verse, Musik und Lieder und süßen Wein in vollen
    Strömen.
Schach und Tricktrack; das wildreiche Feld, den Falken und
    den schnellfüßigen Jagdleoparden.
Rennplatz und Ballspiel; den Audienzsaal, die Schlacht und
    üppiges Festmahl.
Pferde und Waffen, und eine freigebige Hand, und Preis
    meinem Herrn und Gebieter.«*

Im Mittelpunkt der islamitischen Welt hatte sich Muhammed, Schah von Charesm, einen Kaiserthron errichtet. Sein Herrschaftsbereich erstreckte sich von Indien bis Bagdad und vom Aralsee bis zum Persischen Golf. Abgesehen von den Seldschuken-Türken, den Besiegern der Kreuzritter, und der emporstrebenden Mameluken-Dynastie in Ägypten, war seine Oberhoheit überall anerkannt. Er war in Wahrheit der Kaiser und Herrscher; der Kalif in Bagdad, ohnmächtig ihm gegenüber, mußte sich mit der geistlichen Autorität eines Popen begnügen.

Muhammed, der Schah des Charesm-Reichs**, entstammte wie Dschingis Khan einem Nomadenvolk. Seine Vorfahren waren Sklaven gewesen, Becherhalter des gro-

---

* Aus der Persischen Literaturgeschichte von Edward G. Browne
** Charesm erscheint kaum in der Geschichte. Wie Kara K'itai und das Reich der Chin wurde es von den Mongolen vernichtet, bevor es die Höhe seiner Macht erreichte.

ßen Seldschuken Malik; Schah. Er und seine »Atabegs«, eine Art Hausmeier, waren Türken. Als echter Sohn der kriegerischen Turanvölker besaß er einiges militärisches Genie, sicheren politischen Griff und ein gerüttelt Maß Habgier.

Seine Grausamkeit überstieg jedes Maß, und ein Antrieb seiner Laune genügte, um seine Anhänger ins Jenseits zu befördern. Er konnte einen ehrwürdigen Sayyid erschlagen lassen, um dann hinzugehen und vom Kalifen Absolution zu verlangen. Weigerte sich dieser, so wurde er öffentlich angeklagt und ein anderer zum Kalifen erklärt. Ein derartiger Streit hatte auch den Kalifen von Bagdad zur Absendung eines Boten an Dschingis Khan veranlaßt.

Daneben besaß Muhammed auch seine Portion Ehrgeiz und Eitelkeit. Er liebte es, »der Sieger« betitelt zu werden, und seine Höflinge priesen ihn als den zweiten Alexander. Den Umtrieben seiner Mutter begegnete er mit Gewaltmaßregeln, und ewig lag er im Zank mit den Wesiren, den Verwaltern seines weiten Reichs.

Seine Streitkräfte, etwa vierhunderttausend Mann, bestanden der Hauptsache nach aus Charesm-Türken; daneben standen ihm auch die wohlgeschulten Armeen der Perser zur Verfügung. Kriegselefanten, lange Kamelkarawanen und eine Menge bewaffneter Sklaven folgten dem Heer.

Die Hauptkraft der Verteidigung seines Landes lag aber in der Kette großer, befestigter Städte längs der Flüsse – so Buchara, der Mittelpunkt der islamitischen Akademien und geistlichen Schulen; Samarkand, die Stadt der hohen Mauern und heiteren Gärten; ferner Balch und Herat, das

Herz der Provinz Chorassan. Diese ganze Welt des Islams mit ihrem ehrgeizigen Schah-Usurpator, ihren zahllosen Massen von Soldaten und mächtigen Städten war Dschingis Khan nahezu unbekannt.

13. Kapitel

Der Marsch nach dem Westen

Zwei Probleme waren erst zu lösen, bevor Dschingis Khan sein Heer gegen die muhammedanischen Türken führen konnte. Als er zur Eroberung Chinas aufgebrochen war, hatte er die meisten seiner Bundesgenossen mitgenommen. Nun mußte er sein weites Reich für mehrere Jahre verwaist lassen – ein Reich, das erst vor kurzem zusammengekittet worden war und jetzt sogar von jenseits der Berge geleitet sein wollte.

Diese Frage erledigte er auf die ihm eigne Art. Cathay wurde von Muhuli mit eiserner Faust in Schach gehalten und von den Liao-Fürsten, so gut es ging, verwaltet. Was die übrigen Teile seines Reiches betraf, so suchte sich Dschingis Khan alle Vornehmen der eroberten Länder heraus, Männer von Geburt und Ehrgeiz, die in seiner Abwesenheit möglicherweise Unruhen erregen konnten: Zu jedem von diesen sandte er einen Boten mit einer silbernen Platte und der Aufforderung, sich bei der Horde einzufinden. Unter dem Vorwand, ihrer Dienste zu bedürfen, entführte der Khan diese gefährlichen Herren sämtlich aus seinem Reich.

Die Regierung seines Landes gedachte er in eigner Hand zu behalten, wo immer er auch war. Durch Boten wollte er mit den Verwaltungsräten in den einzelnen Landschaften der Gobi ständig in Verbindung bleiben. Einen seiner Söhne ließ er als Gouverneur von Karakorum zurück.

Nachdem das erledigt war, blieb noch das zweite und weit schwierigere Problem, nämlich die Beförderung seiner Horde im ganzen eine Viertelmillion Menschen vom Baikalsee über die Hochgebirge Mittelasiens bis nach Persien. Die Entfernung betrug etwa zweitausend Meilen Luftlinie, und es ging durch Gegenden, in die sich auch heutige Reisende nur mit wohlausgerüsteten Karawanen hineinwagen. Für eine moderne Armee von dieser Größe wäre es undurchführbar gewesen.

Aber Dschingis Khan zweifelte keinen Augenblick, daß seine Horde imstande wäre, den Marsch zu vollbringen. Er hatte sich in ihr eine Truppe herangezogen, die er führen konnte, wohin immer er wollte. Die Hälfte der Ausgezogenen sollte die Gobi niemals wiedersehen; aber Teile der Mongolen durchquerten einen Raum von neunzig Längengraden und wieder zurück.

Im Frühjahr 1219 erließ er Befehl zur Versammlung der Horde auf den Weideplätzen eines im Südwesten gelegenen Flusses. Dort fanden sich die einzelnen Tumans unter ihren Kommandeuren ein, jeder Mann im Besitz von vier bis fünf Reservepferden. Große Viehherden wurden auf den Weiden zusammengetrieben, wo sie sich den Sommer über dick und rund fraßen. Der jüngste Sohn des Khans erschien, um ein Kommando zu übernehmen; und in den ersten Tagen des beginnenden Herbstes brach auch Dschingis Khan selbst von Karakorum auf.

Vor seiner Abreise hatte er an die Frauen des Nomadenreichs eine kleine Proklamation erlassen: »Zum Kampf könnt ihr zwar nicht mit ausziehen, aber eine Pflicht habt ihr dennoch. Haltet die Jurten gut im Stand, bis eure Männer zurückkehren, und sorgt dafür, daß Kuriere und durchreisende Noyons, wenn sie nachts haltmachen, stets einen sauberen Schlafplatz und gutes Essen vorfinden. Auf solche Art soll die Frau dem Krieger Ehre erweisen.«

Beim Ritt zu seinem Heere ist ihm möglicherweise der Gedanke gekommen, daß er vielleicht nicht lebend zurückkäme. Als er durch ein schönes waldiges Land ritt, betrachtete er einen hohen Fichtenhain und bemerkte:

»Ein guter Platz für Rotwild und für die Jagd. Ein schöner Ruheplatz für einen alten Mann.«

Er gab Befehl, daß bei seinem Tode die Yassa, sein Gesetzbuch, laut zu verlesen wäre und jedermann sein Leben danach zu regeln hätte. Anders jedoch sprach er zur Horde und seinen Offizieren:

»Ihr zieht mit mir aus, um mit der Kraft unseres Arms den Mann zu treffen, der uns mit Verachtung behandelt hat. Ihr werdet an meinen Siegen teilhaben. Ich will, daß der Führer von zehn Mann genau so auf dem Posten ist wie der Führer von zehntausend. Wer seine Pflicht verletzt, hat sein Leben und das seiner Frauen und Kinder verwirkt.«

Nach einer Besprechung mit seinen Söhnen, den Orkhons und den verschiedenen Stammeshäuptlingen ritt er zur Besichtigung der einzelnen Lager der Horde.

Der Khan zählte jetzt sechsundfünfzig Jahre; sein breites Gesicht war tief durchfurcht, die Haut hart und trocken. Die Knie angezogen in kurzgeschnallten Steigbügeln, saß er auf dem hohen Spitzsattel seines schnellfüßigen Schimmels. Den aufgeklappten weißen Filzhut zierten

Adlerfedern; vor beiden Ohren hingen ihm Tuchlappen herab, gleich Hörnern, doch dienten sie dazu, den Hut bei heftigem Wind festzubinden. Sein langärmliger schwarzer Zobelmantel wurde von einem Gürtel aus Goldplatten zusammengehalten.

Wortkarg ritt er die Linien der aufgestellten Schwadronen ab. Die Truppe war aufs sorgfältigste bewaffnet und ausgerüstet. Jeder Mann hatte zwei Bogen und einen Köcher mit Deckel, der die Pfeile vor Nässe schützte. Die Helme waren leicht und bequem, eine eisenbeschlagene Lederkappe schützte den Nacken. Die Pferde der Stoßdivisionen hatten rote oder schwarze Panzer aus gefirnißtem Leder.

Nur das Leibgarderegiment des Khans war mit Schilden versehen. Bei der schweren Kavallerie führte der Mann außer dem Säbel noch eine Axt und ein Seilende am Gürtel; dieses diente als Lasso oder zum Ziehen der Belagerungsmaschinen. Die Feldflaschen waren klein und sehr handlich; Ledersäcke enthielten den Futterbeutel für das Pferd, einen Kochkessel für den Mann, Reservebogensehnen, Wachs und Feilen zur Schärfung der Pfeilspitzen. Später hatte jeder Mann seine eiserne Ration, geräuchertes Fleisch und eine Art getrockneten Milchquark, der in Wasser aufgeweicht und gewärmt werden konnte.

Zunächst hieß es nun marschieren und wieder marschieren. Neben den zu allerlei Diensten verwendeten Cathayern war auch eine ganze cathayische Division zum Heer gestoßen, etwa zehntausend Mann stark, unter Führung eines cathayischen Offiziers, dem Ko pao yu oder Meister der Artillerie. Seine Leute waren Fachmänner in Bau und Handhabung der Belagerungsmaschinen, der

Wurfapparate, der Stein- oder Feuerschleudern. Auf Märschen wurden die Maschinen auseinandergenommen und die Teile auf Wagen mitgeführt. Die »Ho-pao«, die Feuerkanone, wird man später in Tätigkeit sehen.*

In langsamen Märschen bewegte sich die Horde mit ihren Viehherden durch die zunächst noch niedrigen Vorberge. Ein Heer von etwa zweihunderttausend Menschen konnte natürlich nicht in geschlossener Masse vorrücken, da man sich aus dem Lande oder von den Herden ernähren mußte. Daher wurde Juchi, der älteste der Söhne, mit zwei Divisionen abgesondert und sollte sich Chepe Noyon auf der andern Seite des Tian-schan anschließen. Der Rest wurde möglichst weit auseinandergezogen und hielt sich tunlichst in den Tälern.

Gleich zu Anfang des Marsches trat ein kleines Ereignis ein, dem die Sterndeuter schlimme Vorbedeutung beilegten. Es war nämlich vor der üblichen Zeit Schneefall eingetreten. Der Khan ließ Ye Liu Chutsai kommen und fragte ihn nach seiner Meinung über das Anzeichen.

»Es bedeutet«, erwiderte der schlaue Cathayer, »daß der Herr der kalten und winterlichen Länder den Herrn der warmen Himmelsstriche überwältigen wird.«

Namentlich die Cathayer müssen in jenem Winter schwer gelitten haben. Es gab Heilkundige unter ihnen; und wenn vor einem Zelt die Lanze mit der Spitze im Boden steckte, so zeigte das an, daß ein Soldat krank war und ein Heilmittel von den kräuter- und sternkundigen Gelehrten begehrte. Auch allerlei sonstige Nichtkombattanten zogen mit: Dolmetscher, Kaufleute, die später als

---

* Siehe Note VI. Die Mongolen und das Schießpulver. S. 271 ff.

Spione verwendet wurden, und Mandarine, bestimmt für die Verwaltung der eroberten Gebiete. An alles war gedacht und für jede Kleinigkeit gesorgt. Es war sogar ein Offizier bestimmt, der sich um die verlorengegangenen Sachen zu kümmern hatte.

Jeden Morgen mußten die Metallbeschläge an Waffen und Sätteln blank geputzt und die Feldflaschen gefüllt sein. Ein Trommelwirbel gab das Signal zum Aufbruch; zuerst zogen die Herden ab, dann folgten die Truppen mit ihrem Wagentroß. Am Abend trieb man dann die Herden zusammen, die Fahne des kommandierenden Offiziers wurde aufgepflanzt und im Umkreis darum das Lager errichtet, wozu die Soldaten ihre Jurten von den Kamelen oder Wagen luden.

Flüsse waren zu überschreiten. Dazu wurden die Pferde zu zwanzig und mehr nebeneinander an den Sattelknäufen zusammengebunden und in den Strom getrieben. Die Leute mußten sich an den Pferdeschwänzen festhalten und schwimmen. Man nahm einen beblätterten Zweig, trieb ihn in die lederne Feldflasche, band diese am Gürtel fest und hatte so eine Art Schwimmvorrichtung. Aber nicht lange sollte es dauern, daß man die Flüsse auf ihrer Eisdecke überschreiten konnte.

Bald war alles mit tiefem Schnee bedeckt. Ringsum breitete sich weiße Einöde; verkrümmte graue Tamarisken schwankten und wankten im Wind gleich den Seelen Abgeschiedener. Nur das bleichende Gehörn von Antilopen und Wildschafen bezeichnete noch den Weg durch die hohen Schneewehen.

Juchis Divisionen strebten dem Süden zu und kamen von siebentausend Fuß hohen Pässen auf die Pelu herabgestiegen, die große nördliche Karawanenstraße über den Tian-schan. Hier, auf einem der ältesten Handelswege Asiens, trafen sie auf lange Züge zottiger Kamele, der Halfter des einen an den Schwanz des vordern gebunden, beladen mit Ballen von Tuch, Reis und dergleichen, die begleitet von wenigen Männern und einem Hund unter dem Klang der rostigen Glocken gemächlich dahintrotteten.

Der Hauptteil der Horde rückte langsamer nach Westen vor und gelangte über ein von Schluchten und Seen durchsetztes Berggelände zum eisigen Plateau der Dungarischen Pforte, dem Paß, über den alle Nomadenschwärme Hochasiens nach Westen vorgedrungen waren. Hier wurden sie von heftigen Stürmen und grimmiger Kälte gepackt; und hätte sie der Buran, der sogenannte Schwarze Sturm, im Paß festgehalten, so wären wohl sämtliche Herden erfroren. Aber auch so war schon ein großer Teil des Viehs eingegangen oder geschlachtet; die Heuvorräte waren aufgebraucht, die Karren hatte man zurücklassen müssen, und nur die kräftigsten Kamele hatten durchgehalten.

»Selbst im Hochsommer«, schreibt der Cathayer Ye Liu Chutsai über den Marsch nach Westen, »ist dieses Bergland noch von hohen Schnee- und Eismassen bedeckt. Nur mit größter Mühe konnte sich das Heer den Weg durch diese Eiswelt bahnen. Weiter unten gibt es Fichten und Lärchen so hoch, daß sie bis zum Himmel zu ragen scheinen. Die Flüsse jenseits des Chin-schan (der Goldenen Berge) fließen alle dem Westen zu.«

Die Pferde waren nicht beschlagen, und um sie einigermaßen zu schützen, wurden die Hufe mit Streifen von

Yakhäuten umwickelt. Sie schienen sichtlich unter dem Futtermangel zu leiden, und ihre Adern begannen zu bluten.

Als man jenseits des Tors der Winde in die westlichen Gebirgszüge kam, fällten die Soldaten Bäume, um mit den Stämmen Brücken über die Schluchten herzustellen. Die Pferde scharrten mit den Hufen Moos und trockenes Gras unter dem Schnee hervor. Die Jäger zogen aus, um Wild zu erlegen. Bei diesem Vorwärtsdringen durch die Gebirge Hochasiens mit ihrer unmenschlichen Kälte und eisigen Stürmen hatten diese Hunderttausende Strapazen zu überstehen, die eine moderne Truppe ins Krankenhaus gebracht hätte. Den Mongolen konnte das nicht viel anhaben. Fest eingehüllt in Schaffelle und Ledermäntel, konnten sie nachts im Schnee eingegraben schlafen und hatten zur Not immer noch ihre dichten warmen Jurten. Fehlte es an Nahrung, öffneten sie eine Ader ihres Pferdes, tranken ein wenig Blut und schlossen sie wieder.

Und unaufhaltsam zogen sie weiter in einem Strom von hundert Meilen Länge, und wo sie vorbei waren, bezeichneten bleichende Tiergerippe ihre Spur.

Noch ehe der Schnee geschmolzen war, hatten sie die westlichen Steppen erreicht und umritten in etwas flotterem Tempo den öden Balkaschsee. Als dann das erste Gras sproß, zogen sie durch die letzte der Gebirgsbarrieren, den Kara Tau oder die Schwarzen Berge. Auf abgemagerten Pferden beendeten sie die ersten zwölfhundert Meilen ihres Marsches.

Nun schlossen die Divisionen dichter zusammen. Verbindungsoffiziere begannen zwischen den einzelnen Kommandostellen hin- und herzugaloppieren; Kaufleute in unauffälliger Verkleidung wurden zu zweit oder dritt ausgeschickt, um Erkundigungen einzuholen. Jede Kolonne war durch einen Schleier weit vorausreitender Patrouillen gedeckt.

Waffen und Ausrüstung wurden nachgesehen, Pfeile geschärft, und um die lodernden Lagerfeuer saßen fröhliche Gruppen und hörten den Liedern der Musikanten zu, die von fahrenden Helden und seltsamen Wundermären erzählten.

Durch die Stämme des Waldes hindurch konnten sie tief unter sich zum erstenmal die Grenze des Islams erblicken, den reißenden Syrfluß, der jetzt hoch angeschwollen war von den Fluten des Frühjahrs.

14. Kapitel

Die ersten Kämpfe

Mittlerweile hatten Juchi und Chepe Noyon ein erstes und sehr ernstes Zusammentreffen mit der muhammedanischen Streitmacht gehabt. Es lohnt sich, kurz darauf einzugehen.

Der moslimsche Schah stand schon im Feld, ehe noch die Mongolen heran waren. Er hatte die Aufgebote seiner Atabegs zusammengezogen und seine Türken durch arabische und persische Kontingente verstärkt. So verfügte der Schah, der eben erst von neuen Siegen aus Indien zurückgekehrt war, über eine Streitmacht von vierhunderttausend Mann. Mit dieser Armee zog er nun nach Norden, um die Mongolen aufzusuchen, die sich noch nicht auf der Bildfläche gezeigt hatten.

Man traf zunächst auf kleine, weiter vorgeschobene Aufklärungsabteilungen Chepe Noyons, die überraschend attackiert und zurückgejagt wurden. Der Anblick dieser fellbekleideten Nomaden auf ihren kleinen struppigen Pferden erregte nur die Verachtung der weit besser und reicher ausgerüsteten Muhammedaner. Auch als Spione nähere Mitteilungen über die heranmarschierende Horde brachten, konnte das des Schahs Meinung nicht ändern: »Sie haben nur Ungläubige bezwungen – nun aber stehen sie den Bannern des Islams gegenüber.«

Bald kam man in engere Fühlung mit den Mongolen. Einzelne Streifkorps kamen von den Höhen in die Gegend des Syrflusses herabgeritten. Sie erschienen plötzlich in den Dörfern der fruchtbaren Täler, trieben die Herden zusammen, requirierten alles Getreide und Futter, zündeten dann die Behausungen an und verschwanden im Schutz der Rauchwolken. Die Herden und vollbeladenen Wagen wurden unter Bedeckung zurückgeschickt; und tags darauf tauchten sie in einem andern, fünfzig Meilen entfernten Dorf wieder auf.

Es waren dies die vorgeschobenen Beitreibungskommandos, die für das nachrückende Korps die nötige Verpflegung zu beschaffen hatten. Niemand konnte sagen, woher sie kamen noch wohin sie zogen. Sie gehörten zur Armeeabteilung Juchis, die durch ein langes Hochtal auf der alten Karawanenstraße, der Pe Lu, von Osten heranrückte. Da sie günstigere Wegeverhältnisse fand, überschritt sie einige Zeit vor der Hauptarmee den letzten Gebirgskomplex.

Muhammed Schah ließ die Hauptarmee am Syr stehen und marschierte mit Teilen seines Heeres den Fluß aufwärts den Quellen zu, um nach Osten durch die Bergkette vorzustoßen. Ob nun Spione den Anmarsch Juchis gemeldet hatten oder die Begegnung zufällig war, jedenfalls stieß der Schah mit den mongolischen Divisionen in ebenjenem langgezogenen und beiderseits von bewaldeten Berghängen eingeschlossenen Hochtal zusammen.

Die türkischen Streitkräfte waren der mongolischen Heeresgruppe um das Mehrfache überlegen; und als Muhammed Schah nun diese dunkle Masse fell- und lederbekleideter Krieger ohne Schild und Panzerhemd erblickte, hatte er nur den einen Gedanken, sofort den Angriff vorzuwerfen, bevor ihm diese kuriosen Reitersleute entwischen konnten.

Die wohlgeschulten türkischen Truppen gingen in Schlachtordnung; laut hallten die Signale der Trompeten und Zimbeln.

Auf der andern Seite riet der mongolische General, der Juchi beigegeben war, mit den Divisionen unverzüglich zurückzugehen und so zu versuchen, die Türken hinter sich her auf die eigene Hauptmacht zu ziehen. Aber der älteste Sohn des Khans erließ Befehl zum Angriff auf den Feind. »Wenn ich fliehe, was soll ich dann meinem Vater sagen?«

Er hatte das Kommando; und als der Befehl gegeben war, ließen die Führer ohne weiteren Einspruch die Schwadronen aufsitzen. Ein Dschingis Khan hätte sich wohl nie in einem derartigen Tal fangen lassen; wäre es dennoch geschehen, dann würde er rückwärts ausgewichen sein, bis ihm der durch die Verfolgung aufgelöste Feind Gelegenheit zum Gegenstoß gegeben hätte. Der halsstarrige Juchi aber führte seine Leute gegen die Übermacht zum Angriff vor. An der Spitze ritt die Todesschwadron*, gleich hinterdrein folgte die wuchtige Masse der schweren Kavallerie, die Lanze in der Rechten, den Säbel in der Zügelhand. Die leichten Schwadronen deckten die Flanken.

---

* Die Mangudai oder »die Gottgeweihten«, eine auserwählte Schwadron

So, ohne Raum zu seitlicher Entwicklung und ohne das sonst beliebte Spiel der Pfeile, ging die Attacke vorwärts, und mit gewaltigem Stoß brachen die Mongolen, ihre schwereren, wenig gebogenen Klingen gegen die türkischen Krummsäbel schwingend, in die feindlichen Reihen ein.

Trotz ungeheurer Verluste gelang es den vordersten mongolischen Schwadronen, bis in das türkische Zentrum vorzudringen, und der Schah selbst geriet in Gefahr. Zwischen den schwirrenden Pfeilen erblicke er schon dicht vor sich die hörnergekrönten Feldzeichen der Horde; und nur die verzweifelten Anstrengungen seiner Leibgarde bewahrten ihn vor dem Tode. Auch Juchi, so wird erzählt, verdankte sein Leben nur der Tapferkeit eines cathayischen Fürsten, der unter seinem Kommando diente.

Inzwischen aber waren die Flanken der Mongolen eingedrückt; und Dschelal ed-Din, der älteste Sohn des Schahs und Liebling der Armee – ein echter Türke, klein, schlank, dunkel, der nur Trinken und Fechten kannte –, unternahm in geschickter Ausnutzung des Augenblicks einen Gegenangriff, der die Fahnen der Mongolen zurücktrieb. Als der Tag sich neigte, waren die beiderseitigen Linien getrennt. Während der Nacht dann bedienten sich die Mongolen einer ihrer beliebten Listen. Sie zündeten das Gras im Tal an und hielten, solange es dunkel war, die Lagerfeuer hell in Brand. Währenddessen zog sich die Abteilung Juchi zurück, bestieg frische Pferde und machte bis zum Morgen einen Marsch von zwei Tagelängen.

Als die Sonne aufging, hielten die schwer mitgenommenen Truppen des Schahs ein Tal besetzt, in dem nur noch die Leichen der Gefallenen herumlagen. Die Mongolen waren spurlos verschwunden.

Der Anblick des Schlachtfeldes mußte die bis dahin stets siegreichen Türken mit Besorgnis erfüllen. Die Chronik berichtet von einem Verlust von 160000 Mann in dieser Schlacht. Die Zahl ist sicherlich übertrieben, aber sie zeigt doch, wie stark die Wirkung dieses ersten Zusammentreffens mit den Mongolen auf die muhammedanischen Soldaten war, für den Erfolg oder Mißerfolg gerade am Anfang eines Feldzugs oft entscheidend. Auch auf den Schah selbst war der Eindruck dieses mörderischen Kampfes nicht geringer. »In das Herz des Sultans hatte sich Furcht eingewurzelt vor diesen Ungläubigen und Achtung vor ihrem Mut. Wenn je in seiner Gegenwart die Rede auf jene kam, so sagte er, daß er niemals Männer von solcher Tapferkeit und Standhaftigkeit im Handgemenge gesehen habe und so geschickt im Austeilen von Hieben und Stößen mit ihrem Säbel.«

In der Folge verzichtete der Schah darauf, dem Vormarsch der Horde in den Hochtälern des Gebirges entgegenzutreten. Das Land dort, an sich schon wenig ergiebig, war bereits von mongolischen Streifkorps ausgesogen und konnte eine größere Armee nicht mehr ausreichend versorgen. Vor allem aber veranlaßte ihn die Besorgnis vor diesem unheimlichen Gegner, sich in die Linie der befestigten Städte längs des Syrflusses zurückzuziehen. Er ließ Verstärkungen, namentlich Bogenschützen, aus dem Süden kommen, verkündete im ganzen Land, daß er einen vollen Sieg erfochten habe, und verteilte zur Bekräftigung dessen Ehrenkleider an seine Truppenbefehlshaber.

Dschingis Khan erhielt Bericht von jener Schlacht im

Hochtal; er lobte Juchi und sandte ihm fünftausend Mann Verstärkung mit dem Auftrag, dem Schah Muhammed nachzusetzen.

Juchis Heeresabteilung – der vorgeschobene linke Flügel der Hauptarmee – setzte den Vormarsch fort und gelangte in einen jener gartenreichen Landstriche des westlichen Hochasiens, wo an jedem Bach ein weißummauertes Dorf mit hohem Wachtturm lag. Hier gediehen Melonen und vielerlei unbekannte Früchte; schlanke Minarette hoben ihre spitzen Nadeln aus grünem Weidenbuschwerk oder Pappelhainen; sanftes Hügelgelände breitete sich zu beiden Seiten, an dessen grünen Hängen Herden weideten. Im Hintergrund türmte sich die weiße Kette des Hochgebirges gegen den blauen Himmel.

»Kudjan (Chokand) ist gesegnet mit Granatäpfeln«, notiert Ye Liu Chutsai über diese Landschaft in sein Reisetagebuch. »Sie sind wie zwei Fäuste groß und von süßsäuerlichem Geschmack. Die Bewohner pressen den Saft dieser Frucht in eine Schale, und das gibt ein köstliches Getränk, den Durst zu löschen. Die Wassermelonen dort wiegen fünfzig Pfund, und nicht mehr als zwei machen die Last eines Esels.«

Fürwahr, eine Gegend üppigen Genusses für die mongolischen Reiter nach dem Winter in der Eiswelt des Gebirges. Allmählich verbreiterte sich der Fluß, und man gelangte vor eine große befestigte Stadt, Choschend mit Namen. Hier traf Juchi die ihm gesandte Verstärkung von fünftausend Mann, die die Belagerung schon begonnen hatten.

Der türkische Kommandant der Stadt war ein Mann von Mut und Energie: Timur Malik, der Eiserne. Er hatte sich mit tausend seiner besten Soldaten auf eine Insel zurückgezogen und sich dort verschanzt. Die Sache ging sehr eigenartig aus.

Der Fluß hatte hier eine beträchtliche Breite, und die Insel war gut befestigt. Timur Malik hatte alle erreichbaren Kähne an die Insel herangezogen, und Brücken waren nicht vorhanden. Die Mongolen hatten strenge Weisung, keine befestigte Stadt unerobert in ihrem Rücken zu lassen; aber die Reichweite ihrer Steinschleudern und Belagerungsmaschinen langte nicht bis zur Insel.

Timur Malik, der echte Typ eines ebenso tapferen wie schlauen Türken, konnte von seiner Insel nicht heruntergelockt werden. So griffen die Mongolen zu einem ganz neuen Belagerungsverfahren. Juchi – ungeduldig über die Verzögerung – rückte mit einem Teil seiner Kräfte flußabwärts und überließ das Kommando an Ort und Stelle einem seiner Generäle.

Dieser ließ durch ausgesandte Patrouillen Landbewohner in großer Zahl aus der Umgegend zusammentreiben, die dann gezwungen wurden, tagelang große Steine nach dem Ufer des Syr zu schleppen. Auf solche Weise bauten die Mongolen einen Steindamm in den Fluß hinaus in Richtung auf die Insel zu. Aber Timur Malik blieb dagegen nicht untätig.

Er suchte sich ein Dutzend guter Barken heraus und ließ sie mit hölzernen Schutzwänden umgeben; bemannt mit den besten Bogenschützen, ruderten diese gegen das Ufer vor und beschossen die am Damm arbeitenden Mongolen. Gegen diese Barken indessen wurde die cathayische Artillerie in Tätigkeit gesetzt. Doch an Stelle von Steinen schleuderten die Wurfmaschinen Feuertöpfe gegen die

Boote – Krüge oder Fäßchen, gefüllt mit brennendem Schwefel oder einer der andern den cathayischen Artilleristen wohlbekannten Mischungen. Daraufhin änderte Timur Malik die Ausstattung seiner Barken; es wurden schräg abfallende Wände und Dächer angebracht, die außen mit Erde verkleidet waren und nur schmale Öffnungen als Schießscharten für die Bogenschützen freiließen.

So begann der tägliche Artilleriekampf von neuem; doch ungeachtet dessen wuchs der Steindamm immer bedrohlicher gegen die Insel vor, und Timur Malik erkannte, daß er sich nicht mehr lange halten konnte. Er beschloß daher, die Stellung zu räumen, verlud seine Leute auf dem größten der Flußschiffe, bemannte die gedeckten Barken mit seinen besten Soldaten und trieb dann mit seiner kleinen Flotte bei Nacht unter Fackelbeleuchtung stromabwärts. Es gelang ihm dabei, eine schwere Kette zu durchbrechen, die die Mongolen über den Syr gespannt hatten.

Aber die mongolischen Reiter hielten Schritt mit ihm auf seiner Flucht den Fluß hinab. Juchi, der weiter unterhalb stand, bekam rechtzeitig Meldung; er ließ eine Sperre in den Strom bauen und brachte seine Wurfmaschinen in Stellung, um die Flottille bei ihrem Nahen gebührend in Empfang zu nehmen. Doch der schlaue Türke bekam Wind von diesen Vorbereitungen; er ließ nun seine Mannschaft an einer unbeobachteten Uferstelle an Land gehen und suchte zu entkommen. Die Mongolen jedoch setzten ihm nach, als sie ihn auf dem Fluß vermißten, und machten ihn ausfindig. Timur Malik konnte noch sehen, wie alle seine Leute niedergemacht wurden.

Er selbst entkam, und da er gut beritten war, hatte er zuletzt nur noch drei Verfolger hinter sich. Den Mongolen, der ihm am dichtesten auf den Fersen war, tötete er durch einen glücklichen Pfeilschuß ins Auge. Den beiden Überlebenden rief er zu: »Ich habe noch mehr Pfeile in meinem Köcher, und keiner wird sein Ziel verfehlen.«

Aber er brauchte die letzten Pfeile nicht mehr. In der Nacht darauf schüttelte er seine Verfolger ab, und es gelang ihm, zu Dschelal ed-Din, dem Sohn des Schahs, weit unten im Süden zu stoßen. Die Heldentat Timur Maliks blieb bei Mongolen wie Türken in ruhmvollem Gedächtnis. Er hatte eine Division der Horde monatelang festgehalten. Die Belagerung von Choschend hatte die Geschicklichkeit der Mongolen in Überwindung auch unerwarteter Schwierigkeiten erwiesen; doch bedeutete sie nur ein kleines Zwischenspiel in diesem Krieg, der nun auf einer Front von tausend Meilen entbrennen sollte.

15. Kapitel

Buchara

Nach dem Rückzuge aus dem Hochgebirge wandte sich der Schah nach Norden und erwartete hinter dem Syr die mongolische Hauptarmee in der Absicht, den Feind anzugreifen, falls dieser den Fluß überschreiten wollte. Doch er wartete vergebens.

Zum Verständnis des Folgenden bedarf es einiger geographischer Angaben. Das Kaiserreich des Schahs Muhammed bestand in seiner nördlichen Hälfte zum Teil aus fruchtbarem Talland, zum Teil aus Sandebenen, durchsetzt von Schichten roten Tons, völlig öde und menschenleer. Städte gab es daher nur längs der Flüsse und an den Talhängen.

Zwei mächtige Ströme durchflossen in nordwestlicher Richtung dieses Gebiet, um dann ihre Wasser sechshundert Meilen weiter in den salzigen Aralsee zu ergießen. Der eine davon war der Syr, der Jaxartes der Alten. An ihm lag eine Reihe befestigter Städte, durch Karawanenstraßen verbunden, und so bildete dieses Flußtal einen breiten Streifen menschlichen Lebens inmitten der umliegenden Wüste. Der zweite Strom, weiter südlich, war der Amu, früher Oxus genannt. In seinem Bereich lagen die beiden Hauptbrennpunkte des Islams, Buchara und Samarkand.

Der Schah, der hinter dem Syr stand, blieb über die Bewegungen des Feindes zunächst im unklaren. Er erwartete frische Armeen aus dem Süden sowie die Einnahmen aus einer jüngst auferlegten Abgabe. Doch mitten in diese Vorbereitungen trafen plötzlich alarmierende Nachrichten ein. Mongolen, so hieß es, wären im Abstieg von den Hochpässen gesehen worden, die zweihundert Meilen rechts von ihm und schon nahezu in seinem Rücken lagen.

Es war die Heeresgruppe Noyons. Nach seiner Trennung von Juchi hatte er südwärts die letzten Berge überschritten, hatte die türkischen Abteilungen, die den dortigen Einmarschweg nach Charesm decken sollten, umgangen und marschierte nun in beschleunigtem Tempo längs der Gletscher, aus denen der Amu gespeist wird. Vor ihm auf seinem Wege lag, zweihundert Meilen entfernt, Samarkand. Chepe Noyons Gruppe hatte nur eine Stärke von zwanzigtausend Mann; aber das konnte der Schah nicht wissen.

Dieser Vorstoß brachte Muhammed in die Gefahr, von seiner zweiten und wichtigsten Verteidigungslinie, dem Amu mit seinen großen Städten Buchara und Samarkand, abgeschnitten zu werden. Um der neu aufgetauchten Bedrohung zu begegnen, entschloß sich der Schah zu einer Maßnahme, die ihm den scharfen Tadel der späteren muhammedanischen Geschichtschreiber eingebracht hat. Er zersplitterte seine Kräfte dadurch, daß er mehr als die Hälfte seiner verfügbaren Truppen auf die befestigten Städte verteilte.

Zunächst wurden vierzigtausend Mann abgesondert, um die Besatzungen längs des Syr zu verstärken. Mit der

Hauptmacht marschierte dann der Schah nach Süden, entsandte abermals dreißigtausend Mann nach Buchara und führte den Rest nach dem bedrohten Samarkand. Er tat das in der Annahme, daß die Mongolen nicht imstande sein würden, seine Festungen zu nehmen, und nach einem Sommer des Raubens und Plünderns wieder verschwinden würden. Doch in beidem sollte er sich täuschen.

Bereits zuvor waren zwei Söhne des Khans vor der Stadt Otrar, nördlich am Syr, erschienen. In diesem Otrar waren seinerzeit die mongolischen Kaufleute hingerichtet worden, und noch der gleiche Kommandant, Dschinaljuk, befehligte die Stadt. Er konnte nicht im Zweifel sein, daß er von den Mongolen keine Gnade zu erwarten hatte, und war daher zum äußersten Widerstand entschlossen. Mit seinen besten Truppen verschanzte er sich in der Zitadelle und hielt sich dort fünf Monate lang. Als dann alle seine Leute gefallen oder gefangen waren, verteidigte er sich allein weiter in einem letzten Wehrturm und schleuderte, als ihm die Pfeile ausgingen, noch Steine auf die Angreifer herab. Trotz verzweifelten Wehrens wurde er lebendig gefangen und vor den Khan gebracht, der befahl, ihm geschmolzenes Silber in Augen und Ohren zu gießen – der Tod der Vergeltung. Die Umwallung von Otrar wurde geschleift und die ganze Einwohnerschaft davongetrieben.

Während dies geschah, näherte sich eine zweite mongolische Armeeabteilung dem Syr und nahm Taschkent ein. Eine dritte wandte sich gegen den nördlichen Flußabschnitt und eroberte mehrere kleinere Städte. Dschend wurde von der türkischen Garnison geräumt; und als die

Mongolen die Sturmleitern anlegten und auf den Wällen erschienen, übergaben die Einwohner die Stadt.

Im ersten Jahr des Feldzugs wurde bei Einnahme einer Stadt die türkische Besatzung von den Mongolen niedergemacht; die Bewohnerschaft, meist persischer Abstammung, wurde vor die Tore getrieben und die Stadt dann nach Herzenslust geplündert. Unter den Zivilgefangenen wurden darauf die kräftigsten jungen Männer ausgelesen, um bei den Belagerungsarbeiten gegen die nächste Stadt verwandt zu werden; ebenso wurden sämtliche Handwerker von den Mongolen mitgeführt. Einmal war es vorgekommen, daß ein muhammedanischer Kaufmann, ein Abgesandter der Mongolen, von den Stadtbewohnern in Stücke gerissen wurde; sofort eröffneten die wütenden Mongolen den Sturm auf die Stadt; ein Nachlassen gab es nicht, wo ein Mann fiel, sprang ein anderer in die Lücke, bis der Platz genommen war, worauf die gesamte Bewohnerschaft niedergemetzelt wurde.

Dschingis Khan selbst jedoch ließ sich am Syr nirgends blicken. Mit dem Hauptteil der Horde verschwand er aus dem Gesichtskreis, und niemand wußte, an welcher Stelle er den Fluß überschritten und wohin er sich gewandt hatte. Jedenfalls aber mußte er einen weiten Umgehungsmarsch durch die Wüste des Roten Sandes gemacht haben, denn plötzlich tauchte er jenseits des Ödlandes auf und bewegte sich in Eilmärschen – und zwar von Westen her – auf Buchara zu.

Muhammed sah sich auf diese Weise nicht nur umgangen, sondern stand auch in Gefahr, von seinen Armeen im Süden, seinem Sohn und den Ländern Chorassan und Persien mit ihren reichen Hilfsquellen völlig abgeschnitten zu werden. Chepe Noyon näherte sich von Osten, Dschingis Khan rückte von Westen heran; der Schah stand in Samarkand und mochte wohl erkennen, daß die beiden Klappen der Falle sehr bald über ihm zusammenschlagen mußten.

Um sich dem zu entziehen, verteilte er seine Armee auf Buchara und Samarkand, entsandte einige seiner Unterführer mit kleinen Abteilungen nach Balch und Kunduz und entwich selbst aus Samarkand mit seiner Leibgarde, dem nächsten Gefolge, den Elefanten und Kamelen, seiner Familie und seinen Schätzen. Er hatte die Absicht, an der Spitze einer neuen Armee zurückzukehren.

Aber auch diese Hoffnung sollte sich als trügerisch erweisen.

Muhammed, der große Krieger, von seinem Volk der zweite Alexander genannt, war von dem Feldherrngenie seines Gegners strategisch matt gesetzt worden. Die Vorstöße der Söhne des Khans längs des Syr hatten nur den Zweck gehabt, den wahren Angriff zu verschleiern, den inzwischen Chepe Noyon und Dschingis Khan selbst in aller Stille eingeleitet hatten.

Dschingis Khan eilte von Westen her in so forcierten Märschen heran, daß er sich nicht einmal Zeit nahm, die kleinen Städte auf seinem Weg einzunehmen, und sich im Vorüberziehen nur Wasser für die Pferde geben ließ. Er hoffte, Muhammed in Buchara zu überraschen; doch als er vor der Stadt eintraf, erfuhr er, daß der Schah bereits entwichen war. Mit Buchara sah er sich einem der wichtigsten Zentren des Islams gegenüber, der Stadt der Akademien, umgeben von einer Mauer zwölf Seemeilen im

Umkreis, durchströmt von einem Fluß, an dessen Hängen sich Gärten und Luststätten erstreckten. Die Stadt hatte eine Besatzung von 20 000 Türken, war vorzugsweise von Persern bewohnt und beherbergte außerdem manch hochberühmten Imam und Sayyid, die Schriftgelehrten des Islams, die Ausleger des Buchs der Bücher.

Innerhalb dieser Mauer glühte ein stilles Feuer, die heilige Glaubensinbrunst der Muhammedaner; doch war ihre Stimmung zur Zeit eine sehr geteilte. Die Umwallung war so stark, daß die Stadt im Sturm nicht zu nehmen war; und hätte man sich zur Verteidigung entschlossen, so würde es Monate gedauert haben, ehe die Mongolen auch nur auf den Außenwerken Fuß fassen konnten.

Mit Recht pflegte Dschingis Khan zu sagen: »Eine Mauer ist stets so stark oder so schwach wie der Mut ihrer Verteidiger.« Die türkischen Generäle in Buchara jedoch beschlossen, die Bewohner ihrem Schicksal zu überlassen und die Vereinigung mit der Armee des Schahs zu versuchen. So verließen sie mit dem größten Teil der Truppen im Schutz der Nacht durch das Wassertor die Stadt, brachen glücklich durch die feindlichen Linien durch und wandten sich dem Amu zu. Doch die Mongolen setzten ihnen mit drei Divisionen nach, holten sie am Amu ein und hieben sie zum größten Teil nieder.

Die Ältesten der Stadt, die Kadis und die Imams, beschlossen, das von der Garnison verlassene Buchara freiwillig zu übergeben. Eine Abordnung begab sich zu dem Khan, überreichte ihm die Schlüssel und erhielt das Versprechen, daß das Leben der Einwohner geschont werden sollte. Der Gouverneur der Stadt hatte sich mit dem zurückgelassenen Rest der Besatzung in der Zitadelle verschanzt. Diese wurde sofort von den Mongolen eingeschlossen; sie schossen brennende Pfeile gegen die Gebäude, bis die Dächer Feuer fingen.

Eine Flut von Reitern ergoß sich in die breiten Straßen der Stadt; sie erbrachen die Speicher und Vorratshäuser und stellten zum größten Schmerz der Muhammedaner ihre Pferde in die Bibliotheken ein, wo denn so manches der heiligen Blätter des Korans unter den Hufen zertrampelt wurde.

Der Khan selbst machte bei seinem Eintritt vor einem hochgetürmten Gebäude, der großen Moschee, halt und fragte, ob dies das Haus des Kaisers wäre. Man sagte ihm, es wäre das Haus Allahs.

Sofort ritt er die Stufen hinan und in das Innere der Moschee, saß ab und stieg auf die Kanzel des Vorlesers, wo noch der riesenhafte Koran aufgeschlagen lag. In seiner schwarzlackierten Rüstung, den Lederhelm auf dem Kopf, hielt er von da aus eine Ansprache an die versammelten Mullahs und Schüler, die eher erwartet hätten, daß ein Feuer vom Himmel auf diese abstoßende Erscheinung in ihrer sonderbaren Montur herniederfiele.

»Ich bin hierhergekommen«, begann er, »nur um euch zu sagen, daß ihr Proviant für meine Armee beschaffen müßt. Im Land draußen gibt es weder Heu noch Getreide, und meine Soldaten leiden Mangel. Öffnet daher sofort alle eure Vorratshäuser.«*

Doch als die Ältesten der Stadt aus der Moschee eilten, um dem Befehl nachzukommen, fanden sie die Soldaten

---

* Die Stelle wird von den meisten Historikern unrichtigerweise so zitiert: »Dschingis Khan ritt in die Moschee und rief seinen Leuten zu: »Das Heu ist geschnitten – gebt euren Pferden Futter.«

bereits im Besitz der Magazine. Die Krieger der Gobi hatten einen wochenlangen Gewaltmarsch durch die Wüste hinter sich und waren nicht gewillt, angesichts dieses dargebotenen Überflusses lange zu warten.

Von der Moschee ritt der Khan nach dem sogenannten Akademieplatz; hier pflegten Redner ihre Zuhörerschar um sich zu versammeln, um über Gegenstände der Wissenschaft oder des Glaubens vorzutragen.

»Wer ist dieser Mann?« fragte ein Hinzukommender einen ehrwürdigen Sayyid.

»Pst!« flüsterte der Weise. »Es ist der Zorn Gottes, der über uns gekommen ist.«

Der Khan – ein Mann, der es wohl verstand, zur Menge zu sprechen, wie die Chronik erzählt – stieg auf die Rednerbühne und wandte sich an das Volk. Zuerst befragte er sie eingehend über ihre Religion und setzte ihnen dann ausführlich auseinander, daß es ein Irrtum wäre, die Pilgerfahrt nach Mekka zu machen. »Denn«, so sagte er, »die Macht des Himmels ist nicht auf einen bestimmten Ort beschränkt, sie ist überall, auf jedem Fleckchen der Erde.«

Der alte Menschenbezwinger wußte die Stimmung seiner Zuhörer richtig einzuschätzen und zog alle Register, um ihre abergläubische Furcht vor ihm zu verstärken. Den Muhammedanern erschien er als der heidnische Zerstörer, die Verkörperung einer ungeschlachten und barbarischen Gewalt, ein wenig grotesk letzten Endes. Buchara hatte bisher nur Gläubige in seinen Mauern gesehen.

»Zahlreich sind die Sünden eures Kaisers«, versicherte er ihnen. »Ich bin gekommen – ich, der Zorn und die Peitsche des Himmels, ihn zu vernichten, wie ich schon andere Kaiser mit der Schärfe des Schwertes geschlagen habe. Laßt euch nicht einfallen, ihm Schutz und Hilfe angedeihen zu lassen.«

Er wartete, bis der Dolmetscher seine Worte übersetzt hatte. Ihm bedeuteten die Muhammedaner ganz das gleiche wie die Cathayer: Erbauer von Städten und Bücherschreiber. Sie waren ihm nützlich, um seinem Heer Verpflegung zu liefern und um sich an ihren Schätzen zu bereichern; sie konnten ihm Kunde geben von dem übrigen Teil der Welt, konnten ihm brauchbare Arbeiter und Sklaven liefern für seine Soldaten und geschickte Handwerker für die Gobi.

»Ihr habt recht getan«, fuhr er fort, »daß ihr meine Armee mit Nahrung versorgt habt. Jetzt bringt alle Kostbarkeiten herbei, die ihr versteckt habt, und liefert sie meinen Offizieren ab. Was in euren Häusern lose herumliegt, darum braucht ihr euch nicht zu sorgen – wir werden uns dieser Dinge annehmen.«

Den Reichen Bucharas wurde eine mongolische Wache beigegeben, die sie Tag und Nacht nicht verließ. Wer in Verdacht kam, nicht alle seine versteckten Reichtümer herbeigeschafft zu haben, der wurde gefoltert. Die mongolischen Offiziere verlangten Tänzerinnen und Musikanten, die ihnen muhammedanische Weisen vorspielen sollten. Den Becher in der Hand hockten sie würdevoll in Moscheen und Palästen und betrachteten sich die Vergnügungen eines Volks, das in Städten und Gärten lebte.

Die Besatzung der Zitadelle hielt sich tapfer mehrere Tage und brachte den Mongolen noch manche Verluste bei, bis dann zuletzt die Feste gestürmt und der Gouverneur samt seinen Getreuen niedergemacht wurde.

Nachdem alle Kostbarkeiten aus Brunnen, Kellern und

Erdlöchern glücklich zutage gefördert waren, wurden sämtliche Bewohner aus der Stadt heraus ins Freie getrieben. Die muhammedanische Chronik gibt ein ergreifendes Bild von dem Leiden der Bevölkerung.

»Es war ein fürchterlicher Tag. Ringsum ertönte nur das Jammern und Wehklagen der Männer, Frauen und Kinder, die nun für immer getrennt werden sollten. Frauen wurden geschändet vor den Augen ihrer Angehörigen, denen nichts geblieben war als Kummer und Elend. Einzelne der Männer, unfähig, die Schmach ihrer Familien länger mit anzusehen, stürzten sich auf die Soldaten und starben unter den Säbelhieben.«

Die Stadt wurde an mehreren Ecken zugleich in Brand gesteckt; mit rasender Eile verbreiteten sich die Flammen über die Gebäude aus Holz und Lehm; eine riesige Rauchwolke erhob sich über Buchara und verfinsterte die Sonne. Die Gefangenen wurden nach Samarkand getrieben, und da sie mit den berittenen Mongolen nicht Schritt halten konnten, bereitete ihnen dieser kurze Marsch schwerste Leiden.

Dschingis Khan selbst blieb nur zwei Stunden in Buchara und eilte dann weiter nach Samarkand, in der Hoffnung, dort den Schah anzutreffen. Unterwegs stießen die Heeresgruppen zu ihm, die am Syr gekämpft hatten; die Söhne gaben dem Khan Bericht von der Einnahme der Städte längs des Flusses.

Samarkand war die stärkste unter den Städten des Schahs. Vor kurzem hatte man mit der Errichtung einer neuen Mauer begonnen, einem massiven Werk rings um die Außenbezirke der Gärten. Doch der rasche Vormarsch der Mongolen ließ den Bau unvollendet. Die alte Umwallung indessen war achtunggebietend genug mit ihren zwölf eisernen Toren, flankiert von festen Türmen. Zwanzig Kriegselefanten und hundertzehntausend Mann, Türken und Perser, waren zur Verteidigung in der Stadt zurückgelassen. Die Mongolen waren numerisch schwächer als die Besatzung; und Dschingis Khan traf daher alle Vorbereitungen zur systematischen Belagerung, wozu er die Bevölkerung der Umgegend und die Gefangenen von Buchara als Hilfe heranzog.

Wäre der Schah bei seiner Truppe geblieben oder hätte ein Mann wie Timur Malik das Kommando gehabt, so würde Samarkand ohne Schwierigkeit standgehalten haben, solange die Vorräte reichten. Aber die rasche und methodische Belagerungsarbeit lähmte den Widerstand der Muhammedaner, zumal sie aus der Ferne die große Menge Gefangener sahen und so die mongolische Armee für weit stärker hielten, als sie in Wirklichkeit war. Die Besatzung entschloß sich zu einem überraschenden Ausfall, wurde nach der beliebten Taktik der Mongolen in einen Hinterhalt gelockt und übel zugerichtet. Durch die schweren Verluste dieser Schlacht wurde der Mut der Verteidiger vollends gebrochen; und an eben dem Morgen, an dem die Mongolen zum Sturm gegen einen Abschnitt der Umwallung ansetzten, erschienen die Imams und Kadis vor den Toren und übergaben die Stadt. Dreißigtausend Kankali-Türken gingen aus eigenem Antrieb zu den Mongolen über; sie wurden freundlich empfangen, mit mongolischen Uniformen ausgestattet, aber ein oder zwei Tage darauf sämtlich niedergemacht. Die Mongolen würden den Türken von Charesm niemals getraut haben, namentlich aber nicht Verrätern an ihrer eigenen Sache.

Nachdem man aus der Bevölkerung alle Handwerker und brauchbaren Arbeiter herausgesucht hatte, wurde den übrigen gestattet, in ihre Häuser zurückzukehren. Ein Jahr später jedoch wurden auch sie der Horde einverleibt.

Ye Liu Chutsai schreibt von Samarkand: »Rings um die Stadt auf einem Umkreis von vielen Meilen erstreckt sich eine ununterbrochene Reihe von Blumengärten, Obstkulturen, schattigen Hainen, Aquädukten, Springbrunnen, Zisternen und Teichen. Wahrlich, Samarkand ist ein liebreizender Ort.«

16. Kapitel

Der Ritt der Orkhons

In Samarkand stellte Dschingis Khan fest, daß Muhammed Schah schon vor längerer Zeit die Stadt verlassen und sich nach Süden gewandt hatte. Es lag ihm alles daran, des Schahs habhaft zu werden, bevor dieser neue Armeen gegen die Eindringlinge mobil machen konnte. Da es ihm nicht gelungen war, den Schah zum Kampf zu stellen, ließ er jetzt Chepe Noyon und Ssubotai kommen und gab ihnen folgenden Befehl:

»Folgt Muhammed Schah, wohin auch immer auf Erden er sich wenden mag. Findet ihn – tot oder lebendig. Schont auf eurem Wege die Städte, die euch die Tore öffnen; die aber Widerstand leisten, nehmt im Sturm. Ich denke, euch wird die Sache nicht so schwierig vorkommen, wie es scheinen mag.«

In der Tat eine sonderbare Aufgabe, einen Kaiser durch ein Dutzend seiner eigenen Königreiche zu Tode zu hetzen; aber ein Auftrag so recht nach dem Herzen der verwegensten und zuverlässigsten unter seinen Generälen. Sie erhielten zwei Kavalleriedivisionen und brachen mit diesen zwanzigtausend Mann unverzüglich nach dem Süden auf. Es war im April 1220, des Jahres der Schlange im mongolischen Tierkreis.

Muhammed Schah hatte sich von Samarkand aus südwärts nach Balch begeben, einer Stadt am Fuße der hohen Berge von Afghanistan. Wie stets war er unentschlossen. Sein Sohn Dschelal ed-Din befand sich weit im Norden und sammelte eine neue Armee im Steppenland am Aralsee. Aber dahin war dem Schah der Weg versperrt, denn zwischen ihm und seinem Sohn stand Dschingis Khan in Buchara.

Eine Weile dachte er daran, nach Afghanistan zu gehen, wo ihm kriegsgeübte Stämme Hilfe bringen konnten. Schließlich, nach langem Schwanken zwischen allerlei Ratschlägen und seiner Furcht, wandte er sich nach Westen, überschritt das öde Berggelände des nördlichen Persiens und erreichte Nischapur, womit er, wie er glaubte, einen Raum von fünfhundert Meilen zwischen sich und die Mongolenhorde gelegt hatte.

Chepe Noyon und Ssubotai stießen bei ihrem Vormarsch auf eine stark befestigte Stadt, die ihnen den Übergang über den Amu versperrte. Sie setzten weiter oberhalb schwimmend über den Fluß und erfuhren dann durch vorgeschobene Patrouillen, daß der Schah Balch bereits verlassen hatte. Darauf wandten sie sich unverzüglich nach Westen und drangen in das öde Bergland Nordpersiens ein. Zur größeren Sicherheit und um die wenigen Weidemöglichkeiten tunlichst auszunützen, zogen sie ihre Truppen weit auseinander.

Jeder Mann der besonders ausgesuchten Truppe hatte mehrere Reservepferde bei sich; und längs der kleinen Gebirgsflüsse wie an den Wasserstellen fand man auch genügend frisches Gras. Die beiden Kavalleriedivisionen müssen auf diesem Marsch täglich achtzig Meilen zurückgelegt haben, was nur bei mehrmaligem Pferdewechsel am Tage zu leisten war. Nur am Abend wurde kurze Rast zum Essenkochen gemacht.

Am Ausgang des Gebirges trafen sie auf das alte Merv mit seinen Rosengärten und weißen Mauern. Nachdem sie festgestellt hatten, daß der Schah nicht in der Stadt sein konnte, galoppierten sie weiter und erreichten Nischapur drei Wochen nach Eintreffen des Schahs. Dieser jedoch hatte von dem Zweck ihres Kommens gehört und war unter dem Vorwand, auf Jagd zu gehen, aus der Stadt entwichen. Nischapur schloß seine Tore, und die Orkhons versuchten die Stadt im Sturm zu nehmen. Der Angriff mißlang; aber sie stellten dabei fest, daß der Schah nicht in den Mauern war.

Von neuem nahmen sie die Fährte auf und folgten der Karawanenstraße, die westwärts nach dem Kaspischen Meer führte. Unterwegs zersprengten sie die Reste der Truppen des Schahs, die diesen Weg genommen hatten, um sich vor dem mongolischen Schrecken in Sicherheit zu bringen. Bei Rai, in der Nähe des heutigen Teheran, trafen sie auf eine persische Armee von dreißigtausend Mann und schlugen sie.

Da zunächst jede Spur des fliehenden Kaisers verloren war, teilten sich die Mongolen. Ssubotai stieß nordwärts durch das Bergland vor; Chepe Noyon ritt südlich am Rand der Salzwüste entlang.

Inzwischen hatte Muhammed seine Familie fortgeschickt und die Kiste mit seinen Juwelen in einer Festung zurückgelassen, wo die Mongolen sie später fanden. Er selbst hatte sich entschlossen, in Bagdad Schutz zu suchen, bei ebenjenem Kalifen, den er einst befeindet hatte.

Mit einem Gefolge von nur wenigen hundert Mann, die er unterwegs aufgelesen hatte, schlug er die westlich nach Bagdad führende Straße ein.

In Hamadan jedoch kamen ihm die Mongolen auf die Fersen. Seine Leute wurden auseinandergetrieben und auch einige Pfeile auf ihn abgeschossen – die Mongolen ahnten nicht, daß sie den Schah selbst vor sich hatten. Er entkam und drehte wieder um, dem Kaspischen Meer zu. Ein Teil seiner türkischen Soldaten zeigte sich rebellisch, und Muhammed zog es vor, nachts in einem kleinen Zelt, das neben dem seinigen stand, zu schlafen. Eines Morgens war denn auch das leere Zelt von Pfeilen durchbohrt.

»Gibt es denn keinen Platz auf Erden«, fragte er einen seiner Offiziere, »wo ich sicher bin vor dem mongolischen Blitzstrahl?«

Man riet ihm, auf eine kleine Insel im Kaspischen Meer überzusetzen, wo er sich verborgen halten könnte, bis seine Söhne ein genügend starkes Heer zu seiner Verteidigung aufgestellt hätten.

Muhammed befolgte den Rat. Verkleidet, mit nur wenigen Begleitern, schlich er sich durch die Berge und blieb zunächst in einer kleinen Stadt am Westufer des Kaspischen Meeres, einem stillen Ort, der nur von Fischern und Händlern bewohnt war. Doch krank und schwach, beraubt seines Hofes, seiner Sklaven und Zechgenossen, wollte der Schah dennoch nicht auf die Prärogative des Herrschers verzichten. Er bestand darauf, die öffentlichen Gebete in der kleinen Moschee des Ortes zu lesen, und so konnte die Wahrheit über seine Person nicht lange verborgen bleiben.

Ein Muhammedaner, den der Schah einst schlecht behandelt hatte, verriet ihn an die Mongolen, die überall in den Bergen nach ihm suchten. Sie kamen in die kleine Stadt gesprengt just in dem Augenblick, als der Schah ein Schiff zur Überfahrt nach der Insel bestiegen hatte. Pfeile flogen hinüber, aber das Schiff entfernte sich immer weiter von der Küste. Einige der Nomaden trieben in ihrer Wut ihre Pferde ins Wasser. Sie schwammen hinter dem Schiff her, bis die Kraft von Mann und Tier versagte und sie in den Fluten verschwanden. Zwar hatten die Mongolen den Schah nie ergreifen können, ihn aber doch zu Tode getroffen. Zermürbt von Krankheit und Kummer starb der Oberherr des Islams kurz danach auf der einsamen Insel; und so arm war er geworden, daß ihm als Leichentuch das Hemd eines seiner Begleiter dienen mußte.

Chepe Noyon und Ssubotai, die noch immer dem Schah nachhetzten, ahnten nicht, daß er bereits auf dem öden Eiland im Grabe lag – ein vom Schicksal Geschlagener, gleich Wai Wang von Cathay, dem Priesterkönig Johannes, Tukta Beg und Gütschlük. Sie sandten die Schätze des Schahs, die der wachsame Ssubotai aufgespürt hatte, und viele Mitglieder der kaiserlichen Familie an den Khan, zugleich mit der Nachricht, daß der Schah selbst in einem Schiff ostwärts gesegelt wäre. Dschingis Khan vermutete daraufhin, daß Muhammed die Absicht habe, sich mit seinem Sohn in Gurgandsch, der Hauptstadt des Charesmschahs, zu vereinigen. Er sandte daher eine Division in jene Gegend.

Ssubotai indessen, der mit Chepe Noyon auf den schneebedeckten Niederungen am Kaspischen Meer überwin-

Der Ritt der Orkhons

terte, faßte den Plan, um den See herum gegen Norden vorzurücken, um sich mit dem Khan wieder zu vereinigen. Er schickte einen Boten nach Samarkand, um Genehmigung für den Marsch einzuholen. Dschingis Khan erklärte sich einverstanden und sandte den Orkhons mehrere tausend Mann Turkmenen als Verstärkung. Ssubotai hatte schon aus eigener Machtvollkommenheit Rekruten unter den wilden Kurden ausgehoben. Ex und Chepe Noyon wandten sich zunächst nach Süden, um die Eroberung einiger Städte nachzuholen, die sie auf der Jagd nach Muhammed liegengelassen hatten. Darauf schwenkten sie nach Norden, dem Kaukasus zu.

Zunächst fielen sie in Georgien ein, und es kam zu einem erbitterten Kampf mit dem tapferen Bergvolk. Chepe Noyon stellte seine Truppe in dem langen, nach Tiflis führenden Tal seitlich versteckt auf, während Ssubotai den alten Trick der Mongolen anwandte, nämlich Flucht zu markieren. Dann fielen die fünftausend Mann Chepe Noyons aus dem Hinterhalt den nachfolgenden Georgiern in die Flanke und brachten ihnen schwerste Verluste bei.*

Die Mongolen zogen nun weiter, arbeiteten sich durch die Schluchten des Kaukasus und durchschritten das Eiserne Tor Alexanders. Als sie den nördlichen Austritt der Berge erreichten, sahen sie sich einem starken Heer von Bergstämmen gegenüber – Alanen, Cirkassiern und Kiptschaks (ein Kirgisenstamm). Die Mongolen waren numerisch weit unterlegen und hatten keine Möglichkeit, rückwärts auszuweichen. Indessen gelang es Ssubotai, durch ein geschicktes Manöver die Kiptschaknomaden von der

---

* Siehe Note VII. Kreuz und Zauberpriester. Seite 275 ff.

Hauptmasse zu trennen, worauf dann die Mongolen die Reihen der Alanen und Cirkassier durchbrachen.

Darauf folgten sie den Kiptschaks in die Salzsteppen westlich des Kaspischen Meers und trieben die vorsichtig ausweichenden Nomaden beständig nach Norden vor sich her, bis in das Gebiet der russischen Bojaren.

Dort aber trafen sie auf einen neuen und äußerst gefährlichen Gegner. Aus Kiew und den Fürstentümern weiter im Innern war ein russisches Heer von zweiundachtzigtausend Mann aufgebracht worden, das nun, verstärkt durch ansehnliche Trupps von Kiptschaknomaden, den Dnjepr abwärts vorrückte. Die Russen waren mit Schilden bewaffnet und vorzügliche Reiter; schon seit undenklichen Zeiten lagen sie in Fehde mit den Steppenvölkern.

Die Mongolen zogen sich längs des Dnjeprs, stets mit den Russen Fühlung haltend, neun Tage lang zurück und stellten sich dann an einem vorher dazu ausgewählten Platz zum Kampf. Die Russen waren an Zahl und Bewaffnung entschieden überlegen; aber es fehlte der Truppe an der rechten Beweglichkeit und dem nötigen Zusammenhalt; innere Streitigkeiten lähmten die Energie. Zudem besaßen sie keine Führerpersönlichkeit gleich Ssubotai. Zwei Tage währte die Schlacht in der Steppe zwischen Russen und Mongolen – ihr erstes Zusammentreffen. Der Großfürst mitsamt allen Adligen fiel unter den Waffen der Heiden; nur Reste des Heeres konnten sich retten und fluteten den Dnjepr aufwärts zurück.

Chepe Noyon und Ssubotai, nun wieder der eigenen Initiative überlassen, zogen nach der Krim hinab und erstürmten eine genuesische Handelsfeste. Was sie weiter planen mochten, bleibt unbekannt. Jedenfalls hatten sie sich wieder dem Dnjepr zugewandt und wollten gerade den Fluß westwärts überschreiten, als von Dschingis Khan, der durch Boten ständig über ihre Bewegungen unterrichtet war, Befehl eintraf, sich sofort auf einem zweitausend Meilen nach Osten zu gelegenen Sammelplatz einzufinden.

Auf dem Wege dorthin starb Chepe Noyon. Die Mongolen fanden noch Zeit, gelegentlich einer kleinen Abschweifung, das Land der Bulgaren, das damals an der Wolga lag, zu überfallen und zu verwüsten.

Der Ritt dieser zwei Divisionen war ein geradezu verblüffendes Meisterstück und bleibt wohl bis zum heutigen Tag die größte kavalleristische Marschleistung aller Zeiten. Nur eine Truppe, trainiert zu höchster Ausdauer und von unbegrenztem Vertrauen in ihre Fähigkeit, konnte das fertigbringen.

»Habt ihr je gehört«, ruft staunend der persische Chronist, »daß eine Schar Männer weit von Osten her, wo die Sonne aufgeht, über die Erde bis zur Kaspischen Pforte geritten ist, Zerstörung über die Völker bringend und den Tod säend auf ihrem Wege? Darauf sind sie umgedreht und heil, gesund und beladen mit Beute zu ihrem Herrn zurückgekehrt. Und das in weniger als zwei Jahren!«

Außerdem sollte dieser Parforcegalopp über eine Strecke von neunzig Längengraden noch mancherlei Folgen zeitigen. Bei der Truppe befanden sich Gelehrte der Cathayer und Uiguren, wahrscheinlich auch nestorianische Christen. Wenigstens wird berichtet, daß muhammedanische Händler mit sicherem Sinn für Konjunktur christliche Erbauungsschriften an einzelne der Horde verkauften.

Und Ssubotai, der nicht blindlings dahinritt, wies die

Cathayer und Uiguren an, die Lage der Flüsse, die sie überschritten, der fischreichen Seen, der Salzlager und Silberminen aufzuzeichnen. An den Straßen wurden Poststationen errichtet, in den eroberten Distrikten Darogas Statthalter eingesetzt. Mit dem mongolischen Krieger kam zugleich auch der Verwaltungsbeamte, der Mandarin. Ein gefangener armenischer Bischof – er diente den Mongolen als Sekretär zum Lesen und Schreiben der Briefe – erzählt, daß in den Ländern südlich des Kaukasus eine amtliche Zählung aller männlichen Personen über zehn Jahre stattfand.

Ssubotai hatte die ausgedehnten Weidegebiete Südrußlands, das Land der schwarzen Erde, kennengelernt und behielt diese reichen Steppen gut im Gedächtnis. Jahre danach kam er von der entgegengesetzten Seite der Welt zurück, um Moskau zu überrennen. Und er nahm den Vormarsch dnjepraufwärts genau an der Stelle wieder auf, von der ihn damals der Befehl des Khans zurückgerufen hatte.*

Auch genuesische und venezianische Kaufleute waren mit den Mongolen in Berührung gekommen. Eine Generation später machten sich die Polos von Venedig nach dem Reich des Großen Khans** auf.

---

* Siehe Note VIII. Ssubotai Bahadur und Mitteleuropa. S. 276 ff.
** Siehe Note IX. Urteile Europas über die Mongolen. S. 284 ff.

17. Kapitel

Dschingis Khan auf der Jagd

Während sich die beiden Orkhons im Westen des Kaspischen Meeres herumschlugen, marschierten zwei Söhne des Khans nach dem heutigen Aralsee mit dem Auftrag, Nachrichten über den Verbleib des Schahs einzuholen und ihm für alle Fälle den Rückweg abzuschneiden. Nachdem Kunde eingetroffen war, daß der Schah längst im Grabe ruhte, rückten sie, dem Lauf des Amu durch die lehmigen Steppen folgend, gegen Gurgandsch vor, die alte Hauptstadt von Charesm.

Es folgte nun eine lange und hartnäckige Belagerung der Stadt. Da es den Mongolen an großen Steinen für die Wurfmaschinen gebrach, zersägten sie riesige Baumstämme und legten die Klötze so lange ins Wasser, bis sie die nötige Schwere für Wurfgeschosse hatten. Die Chronik berichtet ferner, daß die Mongolen beim Nahkampf, der noch eine Woche lang um die Wälle tobte, brennendes Naphtha verwendeten – ein ganz neues und scheinbar von den Muhammedanern übernommenes Kampfmittel, das diese mit vernichtendem Erfolg gegen die Kreuzritter verwendet hatten. Gurgandsch fiel; und die Mongolen zogen mit ihren Gefangenen und der Beute zum Hauptquartier des Khans zurück. Dschelal ed-Din indessen, der unbeugsame Sohn eines schwachen Vaters, entkam, um bald frische Kräfte ins Feld zu stellen.

Inzwischen war der Hochsommer gekommen. Da die schwüle Hitze der Niederungen den an die Höhenluft der Gobi gewöhnten Mongolen schwer zusetzte, führte Dschingis Khan das Gros der Horde in das kühlere Berggelände jenseits des Amu.

Um während dieser Mußezeit seine Leute zu beschäftigen und ihre Disziplin zu schulen, erließ der Khan Befehl zu der beliebtesten Unterhaltung der Horde – einer großen Jagdexpedition.

Eine mongolische Jagd war so gut wie ein richtiger Feldzug, nur daß es in diesem Fall gegen Tiere statt gegen Menschen ging. Die ganze Horde nahm daran teil; und Dschingis Khan selbst hatte die Jagdregeln festgelegt, die unbedingte Befolgung erforderten.

Da Juchi, der Herr der Jagd, dienstlich abwesend war, ritt zunächst sein Stellvertreter mit einer Anzahl Leuten aus, um das geeignete Gelände in den Bergen auszusuchen und die Ausgangsstrecke abzustecken. Der Aufstellungsort der einzelnen Regimenter wurde durch eingesteckte Flaggen bezeichnet. Ebenso wurde in weiter Ferne, noch jenseits des Horizonts, die »Gurtai«, der Endpunkt der Jagd, ausgewählt und markiert.

Nachdem dies geschehen war, rückten die kriegsmäßig ausgerüsteten Schwadronen, rechts und links sich entfaltend, nach den ihnen bezeichneten Stellen und biwakierten dort bis zur Ankunft des Khans. Die Aufstellung bildete einen schwachen Halbkreis in einer Ausdehnung von etwa achtzig Meilen.

Sobald der Khan, gefolgt von den höheren Offizieren,

den Prinzen und seinen jugendlichen Enkeln, erschien, stiegen die Reiter zu Pferde und formierten sich zu einer dichtgeschlossenen Linie, oftmals zwei Glieder tief. Außer ihren sämtlichen Waffen, die gegen Menschenfeinde gebraucht wurden, führten sie weidengeflochtene Schilde.

Fanfaren der Hörner und Zimbeln gaben das Signal zur Eröffnung der Jagd, die Pferde sprangen an, die Offiziere setzten sich hinter ihre Abteilungen, und das Aufstöbern des Wildes begann. Es war den Reitern während des Treibens streng verboten, die Waffen zu gebrauchen, und wiederum galt es als größte Schande, wenn es einer vierfüßigen Kreatur gelang, durch die Reihe durchzuschlüpfen. Die Treiber zwängten sich durch Dickichte, setzten über Gräben, erkletterten Steilhänge und begrüßten mit wildem Geschrei jeden dem schützenden Buschwerk entweichenden Tiger oder Wolf.

Das ging so Tage und Nächte ununterbrochen weiter; während der Nacht wurde das Treiben natürlich schwieriger. Nach den ersten vier Wochen der Jagd hatte sich schon eine Menge Wild vor dem Halbkreis der Reiter angesammelt. Die Soldaten bezogen Lager, Feuer wurden angezündet, Wachen aufgestellt, sogar ein Losungswort ausgegeben, und Offiziere machten die Runde. Es war gewiß keine Kleinigkeit, eine Reihe von Posten und Feldwachen auf ihren Plätzen zu halten, wenn die ganze Tierwelt der Berge vor der Front herumirrte, wenn ein Paar funkelnder Augen aus dem Dunkel aufglühte und das Heulen der Wölfe oder das spukhafte Knurren der Leoparden in nächster Nähe ertönte.

Noch schwieriger wurde es nach weiteren vier Wochen, als sich der Kreis langsam verengte und das Wild zu merken begann, daß es umstellt war. Aber es gab kein Nachlassen in der rücksichtslosen Durchführung der Jagd. War ein Fuchs in die Erde verschwunden, wurde er mit der Hacke wieder ausgegraben; hatte sich ein Bär in eine Felshöhle vertrollt, mußte ihm einer nachgehen und ihn wieder heraustreiben – ohne dem Tier Schaden zu tun! Das gab mannigfache Gelegenheit für die jungen Krieger, ihre Gewandtheit und Furchtlosigkeit zu zeigen, namentlich wenn ein alter, scharfbewehrter Keiler – oder auch ein ganzes Rudel – kehrtmachte und gegen die Treiber anging.

Einer der Flügel der Linie traf auf ein breites Flußbett und wurde dadurch aufgehalten. Sofort eilten Reiter den Halbkreis entlang mit der Weisung haltzumachen, bis das Hindernis überschritten war. Das Wild war zum größten Teil schon drüben. Die Reiter trieben ihre Pferde ins Wasser, glitten aus dem Sattel und hielten sich schwimmend an Mähne oder Schweif fest. Am anderen Ufer angelangt, saßen sie wieder auf, und die Jagd nahm ihren Fortgang.

Da und dort erschien der alte Khan und beobachtete das Benehmen der Leute und das Verfahren der Offiziere. Während der Jagd selbst sagte er nichts, behielt sich aber alles, was ihm aufgefallen war, gut im Gedächtnis.

Bei Annäherung an die Gurtai, den Zielpunkt, zogen sich unter Anleitung der Jagdmeister die Flügel des Halbkreises allmählich zusammen. Das Wild begann den Druck zu spüren – Hirsche mit zitternden Flanken jagten irrend die Treiberreihen entlang; Tiger, den Kopf gesenkt, schweiften böse knurrend hin und her. Jenseits der Gurtai, weit in der Ferne, schloß sich der Ring und schob sich, immer enger werdend, gegen das Ziel vor. Lauter ertönte der Lärm der ehernen Zimbeln, wilder das Geschrei der Männer; drei bis vier Glieder tief drängten sich die Reihen aneinander. Der Khan näherte sich dem dicht geschlossenen Ring; ein Signal erklang, die Reiter bildeten eine Gasse, um den Oberherrn durchzulassen.

Nach altem Brauch hatte der Khan als erster in den Ring der wie rasend gewordenen Tiere einzureiten. Nun war der Waffengebrauch gestattet. Den blanken Säbel in der einen, den Bogen in der anderen Hand, suchte er sich stets die gefährlichsten unter den Bestien aus und erlegte etwa einen der großen persischen Tiger oder trieb sein Pferd gegen ein Rudel Wölfe.

Hatte er eine Anzahl Tiere zur Strecke gebracht, zog er sich aus dem Ring zurück und ritt nach einem Übersicht gewährenden Hügel, wo sein Zelt aufgeschlagen war und von wo aus er die jagdlichen Taten der Prinzen und Offiziere beobachten konnte, die nun als nächste den Ring betraten. Solche Jagden waren die Gladiatorenspiele der Nomaden, die Gurtai eine mongolische Arena; und wie bei den römischen Gladiatoren wurde auch hier manch einer schwer verletzt oder gar tot aus der Arena fortgetragen.

Sobald das Signal zum allgemeinen Drauflosgehen gegeben war, stürzten die Krieger vor und machten nieder, was ihnen in Reichweite kam. Meist dauerte dieses Wildgemetzel einen ganzen Tag – bis dann zuletzt, der Sitte gemäß, die Enkel und jungen Prinzen vor den Khan traten und für die noch am Leben gebliebenen Tiere Schonung erbaten. Die Bitte wurde gewährt, und die Jäger machten sich nun an das Aufsammeln des erlegten Wildes.

Eine derartige Jagd war das beste Training für die Soldaten; und das Reitermanöver der sich zum Ring zusammenschließenden Flügel fand ganz ebenso in der Schlacht Anwendung.

Die Jagd dauerte in diesem Jahr, da sie in Feindesland abgehalten wurde, nicht länger als vier Monate. Der Khan wünschte, rechtzeitig zum Herbstfeldzug bereit zu sein und sich mit den Truppen Juchis und Chatagais zu vereinigen, die im Rückmarsch vom Kaspischen Meer waren und die Nachricht vom Tode des Schahs brachten.

Bis dahin hatten die Mongolen ohne ernstliche Unterbrechung das ganze Reich des Islams durchzogen. Sie hatten Flüsse überschritten und Städte erobert in nicht viel längerer Zeit, als etwa ein moderner Forschungsreisender braucht, der mit Karawane und Dienerschaft von Ort zu Ort zieht. Muhammed, der Große Krieger, allzu überheblich zu Anfang, allzu furchtsam zum Schluß, hatte sein Volk im Stich gelassen, um sein Leben zu retten; ihm war dafür nur Schande zuteil geworden und eines Bettlers Grab.

Gleich dem Kaiser von Cathay hatte er seine Armeen in die befestigten Städte geworfen, um der mongolischen Kavallerie zu entgehen. Im freien Felde fühlte er sich ohnmächtig gegenüber diesen unheimlichen Scharen, die bis zur Stunde der Schlacht so gut wie unsichtbar blieben, um dann plötzlich in geschlossenen Massen aufzutauchen, in tiefem Stillschweigen manövrierend, geleitet nur von Fahnensignalen der Oberführung, die durch Armbewegungen der Offiziere an die einzelnen Schwadronen weitergegeben wurden. So war das Verfahren bei Tage und im Kampfgetümmel, wenn das Getöse der Schlacht die menschliche Stimme übertönte und die Signale der

Zimbeln und Kesselpauken mit den Instrumenten des Feindes verwechselt werden konnten. Bei Nacht geschah die Befehlsübermittlung durch Heben und Senken einer mehrfarbigen Laterne dicht bei der »Tugh«, der Fahne des Oberfeldherrn.

Nach Überrennung der nördlichen und ersten feindlichen Verteidigungslinie am Syr hatte Dschingis Khan seine Marschkolonnen gegen die seiner Meinung nach wichtigsten Städte des Kaiserreichs, Buchara und Samarkand, zusammengezogen. Er hatte den Widerstand dieser zweiten Verteidigungslinie ohne ernstliche Schwierigkeit gebrochen und dann seine Armeen gegen eine, man kann sagen, dritte Verteidigungslinie angesetzt – das reiche Bergland des nördlichen Persiens und Afghanistans.

So weit war der große Kampf zwischen Mongolen und Türken – Ungläubigen und Muhammedanern – für die letzteren höchst unglücklich verlaufen. Den bestürzten Türken erschienen die Mongolen als eine Verkörperung göttlichen Zorns – als eine wahrhafte Geißel, die um ihrer Sünden willen über sie gekommen war. Und Dschingis Khan hatte sein möglichstes getan, das heimgesuchte Volk in diesem Glauben zu bestärken.

Nach der ersten Einnahme des Landes hatte er dann Sorge getragen, seine Flanken gegen Osten hin zu decken, war selbst zu diesem Zweck über das Tafelland zu den Quellen des Amu hinaufmarschiert, hatte weiter mehrere Divisionen zur Einnahme der Städte im Westen vorgeschickt, die Chepe Noyon und Ssubotai, wie ihm berichtet wurde, auf ihrer Hetze hinter dem Schah hatten liegenlassen. Danach hatte er Balch erobert und in der Nähe der Stadt den Sommer über die große Jagd abgehalten.

Mit Balch hielt er den Schnittpunkt der Haupthandelsstraßen der muhammedanischen Völker besetzt. Während des Sommers hatte er Erkundigungen eingezogen und dabei festgestellt, daß noch intakte Kräfte des Feindes vorhanden waren, mit denen abgerechnet werden mußte, ja, daß sich überall im Lande der Widerstand neu belebte. Ähnlich der Bevölkerung von Cathay hatte sich nun auch das Volk des Islams in Waffen gegen ihn erhoben. Ihr Schah war tot, zwei seiner Söhne im Kampf gegen die Mongolen gefallen, und die zum letzten Entschlossenen suchten nun nach dem gegebenen Führer unter den persischen Fürsten und Sayyids, den Abkömmlingen des kriegerischen Propheten.

Dschingis Khan war über die Lage genau unterrichtet. Er wußte, daß die eigentliche Kraftprobe noch bevorstand, daß annähernd eine Million Soldaten, aufs beste beritten und vorzüglich bewaffnet, zum Vormarsch gegen ihn bereitstand. Zur Zeit fehlte es diesen Aufgeboten noch an einem Führer, und sie standen auf ein Dutzend Königreiche verteilt rings im Kreise um ihn.

Zu Beginn des zweiten Kriegsjahres konnte die Horde nicht mehr als zwölf Divisionen stark sein, also etwas über hunderttausend Mann. Der Idikut der Uiguren und der christliche König von Almalyk hatten um Erlaubnis nachgesucht, mit ihren Kriegsscharen nach dem T'ianschan abzurücken, was der Khan ihnen auch gewährt hatte. Seine beiden besten Generäle, Chepe Noyon und Ssubotai, standen mit zwei Divisionen weit im Westen. Tilik Noyon, der zuverlässigste der ihm noch verbliebenen Orkhons, war beim Sturm auf Nischapur gefallen. Wuhuli war fern in Cathay beschäftigt. Die Reihe seiner erprobten Orkhons hatte sich merklich gelichtet, und Dschingis Khan fühlte das Bedürfnis, sich mit Ssubotai zu beraten.

Daher sandte er einen Boten bis zum Kaspischen Meer, um seinen Lieblingsmarschall herbeizurufen. Ssubotai erschien, verhandelte einige Tage mit dem Khan und galoppierte dann wieder zu seinem tausend Meilen entfernten Hauptquartier zurück.

Die Stimmung des Khans hatte sich gewandelt, und er dachte nicht mehr an Jagd. Seinem Sohn Juchi machte er heftige Vorwürfe wegen des Streits unter den Generälen, der die Einnahme von Gurgandsch verzögert hatte, und weil er den Dschelal ed-Din hatte entwischen lassen. Der trotzige und eigensinnige Juchi wurde von der Horde fortgeschickt; er zog mit seiner Haustruppe nordwärts in die Steppen jenseits des Aralsees. Darauf setzte sich Dschingis Khan mit der Horde in Marsch, jetzt aber nicht, um zur halb gleichgültigen Verachtung seiner Gegner plündernd das Land zu durchziehen, sondern um den Widerstand der Feinde rings um ihn endgültig zu brechen.

18. Kapitel

Der goldene Thron des Tuli

Ich lebte damals«, so läßt die Chronik einen Fürsten von Chorassan erzählen, »in meiner Residenz auf einem hohen und steinigen Bergplateau. Die Stadt war die stärkste von ganz Chorassan und gehörte – wenn die Überlieferung wahr spricht – meinen Vorfahren schon seit den Tagen, da der Islam ins Land kam. Da sie etwa im Mittelpunkt der Provinz lag, diente sie als Zufluchtsort für entwichene Gefangene und Bewohner des Landes, die vor Knechtschaft oder Tod von der Hand der Tataren entflohen waren.

Einige Zeit danach erschienen die Tataren vor den Toren. Als sie erkannten, daß sie die Stadt nicht im Sturm zu nehmen vermochten, forderten sie als Preis für ihren Abzug zehntausend Kleider aus Baumwollstoff und noch eine Menge anderer Dinge, obgleich sie schon hochbepackt waren mit der Beute von Nisa.

Ich erklärte mich mit der Forderung einverstanden. Doch als es sich darum handelte, das Lösegeld den Tataren hinauszubringen, war niemand zu finden, der dazu bereit gewesen wäre; denn man wußte wohl, daß ihr Khan alles totschlagen ließ, was immer in seine Gewalt kam. Zuletzt erboten sich zwei alte Männer freiwillig zu diesem Dienste; zuvor brachten sie mir ihre Kinder und empfahlen sie meiner Obhut, falls sie ihr Leben lassen mußten. Und wirklich wurden sie von den Tataren vor ihrem Abzug erschlagen.

Bald war ganz Chorassan von den Barbaren überschwemmt. Wo sie in einen Bezirk einfielen, trieben sie die Einwohner vor sich her bis zu der Stadt, die sie einnehmen wollten, und zwangen dort die Gefangenen, bei den Belagerungsarbeiten mitzuhelfen. Schrecken und Verzweiflung verbreiteten sich über das ganze Land. Die zu Gefangenen Gemachten waren immer noch besser daran, als alle jene, die in ihren Häusern einem ungewissen Schicksal entgegenharrten. Häuptlinge und Adlige mußten zusammen mit den Leibeigenen die Belagerungsmaschinen ziehen. Wer nicht gehorchte, der wurde ohne Ansehen der Person aufs Schwert gespießt.«

Tuli, der jüngste Sohn des Khans, war es, der Chorassan, die reichste Provinz Persiens, mit Feuer und Schwert verwüstete. Er war von seinem Vater ausgesandt worden, um Dschelal ed-Din zu fangen, aber der charesmische Prinz entwischte ihm. Darauf zogen die Mongolen gegen das alte Merv – das Schmuckkästchen im Sande, das Kleinod des Schahs, gelegen am Murgh Ab, dem Vogelfluß; seine Bibliotheken bargen viele Tausende kostbarer Manuskripte.

Die Mongolen trafen auf eine anrückende Kolonne der Turkmenen, trieben sie auseinander und rückten vor die Stadt. Tuli machte mit seinen Offizieren die Runde um die Mauern, um die Stärke der Verteidigung zu erkunden. Der Ring der Mongolen zog sich enger zusammen, die Einschließung war vollendet. Das Vieh der Turkmenen war zur Zeit draußen auf den Weiden.

Voll Wut über den Verlust von tausend seiner besten

Leute – von der Leibgarde des Khans – rannte Tuli Sturm auf Sturm gegen die Festung. Unmittelbar vor den Wällen hatte er einen hohen Erddamm errichten lassen, von dem aus jeder Vorstoß durch einen Pfeilregen gedeckt wurde. Das ging so zweiundzwanzig Tage lang, ohne greifbares Ergebnis. In der dann folgenden Kampfpause kam, aus der Stadt gesandt, ein Imam zu den Mongolen; sie empfingen ihn mit aller Höflichkeit und geleiteten ihn ungefährdet wieder an die Tore zurück.

Der geistliche Herr war, so scheint es, nicht als Abgesandter der Stadt gekommen, sondern auf Geheiß des Gouverneurs, eines gewissen Merik. Dieser, sicher gemacht durch die Rückkehr des Imam, erschien nun selbst bei den Zelten der Mongolen und brachte reiche Geschenke an Silbergeräten und juwelenbesetzten Gewändern.

Tuli, ein Meister der Verschlagenheit, sandte ihm ein Ehrenkleid entgegen und lud ihn zum Mahl in seinem Zelt. Hier wußte er den Perser zu überzeugen, daß die Stadt geschont werden würde.

»Rufe auch deine Freunde und Vertrauten herbei«, schlug Tuli vor. »Ich will sie ehren und ihnen Gutes antun.«

Ein Diener wurde nach der Stadt geschickt; die näheren Freunde des Gouverneurs erschienen und nahmen neben ihm Platz. Während des Festmahls bat Tuli um eine Liste der sechshundert reichsten Männer von Merv, und gehorsam schrieben der Gouverneur und seine Freunde die Namen der wohlhabendsten Landbesitzer und Kaufleute auf. Als das geschehen war, wurden sämtliche Begleiter vor den Augen des entsetzten Merik von den Mongolen erdrosselt. Dann ritt einer von Tulis Offizieren mit der

Liste der sechshundert Namen, von Merik eigenhändig geschrieben, vor das Tor und verlangte nach den bezeichneten Personen.

Da es sich anscheinend um eine Weisung des Gouverneurs handelte, kamen diese auch heraus und wurden sofort von Wachen umstellt. Im gleichen Augenblick bemächtigten sich die Mongolen des Tores, und die Reiterscharen überschwemmten die Stadt. Dann erging Befehl, daß alle Einwohner mit ihren Familien und so viel ihrer Habe, als sie zu tragen vermochten, sich auf der Ebene vor der Stadt zu versammeln hätten. Die Räumung dauerte vier Tage.

Inmitten dieses unendlichen Gewimmels saß Tuli, der Meister des Kriegs, erhöht über allem auf goldenem Hochsitz und überwachte das nun kommende Verfahren. Aus den Massen wurden zunächst die Führer der persischen Truppen herausgesucht und vor ihn gebracht. Angesichts all dieser Verzweifelten schlug man sämtlichen Offizieren den Kopf ab.

Dann wurden Männer, Frauen und Kinder bunt durcheinander in drei große Haufen gesondert – die Männer mußten sich auf den Boden legen, Arme über dem Rükken gekreuzt. Darauf machten sich die Mongolen über die ihnen zugeteilten Haufen her; und alle diese Unglücklichen wurden niedergemetzelt, ausgenommen vierhundert Handwerker, die gut bei der Horde zu brauchen waren, und einer Anzahl Kinder, die als Sklaven dienen konnten. Nicht viel besser ging es den sechshundert auf der Liste verzeichneten Reichen, sie wurden so lange gefoltert, bis sie die Mongolen zu den Verstecken ihrer wertvollsten Kostbarkeiten geführt hatten.

Die leerstehenden Wohnungen wurden von den Mongolen geplündert, die Mauern dem Erdboden gleichgemacht; dann zog Tuli weiter. Etwa fünftausend Einwohner, die sich in Kellern und Kanälen versteckt hatten, blieben, wie es scheint, am Leben. Doch sollten sie sich nicht lange ihres Daseins erfreuen. Abteilungen der Horde kehrten zurück und hetzten sie zu Tode. Kein menschliches Wesen atmete mehr in den verödeten Straßen.

Auf solche Weise wurde eine Stadt nach der anderen überlistet oder gestürmt. Einmal gelang es einigen Bewohnern, sich dadurch zu retten, daß sie sich unter den Leichen der Erschlagenen verbargen. Die Mongolen erfuhren davon, und es erging Befehl, in Zukunft allen Einwohnern den Kopf abzuschlagen. Bei der Zerstörung einer anderen Stadt hatte sich eine kleine Anzahl Perser zu retten gewußt. Ein Mongolentrupp wurde zurückgeschickt mit der Weisung, die Überlebenden abzutun. Die Nomaden schlugen ein Lager auf und veranstalteten eine regelrechte Treibjagd auf die Unglücklichen, mit weniger Mitgefühl, als wenn es sich um Tiere gehandelt hätte.

In der Tat, es ging bei diesem letzten Feldzug nicht viel anders zu wie auf einer Jagd gegen Wild. Man wurde erfinderisch im Ausdenken neuer Kniffe zum Zweck der Ausrottung menschlichen Lebens. In den Ruinen eines Ortes zwangen die Mongolen den Muezzin, von der Moschee aus die Gläubigen zum Gebet zu rufen. Daraufhin kamen auch die Muhammedaner aus ihren Verstecken heraus, in dem Glauben, die Würgerbanden wären abgezogen. Ihr Schicksal läßt sich denken.

Vor dem Abmarsch von einer eroberten Stadt wurde rings in der Umgegend alles Getreide, was etwa noch stand, niedergetrampelt oder in Brand gesteckt, damit die den Schwertern Entronnenen an Hunger zugrunde gingen. In Gurgandsch, durch dessen lange Belagerung die Mongolen schwere Verluste erlitten hatten, machten sie sich sogar die Mühe, den Fluß oberhalb der Stadt zu stauen und in ein neues Bett zu leiten, so daß nun die rauchenden Trümmer der Stadt in den Fluten untergingen. Diese Stromverlegung des Amu hat den Geographen noch lange Kopfzerbrechen gemacht.

Es erübrigt sich, bei all diesen grauenvollen Einzelheiten länger zu verweilen. Es war ein Krieg bis zur äußersten Grenze der Vernichtung – eine Grenze, von der man im letzten europäischen Krieg nicht mehr sehr weit entfernt gewesen ist. Es war ein Niedermetzeln menschlicher Wesen im großen, ohne jeden Haß, nur mit dem Ziel völliger Ausrottung.

Aus den blühendsten Provinzen, dem Herzen des Islams, machte dieser Krieg eine Wüstenei. Die Überlebenden der Massakers waren so verstörten Sinnes, daß sie stumpf wurden gegen alles und an nichts anderes mehr dachten, als etwas Nahrung zu ergattern und sich versteckt zu halten. Furchterfüllt verbargen sie sich zwischen den Trümmern ihrer einstigen Behausungen, bis die Wölfe, angelockt vom Verwesungsgeruch der unbeerdigten Leichen, sie auch daraus vertrieben. Die Stätten solcher Greuel, Schandmale im Antlitz der einst heiteren Erde, waren kein Ort mehr für menschliche Siedlung. Über viele dieser Trümmerreste ging der Pflug hinweg, und bald war jede Spur verwischt.

Durch Zerstörung der Städte und Ausrottung der Bewohner hatte Dschingis Khan die um sich greifende Aufstandsbewegung erstickt und den Widerstand gebrochen, ehe dieser gefährlich werden konnte. Schonung oder Gnade duldete er nicht.

»Ich verbiete euch«, erklärte er seinen Orkhons, »gegen meine Feinde mit Milde zu verfahren, es sei denn, ihr habt ausdrücklichen Befehl von mir. Nur durch Strenge vermag man aufrührerische Geister zu bändigen. Ein unterworfener Gegner ist niemals willfährig und wird seinen neuen Herrn immer hassen.«

In der Gobi hatte er niemals derartige Maßnahmen angewandt und selbst in Cathay diesen äußersten Grad von Grausamkeit vermieden. Hier in der Welt des Islams zeigte er sich als die wahrhafte Geißel. Tuli bekam heftige Vorwürfe zu hören, daß er die Bewohner von Herat geschont hatte – abgesehen von sechstausend Parteigängern des jungen Sultans Dschelal ed-Din. Und tatsächlich empörte sich auch Herat gegen das mongolische Joch und erschlug den Statthalter Dschingis Khans.

Auch in anderen Städten flackerte der Aufstand zeitweise auf; und zwar überall dort, wo Dschelal ed-Din erschien und die Bewohner zur Empörung aufstachelte. Sehr bald aber standen mongolische Schwadronen vor den Toren der rebellischen Stadt. Herat erlitt ein nicht weniger grausames Schicksal wie Merv. Die glimmenden Reste des Widerstands wurden auf furchtbare Weise ausgetreten. Für einen Augenblick lang hatte eine wirklich ernste Gefahr gedroht – der Dschihad, der Heilige Krieg.

Nur noch flüsternd sprachen die Muhammedaner von dem Mongolen als dem »Verfluchten«. Das Feuer der Erhebung sank in sich zusammen. Wohl hatten die Männer des Islams jetzt einen Führer; aber der Kern ihres Reichs lag in Trümmern, und Dschelal ed-Din, der allein dem Menschenbezwinger die Stirn bieten konnte, wurde von mongolischen Streifkorps die Grenze entlanggehetzt; nie blieb ihm Zeit oder Möglichkeit zur Sammlung einer Armee.

Als der zweite Sommer mit seiner Hitze kam, führte Dschingis Khan den größeren Teil seiner Horde aus den sengenden Tälern hinauf in die bewaldeten Höhen des Hindukusch, wo er ein Standlager zu errichten gestattete. Die Gefangenen – Adlige und Sklaven, Richter und Bettler – wurden angestellt, den Boden zu bebauen und Weizen zu säen. Jagd gab es in diesem Sommer nicht, denn allzuviel Krankheit herrschte in der Horde.

Dort auf den kühlen Höhen konnten die Mongolen einige Monate der Ruhe pflegen. Sie wohnten in den seidenen Gezelten der bezwungenen Königshöfe; türkische Atabegs und persische Emire waren ihre Becherhalter. Die stolzesten Frauen des Islams gingen unverschleiert durch das Lager, gefolgt von den entsetzten Augen ihrer Glaubensgenossen, der Zwangsarbeiter in den Weizenfeldern, die nur noch Fetzen von Kleidung an ihren mageren Leibern trugen und sich mit den Hunden um das bißchen Nahrung raufen mußten, das man ihnen zubilligte.

Wilde Turkmenen, berüchtigte Karawanenräuber, kamen von den Bergen herab, um sich mit den mongolischen Siegern zu verbrüdern. Begehrlichen Blicks starrten sie auf die Mengen von Silber- und Goldgerät und die Haufen von kostbaren Gewändern, die unter Schutzdächern aufgestapelt lagen, um nach der Gobi abtransportiert zu werden. Auch Ärzte gab es – für die Nomaden etwas ganz Neues –, um die Kranken zu pflegen; man lernte mit diesen Cathayern zu debattieren, indes die alten Kampfhähne der Gobi, die kaum die Hälfte verstanden, mit einer gewissen wohlwollenden Geringschätzung zuhörten.

Auf Dschingis Khan selbst aber ruhte die Last einer umfangreichen Verwaltung. Mit den Orkhons im fernen Cathay und mit Ssubotai in den russischen Steppen stand er in ständiger Verbindung durch reitende Boten. Außer der Leitung der militärischen Operationen auf beiden Fronten mußte er auch stets mit seinen Räten in der Gobi in Fühlung bleiben. Doch schriftliche Berichte genügten ihm nicht immer. So erließ er Befehl an seine obersten Regierungsbeamten in Ostasien, persönlich zu ihm nach dem Hindukusch zu kommen; und obwohl diesen der scharfe Ritt über lange Wüstenstrecken und steile Gebirgspfade wenig behagen mochte, wagte doch keiner zu murren.

Zur Eröffnung eines regelrechten Verkehrs über diese weiten Landstrecken von Ost nach West erfand der Khan die »Yam« oder mongolische Pferdepost, die Expreßverbindung des dreizehnten Jahrhunderts in Asien.

19. Kapitel

Die Poststraßen

Im Nomadenland war man von alters her gewöhnt, daß Nachrichten durch eine Art Stafettenreiter von Zeltdorf zu Zeltdorf übermittelt wurden. Kam ein Reiter angaloppiert, mit der Aufforderung zum Kriegszug oder irgendeiner Neuigkeit, so sattelte einer aus dem Ordu sein Pferd und brachte die Nachricht zum nächsten befreundeten Dorf. Diese Boten machten in der Regel fünfzig bis sechzig Meilen am Tag.

Als dann Dschingis Khan seine Eroberungen über den ganzen Erdteil ausdehnte, wurde die Ausgestaltung der Yam zur dringenden Notwendigkeit. Wie stets bei seinen Verwaltungsmaßnahmen, war die Yam zunächst lediglich eine Einrichtung für die Armee. Längs der Marschlinie wurden in Zwischenräumen kleine Standlager errichtet, ausgerüstet mit einer Koppel Reservepferde, den nötigen Pflegern dazu und einer geringen Wachmannschaft gegen etwaige Räubereien. Stärkere Bedeckung tat nicht not, wo die Horde einmal vorübergezogen war.

Diese Etappenposten – wenige Jurten, und im Winter ein Schutzdach für Heu und Hafer – lagen längs der Karawanenstraßen in Zwischenräumen von etwa hundert Meilen. Ein reger Verkehr wickelte sich auf den Poststraßen ab. In langen Karawanenzügen wurde die Ausbeute der mongolischen Eroberungen nach der fernen Gobi geschafft. Spezialbeamte waren mit Rücktransport der kostbarsten Kleinodien nach Karakorum betraut: Juwelen, goldene Geräte, die wertvollsten Jade- und Emailarbeiten und die großen Rubine aus Badakschan.

Für die Nomaden in der Heimat muß es ein nie endendes Wunder gewesen sein, wenn allmonatlich die großen Ladungen eintrafen mit allerlei Seltsamkeiten und Menschen aus unbekannten Weltgegenden. Und nicht minder war das Staunen, wenn heimkehrende Soldaten, die in Chorassan oder am Kaspischen Meer mitgefochten hatten, beim Feuer der Jurte von den Heldentaten und kaum glaublichen Siegen der Horde erzählten.

Aber unglaubhaft mag den Heimgebliebenen wohl nichts mehr erschienen sein, nun sie gewohnt waren, daß man die reichen Lasten hochbeladener Kamele vor ihren Zelttüren ablud. Was mögen die Frauen gesagt haben zu all diesen nie erträumten Herrlichkeiten, was dachten wohl die alten Männer von jenen Ritten der Orkhons in Welten hinein, die so ganz anders waren als die ihnen bekannten? Was geschah mit diesen Schätzen? Was machten die Mongolenfrauen mit den perlenbesetzten Schleiern aus Persien?

Die Mongolen haben uns darüber keinen Bericht hinterlassen. Nur so viel wissen wir, daß sie die Siege des Khans hinnahmen als ein Natürliches, ein Bestimmungsgemäßes. War er nicht der Bogdo, der Gottgesandte, der oberste Herr und Gesetzgeber? Was hinderte ihn, nicht jedes Stück Erde zu nehmen, das ihm gefiel?

Dschingis Khan selbst war sicherlich weit entfernt, seine

Erfolge irgendeiner himmlischen Einwirkung zuzuschreiben. Mehr als einmal betonte er: »Es gibt nur eine Sonne am Firmament und nur eine Macht im Himmel. Ebenso kann es nur einen Kha Khan auf Erden geben.«

Die religiöse Verehrung durch die Buddhisten ließ er sich ohne Anteilnahme gefallen; die Rolle als Gottesgeißel, die ihm die Muhammedaner zulegten, war ihm gerade recht, und er bediente sich ihrer sogar mit Absicht, wenn es ihm nützlich schien. Die Mahnungen der Astrologen hörte er sich an, um dann seine Pläne nach eigenem Gutdünken zu gestalten. Weder war er Fatalist wie Napoleon, noch umkleidete er sich wie Alexander mit Attributen der Gottheit. Er ging an die Aufgabe, sich eine Weltherrschaft zu begründen, mit der gleichen nüchternen Zähigkeit und Geduld, wie er etwa in seiner Jugend einem verirrten Pferd nachgespürt hatte.

Für Titel hatte er nur Sinn, soweit sie praktischen Wert besaßen. Einst ließ er an einen muhammedanischen Fürsten an seiner Grenze ein Schreiben anfertigen. Der Brief wurde von einem persischen Schreiber unter Hinzufügung all jener Titelbezeichnungen und Ergebenheitsfloskeln verfaßt, wie sie im Iran gebräuchlich waren. Als dann der Text Dschingis Khan vorgelesen wurde, geriet der in Wut und befahl, den Brief zu zerreißen.

»Ganz idiotisch hast du das gemacht«, sagte er zu dem Schreiber. »Der Fürst hätte denken können, daß ich Furcht vor ihm habe.«

Darauf diktierte er einem anderen Schreiber eine seiner üblichen Botschaften, kurz und bestimmt, und unterzeichnete »Der Kha Khan«.

Jener, man kann sagen, verkehrstechnische Ausbau der

alten Karawanenstraßen sollte vor allem eine sichere und geregelte Verbindung zwischen den einzelnen Heeresteilen und mit der Heimat schaffen.

Auf den Poststationen herrschte stets reges Leben. Offiziere kamen angeritten, zeigten ihre Täfelchen mit dem eingeritzten Falken vor – und erhielten daraufhin aus dem Reservebestand ein frisches Pferd. Bärtige Cathayer, in weite dick gefütterte Jacken gehüllt, kamen in zweirädrigen überdachten Karren angerollt; und ihre Diener beeilten sich, ein Stückchen von dem kostbaren Ziegeltee abzubrechen, um am Feuer einen warmen Trank zu bereiten. Uigurische Gelehrte – nun anerkannte Mitglieder der Horde – in hohem Samthut, den gelben Mantel über eine Schulter geworfen, hielten Rast an den Stationen. Endlose Kamelkarawanen zogen vorüber und brachten Wollstoffe, Elfenbein und all die Handelsware islamitischer Kaufleute nach der Wüste.

Die Yam war Telegraph, Güterbeförderung und Paketpost, alles in einem. Sie ermöglichte Fremden aus fernsten Gegenden, sicher zu den Mongolen in der Gobi zu reisen. Schmalgesichtige Juden führten ihre mit Waren beladenen Esel oder Karren auf den Poststraßen dahin; Armenier, mit bleichgelber Hautfarbe und eckigem Kinn, ritten vorüber und warfen wohl einen scheuen Blick auf die schweigsamen mongolischen Soldaten, die rings um das Feuer hockten oder schlafend in dem offenen Zelt lagen.

Die Mongolen hielten die Reisestraßen unter strenger Aufsicht. In jeder größeren Stadt eines Distrikts saß ein Daroga, ein Wegegouverneur, der innerhalb seines Bereichs absolute Vollmacht hatte. Ein Sekretär hatte Listen zu führen über alle durchkommenden Personen und den gesamten Güterverkehr.

Die Besatzung der einzelnen Etappenpunkte war nur schwach, nicht mehr als eine kleine Polizeitruppe für den Stationskommandanten. Der Dienst war leicht. Allen Beitreibungen aus der Umgegend mußte Genüge geschehen. Sobald sich nur ein Mongole auf seinem struppigen kleinen Pferd, die lange Lanze am Arm, in der Rüstung aus lackiertem Leder, die unter dem Zobel- oder Rentiermantel hervorblinkte, in einem Dorf zeigte, eilten schon die Bewohner dienstfertig herbei. Die seit alters her in Asien üblichen Diebereien hatten gänzlich aufgehört. Wer würde es auch gewagt haben, nur einen Pferdehalfter den Mongolen zu stehlen, selbst wenn die Wache schlief oder nicht aufzupassen schien.

Armselige Trupps für Karakorum bestimmter Gefangener zogen an den Stationen vorüber: muhammedanische Handwerker aller Art, Schreiner, Waffenschmiede, Metallarbeiter, Ziegelsteinmacher, Teppichweber und Musikanten, die, frierend und mühsam sich dahinschleppend, die öden Inlandsstrecken durchquerten, bewacht nur von einem einzigen Reiter. Wie und wohin hätten sie auch entfliehen sollen?

Auch allerlei seltsames Volk kam dahergewandert: Lamapriester in gelben Hüten, ihre Gebetsräder schwingend, die Augen starr auf die fernen Schneegipfel ihrer Heimat gerichtet; lächelnde, schlitzäugige Buddhistenpilger, nur an die eine Bestimmung ihres Lebens gebunden: den Pfad zu suchen, den der Alleinheilige gewandelt war; barfüßige Asketen, langhaarige Fakire, völlig gleichgültig gegen die Welt um sie her, und graugewandete Nestorianerpriester, geheimnisvollen Wissens kundig, Gebete leise vor sich hin murmelnd.

Und oftmals kam ein Reiter auf schweißbedecktem Pferde angejagt, trieb Priester und Mandarine auseinander und rief, vor den Jurten anhaltend, ein bestimmtes Wort. Sogleich wurde das beste Pferd der Station für ihn herausgeführt. Es war einer der Depeschenträger des Khans, die hundertfünfzig Meilen im Tag ohne Ruhepause zurücklegten.

Diese Yams hat zwei Generationen später Marco Polo beschrieben; er sah sie auf der Reise nach Kambalu*, der damaligen Hauptstadt des Khans.

»Nun muß man wissen, daß die Boten des Kaisers alle fünfundzwanzig Meilen eine Station finden, die sie das ›Pferdeposthaus‹ nennen. Und auf jeder dieser Stationen steht ein schönes, geräumiges Gebäude, das als Unterkunft dient. Alle Zimmer sind mit guten Betten und reichen Seidendecken ausgestattet; auch ein König würde an einer solchen Unterbringung nichts auszusetzen haben.

Manche der Stationen haben vierhundert, andere nur zweihundert Pferde. Selbst wenn die kaiserlichen Boten weglose und völlig unbewohnte Länderstrecken zu durchqueren haben, finden sie, wenn auch in größeren Abständen, diese Poststellen, wo alles Nötige für sie bereitgehalten wird.

Wohl kein Kaiser, König oder regierender Herr hat je soviel Vermögen in ein derartiges Unternehmen gesteckt.

---

* Khan baligh, die Hauptstadt des Königs. Kubilai Khan, Kaiser zu jener Zeit, residierte in China in der Stadt Schanda (das »Dschandu« Marco Polos). Marco Polo berichtet, daß er von Dschandu nach Kambalu sechs Tage brauchte, und er muß lange Märsche gemacht haben.

300000 Pferde besitzt diese Reichspost und mehr als 10000 Gebäude. Die ganze Einrichtung ist so erstaunlich, daß sie sich schwer beschreiben läßt.

Auf diese Art empfängt der Kaiser Depeschen von Orten, die zehn Tagereisen entfernt liegen, innerhalb vierundzwanzig Stunden. Manchmal werden in Kambalu frühmorgens Früchte gepflückt, und am Abend des nächsten Tages stehen sie schon auf der kaiserlichen Tafel in Dschandu.

Für besonders dringliche Nachrichten ist überdies noch ein Schnelldienst eingerichtet, bei dem die Depeschenträger gut zweihundertfünfzig Meilen am Tag und ebensoviel in der Nacht zurücklegen.* Jeder dieser Boten trägt einen breiten weißen Gürtel, ganz mit Schellen besetzt, so daß man das Geklingel schon eine ganze Strecke weit hören kann. Sobald daher der Bote die Stationen erreicht hat, steht schon ein anderer in der gleichen Ausrüstung bereit, der ihm die Depesche abnimmt und zugleich vom Schreiber der Station einen Streifen Papier empfängt. Diese Schreiber, die immer bereit sind, müssen die Ankunfts- und Abgangszeiten jedes Boten genau notieren.

Der neue Bote besteigt ein frisches Pferd der Station, das schon fertig gesattelt bereitsteht, und jagt davon. Hört man auf der nächsten Poststelle das Geläut der Glocken, so wird schleunigst ein ausgeruhtes Pferd fertiggemacht. Die Schnelligkeit, mit der sie reiten, ist bewunderungswürdig. Bei Nacht natürlich geht es bedeutend langsamer,

---

* Das ist offenbar ein Irrtum. Die hier angeführte Stelle ist, leicht gekürzt, der Yule-Cordier-Ausgabe der Marco Poloschen Reiseberichte entnommen.

denn dann müssen sie oft von Fußgängern mit Fackeln begleitet werden.

Diese Eilboten werden sehr hoch bezahlt; und sie würden die scharfen Ritte nicht aushalten können, wenn sie sich nicht Kopf, Brust und Magen fest mit Binden umwikkelten. Als Legitimation trägt jeder ein Täfelchen mit eingeritztem Falken bei sich; und falls ihm unterwegs einmal der Gaul zusammenbricht, ist er auf Grund dieses Erkennungszeichens berechtigt, jedem des Wegs Kommenden das eigene Pferd abzunehmen. Nie würde einer es wagen, sich dagegen zu wehren.«

Diese Poststraßen waren das Rückgrat der mongolischen Verwaltung. Die Darogas in den einzelnen Städten hatten natürlich die Pflicht, den Pferdebestand der Stationen in ihrem Bezirk fortlaufend zu ergänzen und auch Verpflegung und Futter aus der Umgegend beizutreiben. Auch Orte, die mit dem Khan nicht eigentlich im Krieg gestanden hatten, mußten Tribut an die Horde entrichten. Die Yassa, das Gesetzbuch des Khans, wurde für das ganze Reich maßgebend und verdrängte den Koran und die muhammedanischen Richter. Zur genauen Steuereintreibung wurde eine allgemeine Volkszählung angeordnet.

Priester und Prediger jeglichen Glaubens waren von allen Abgaben befreit; so bestimmte die Yassa. Alle von der Horde übernommenen Pferde erhielten den Brandstempel des Eigentümers; die Pferde des Khans wurden besonders gekennzeichnet.

Zur Aufbewahrung der Steuerlisten und der Akten des Darogas richteten die betriebsamen Chinesen und Uiguren den Yemen ein, das Regierungsgebäude. Meist beließ man neben dem Statthalter des Khans einen der höheren Würdenträger des eroberten Gebiets im Amt, der den Mongolen als Vermittler und zur Erteilung von Auskünften diente.

Dem ehrwürdigen Scheikh einer Provinz jedoch verlieh Dschingis Khan oftmals ein Täfelchen mit dem Bild des Tigers, zum Zeichen seiner Machtvollkommenheit. Ein solcher Scheikh konnte gegebenenfalls die Anordnungen der Darogas rückgängig machen und hatte sogar das Recht der Begnadigung zum Tode Verurteilter. Durch dieses begrenzte Maß von Autorität, das der Khan den einheimischen Fürsten beließ, begann sich das Schreckensregiment allmählich etwas zu mildern. Noch war die Zeit nicht gekommen, aber sie war nicht mehr fern, daß sich die eroberten Völker mit gleichem Recht auf die Yassa berufen konnten wie die Mongolen. Vor allem war Dschingis Khan ein Mann von beharrlicher Konsequenz. Nach dem ersten eisernen Zugriff der militärischen Besetzung zeigte er sich meist als duldsamer Herrscher.

Im übrigen aber kümmerte sich der Khan wenig um andere Dinge, außer um seine Armee, die neuen Straßen und die Reichtümer, die aus den eroberten Ländern seinem Volke zuströmten. Seine Offiziere trugen nun die schönsten türkischen Kettenpanzer, und ihre Säbel waren feinste damaszenische Schmiedearbeit. Der Khan selbst legte wenig Wert auf die Kulturgüter des Islams, abgesehen von seinem Interesse für neuartige Waffen und seiner stets regen Wißbegier nach Art und Einrichtung fremder Länder. Er behielt Kleidung und Gebräuche der Gobi bei.

Zuzeiten konnte er milde und nachsichtig sein. Aber er war launisch, und seine Temperamentsausbrüche waren ebenso gefährlich wie unberechenbar. Zu seiner näheren Umgebung gehörte ein Arzt aus Samarkand von ausnehmender Häßlichkeit, ein Augenspezialist, für den der Khan besondere Vorliebe hatte. Dieser Mann, dem die Gunst des Khans zu Kopf stieg, wurde nachgerade zu einer Plage für die mongolischen Offiziere. Er hatte sich darauf versteift, durchaus eine schöne junge Tänzerin zu bekommen, eine Gefangene aus Gurgandsch.

Der Khan, belustigt über dies beharrliche Drängen, befahl schließlich, man möge ihm das Mädchen geben. Doch die Häßlichkeit des Arztes erregte den Ekel der schönen Gefangenen; und nach kurzer Zeit erschien der Verschmähte von neuem vor dem Khan und bat ihn, das Mädchen zum Gehorsam zu bringen. Das aber ging dem alten Mongolen denn doch wider den Strich, und zornentbrannt sprudelte er etwas heraus von Männern, die sich bei Frauen keinen Gehorsam zu erzwingen wissen und zum Verräter würden. Dann hat er den Arzt hinrichten lassen.

Im Herbst dieses Jahres hatte Dschingis Khan die höheren Offiziere zu der üblichen Besprechung zusammengerufen. Jedoch Juchi, sein ältester Sohn, war nicht dazu erschienen; statt seiner kam eine Sendung Pferde als Geschenk mit der Erklärung, daß er krank wäre.

Einige der Generäle mochten Juchi nicht leiden und nannten ihn im Hinblick auf seine zweifelhafte Geburt nur verächtlich »den Tataren«. Sie brachten bei dem Khan vor, daß sein Sohn mit Absicht der Kurultai ferngeblieben wäre. Der alte Mongole ließ sich den Offizier kommen, der die Pferde gebracht hatte, und fragte ihn, ob Juchi wirklich krank wäre.

»Ich weiß es nicht«, gab der Mann aus Kiptschak zur Antwort, »aber als ich fortritt, war er auf der Jagd.«

Mit düsterer Miene zog sich der Khan in sein Zelt zurück, und man erwartete allgemein, er werde gegen Juchi wegen dieses Verbrechens offenen Ungehorsams eine Strafexpedition unternehmen. Statt dessen diktierte er einem seiner Schreiber eine Botschaft, die er sofort durch einen Eilboten nach Westen zu Ssubotai absandte. Er war nicht gewillt, in der Horde durch inneren Zwist Spaltungen aufkommen zu lassen, und hoffte wahrscheinlich auch, sein Sohn werde es nicht zu einer wirklichen Empörung gegen ihn kommen lassen. Denn er hatte Ssubotai den Befehl geschickt, sofort aus Europa* zurückzukehren und Juchi, wo immer dieser sein mochte, nach dem Hauptquartier zu bringen.

---

* Siehe Note X. Beziehungen zwischen europäischen Monarchen und den Mongolen. Seite 287 ff.

20. Kapitel

Die Schlacht am Indus

Indessen flammte in diesem ereignisreichen Herbst der muhammedanische Widerstand von neuem auf. Herat und andere Städte hatten sich gegen den Eroberer empört. Dschelal ed-Din, der tapfere Sohn des toten Schahs, sammelte im Osten eine neue Armee – wie die Beobachtungsposten am Hindukusch meldeten. Dschingis Khan gedachte Tuli, seinen zuverlässigsten General, gegen den charesmischen Prinzen zu entsenden. Doch als er vom Aufstand in Herat Kunde erhielt, schickte er Tuli mit mehreren Divisionen westwärts nach Chorassan.

Er selbst rückte mit 60000 Mann gegen Dschelal ed-Din. Auf dem Marsch dorthin traf er auf die stark befestigte Stadt Bamiyan am Fuß des Koh-i-Baba-Gebirges. Er machte halt, um die Stadt einzuschließen, und entsandte mehrere Divisionen unter einem der Orkhons gegen die neugebildete charesmische Armee.

Von diesem vorgeschobenen General traf dann die Meldung bei Dschingis Khan ein, daß die Mongolen mit der Armee Dschelal ed-Dins – etwa 60000 Mann stark – in Fühlung gekommen wären und sich dessen mehrfachen Versuchen, sie in einen Hinterhalt zu locken, glücklich entzogen hätten; die ferneren Bewegungen dieses unverhofft starken Gegners würden durch Patrouillen dauernd beobachtet.

Wie sich dann herausstellte, hatte Dschelal ed-Din gerade in diesem kritischen Zeitpunkt durch Zuzug einer afghanischen Armee Verstärkung erhalten, die seine Truppenzahl verdoppelte. Und nicht lange danach kam dann auch die Nachricht, daß die vereinigten Türken und Afghanen die Mongolen geschlagen und in die Berge zurückgejagt hätten. Dschingis Khan trieb darauf die Belagerung mit aller Energie vorwärts. Die Verteidiger hatten den ganzen Bezirk rings um die Stadt kahl geschoren und selbst die großen Steine, die als Wurfgeschosse dienen konnten, fortgeschafft. Die Mongolen hatten ihren üblichen Belagerungstrain nicht mit; die hölzernen Türme aber, die sie an die Wälle heranschoben, wurden ständig durch Pfeile und brennendes Naphtha in Brand geschossen – bis dann schließlich das Vieh geschlachtet und das Holzwerk mit den Tierfellen umkleidet wurde.

Dschingis Khan gab Befehl zum Sturmangriff, und der durfte nicht eher aufhören, bis der Platz genommen war. Gleich zu Anfang fiel an der Seite des Khans einer seiner Enkel, dem er sehr zugetan war. Der alte Mongole befahl, die Leiche des jungen Mannes nach den Zelten zurückzuschaffen; er selbst stürzte sich in das Kampfgewühl und drang, seinen Helm abwerfend, durch die Reihen hindurch bis an die Spitze einer der Sturmkolonnen. Angefeuert durch sein persönliches Eingreifen, gelang es den Mongolen, in einer Bresche festen Fuß zu fassen; und nicht lange danach fiel Bamiyan. Moscheen und Paläste wurden niedergerissen, kein menschliches Wesen blieb lebend in den Mauern zurück. Selbst die Mongolen sprachen von Bamiyan als »Mou-baligh«, der Stadt der Schmerzen.

Dschingis Khan rückte unmittelbar darauf nach Süden zur Aufnahme seiner geschlagenen Divisionen, die sich, höchst niedergedrückt über die erhaltenen Prügel, durch das Gebirge rückwärts schlängelten. Dschingis Khan vereinigte sich mit ihnen und lobte ihr tapferes Verhalten. Mit dem unglücklichen Orkhon, der mit Recht Vorwürfe erwartete, ritt er nach dem Schauplatz der Kämpfe zurück; und statt ihn zu tadeln, ließ er sich die Vorgänge auseinandersetzen und besprach mit ihm die gemachten Fehler.

Dschelal ed-Din, in der Niederlage von unbeugsamer Standhaftigkeit, sollte sich im Siege weniger bewähren. Wohl war es für ihn ein Augenblick des Triumphs, als seine Leute die mongolischen Gefangenen zu Tode folterten und die eroberten Pferde und Waffen unter sich verteilten; bald jedoch gerieten die Afghanen in Streit mit seinen Offizieren und verließen ihn.

Dschingis Khan sonderte eine Abteilung zur Beobachtung der Afghanen ab und marschierte mit seiner Hauptmacht gegen Dschelal ed-Din. Dieser wich östlich nach Ghazna aus; aber die Mongolen blieben ihm auf den Fersen. Er entsandte Boten zur Werbung neuer Verbündeter; doch sie fanden sämtliche Gebirgspässe bereits von den Mongolen besetzt und kamen nicht mehr durch. Dschelal ed-Din führte seine Dreißigtausend in beschleunigtem Marsch dem Ausgang des Gebirges zu, um das Tal des Indus zu erreichen.

Seine Absicht war, den Fluß zu überschreiten und dann bei den Sultanen von Delhi Hilfe zu suchen. Doch die Mongolen, die bei Ghazna noch fünf Tagelängen entfernt standen, hatten sich ihm bereits bis auf einen halben Tagesmarsch genähert. Dschingis Khan gönnte seinen Truppen kaum die nötige Essensrast.

Der charesmische Prinz hastete in seiner Bedrängnis so schnell als möglich an den Indus. Dort mußte er aber feststellen, daß der Strom in diesem Teil zu breit und reißend war, als daß man ihn hätte überschreiten können. So blieb ihm nichts übrig, als Front zu machen; er wählte eine Stellung mit der rechten Flanke an eine Flußbiegung gelehnt, die linke durch eine hohe, scheinbar unzugängliche Gebirgskette gedeckt.

Die Ritterschaft des Islams, aus ihrer Heimat verjagt, bereitete sich zur entscheidenden Kraftprobe mit der mongolischen Horde vor. Dschelal ed-Din gab Befehl, alle Boote und Kähne am Flußufer zu zerstören, so daß seinen Truppen jede Möglichkeit zur Flucht abgeschnitten war. Seine Stellung war stark, doch mußte er sie halten – oder untergehen.

Die Mongolen hatten die Dunkelheit zur Annäherung an die feindliche Stellung benutzt und rückten mit Morgengrauen auf der ganzen Linie in Schlachtordnung vor. Hinter dem Zentrum folgte Dschingis Khan mit der Fahne des Oberherrn und den zehntausend Mann seiner Leibgarde, die zunächst nicht in Tätigkeit traten.

Der charesmische Prinz, ungeduldig, die Entscheidung zu erzwingen, führte zuerst seine Truppen zum Angriff vor. Sein rechter Flügel – bei einer muhammedanischen Armee jener Zeit stets die stärkste Division – unter Emir Malik kam mit dem linken mongolischen Flügel ins Gefecht und warf diesen durch einen energischen Vorstoß längs des Flusses zurück. Wie üblich lösten sich die weichenden Mongolen in Schwadronen auf, wurden von einem der Söhne des Khans wieder gesammelt, von neuem vorgeführt und abermals geworfen.

Der rechte mongolische Flügel war auf die hohe und kahle Gebirgskette gestoßen und kam, dadurch behindert, zum Stehen. Dschelal ed-Din nahm von diesem Abschnitt des Kampffeldes einen Teil seiner Kräfte fort und setzte sie auf seinem im Vorgehen begriffenen rechten Flügel unter Emir Malik ein. Im Verlauf des Tages entzog er seinem linken Flügel in den Bergen noch weitere Schwadronen, um damit sein Zentrum zu verstärken.

Entschlossen, alles auf eine einzige Karte zu setzen, machte er mit der Elite seines Heeres einen Vorstoß direkt gegen das Zentrum der Mongolen und brach sich bis zur Fahne des Oberherrn Bahn in der Hoffnung, hier den Khan zu finden. Doch dieser hatte, nachdem ihm ein Pferd unter dem Leib erschossen worden war, ein anderes bestiegen und war davongeritten.

Schon schien sich der Sieg endgültig den Charesmiern zuzuneigen. Über das Geklirr des aneinanderprallenden Stahls, den harten Aufschlag flüchtiger Hufe und das Wimmern der Verwundeten erhob sich das Triumphgeschrei der Muhammedaner.

Das Zentrum der Mongolen hielt, wenn auch mit äußerster Mühe, noch stand. Dschingis Khan hatte wohl beobachtet, daß der feindliche Flügel in den Bergen durch Fortnahme von Truppen nahezu entblößt war. Nun ließ er einen seiner Divisionskommandeure, Bela Noyon, kommen und befahl ihm, unter Führung von Landesbewohnern, die verborgene Pfade kannten, in das Gebirge einzudringen und, koste es, was es wolle, die Höhenkette zu überschreiten. Es war das berühmte Umgehungsmanöver der Mongolen, der »Fahnenschwung«.

Die Division folgte den Führern durch abgrundtiefe Schluchten und über schwindelnde Steilpfade. Manch einer stürzte in die Tiefen; doch der größte Teil erreichte am Spätnachmittag den Höhenkamm und erschien nun im Rücken des Feindes. Die charesmische Flanke war über die scheinbar unzugängliche Höhenkette hinweg umgangen. Die wenigen Kräfte, die Dschelal ed-Din zur Verteidigung der Berge dort belassen hatte, wurden überrannt und Bela Noyon stieß unmittelbar gegen das feindliche Lager vor.

Inzwischen hatte Dschingis Khan die Führung seiner Leibgarde übernommen und die zehntausend Mann schwerer Kavallerie zunächst nicht in das bedrohte Zentrum geworfen, sondern auf seinem weichenden linken Flügel eingesetzt. Durch seinen Angriff wurden die hier kämpfenden Divisionen Emir Maliks geworfen. Der Khan hielt sich nicht mit ihrer Verfolgung auf, sondern ließ seine Schwadronen rechts einschwenken und führte sie gegen die Flanke der Truppen Dschelal ed-Dins im Zentrum, wodurch er dieses von dem rechten charesmischen Flügel abschnitt.

Durch die Feldherrnkunst Dschingis Khans, der die Bewegungen auf dem Schlachtfeld mit der gleichen Präzision leitete, wie man auf dem Schachbrett einen Gegner mit wenigen Zügen matt setzt, waren die Muhammedaner in eine völlig hoffnungslose Lage geraten. Und das Ende kam rasch und unabwendbar. Nach einem letzten verzweifelten Vorstoß gegen die mongolische Leibgarde versuchte Dschelal ed-Din mit den Resten seiner tapferen, aber schwer mitgenommenen Truppen den Rückzug nach dem Fluß zu gewinnen. Die Mongolen verfolgten ihn, rieben seine Schwadronen auf, indes von der anderen Seite Bela Noyon nachdrückte. Als er zuletzt das Steilufer des Indus erreichte, waren ihm nicht mehr als siebenhundert Mann geblieben.

Da er alles verloren sah, legte er seine Rüstung ab, bestieg, nur mit Schwert, Bogen und Köcher bewaffnet, ein frisches Pferd und zwang es, das Steilufer hinab in den reißenden Strom zu springen, um jenseits das rettende Ufer zu gewinnen.

Dschingis Khan hatte Befehl gegeben, den Prinzen lebend zu fangen. Die Mongolen hatten die letzten der Charesmier umzingelt; der Khan trieb sein Pferd durch die Kämpfenden hindurch, um den Fluß zu erreichen, von dessen zwanzig Fuß hohem Ufer er den Reiter hatte hinabspringen sehen. Eine Zeitlang blickte er schweigend nach dem mit den Wogen kämpfenden Dschelal ed-Din. Und, den Finger an die Lippen legend, sprach er ein Wort rückhaltloser Anerkennung.

»Das Glück sollte der Vater eines solchen Sohnes sein.«

Einige der Mongolen wollten dem Flüchtling nachspringen, aber der Khan ließ es nicht zu. Er beobachtete, wie Dschelal ed-Din trotz reißender Strömung glücklich das ferne Ufer erreichte. Aber bei aller Bewunderung der Bravour des charesmischen Prinzen war er doch nicht gewillt, ihn zu schonen. Am nächsten Tage entsandte er eine Division zur Verfolgung, die an geeigneter Stelle den Fluß überschreiten sollte. Betraut wurde mit dieser Aufgabe ebenjener Bela Noyon, der über die Felspfade des Gebirges hinweg die feindliche Stellung umgangen hatte.

Bela Noyon verwüstete Multan und Lahore, nahm die Spur des Flüchtenden auf, verlor sie aber wieder in den dichtbevölkerten Distrikten auf dem Wege nach Delhi. Das erdrückend heiße Klima setzte den Gobinomaden böse zu; Noyon sah sich gezwungen umzukehren und meldete dem Khan:

»Die Hitze dieser Gegend erschlägt mir meine Leute; und das Wasser ist weder frisch noch sauber.«

So blieb Indien – von den nördlichsten Teilen abgesehen – der Mongoleneinfall erspart. Dschelal ed-Din rettete sein Leben, aber seine Zeit war vorüber. Er kämpfte weiter gegen die Horde, aber jetzt nur noch als Parteigänger, ein Abenteurer ohne Land und Besitz.

Die Schlacht am Indus wurde das Grab der muhammedanischen Ritterschaft. Von Tibet bis zum Kaspischen Meer erlosch jeder weitere Widerstand; die Überlebenden des Islams waren zu Sklaven des Eroberers geworden. Und mit der Beendigung des Feldzugs wandten sich auch jetzt, wie damals nach der Bezwingung von Cathay, die Gedanken des alten Mongolen wieder der Heimat zu.

»Meine Söhne werden sich wünschen, in solchen Ländern und Städten zu leben«, sagte er, »ich aber kann es nicht.«

Das ferne Asien verlangte nach seiner Anwesenheit. Muhuli war gestorben, nachdem er die Chinesen noch fester in das mongolische Joch gezwungen hatte; unter den Khansräten in der Gobi war Streit und Hader ausgebrochen; in den Königreichen der Hsia gärte offener Aufstand. Dschingis Khan zog mit der Horde den Indus aufwärts. Er wußte, daß es bis zum Land der Hsia an den jenseitigen Hängen Tibets nicht mehr als siebenhundert

Meilen sein konnte, wenn er die langen Täler von Kaschmir aufwärts marschierte. Doch wie vor ihm Alexander, fand er den Weg durch unübersteigliche Gebirgsmassive blockiert. Klüger als der enttäuschte Alexander drehte er ohne Zögern um und nahm wieder den alten Weg um das Dach der Welt herum der Karawanenstraße zu, die er bei seinem ersten Vormarsch eingeschlagen hatte.

Er erstürmte Peschawar und marschierte in Richtung Samarkand weiter. Im Frühling des Jahres 1220 hatte er zum erstenmal die Mauern und Gärten von Samarkand erblickt; und nun, im Herbst 1221, war seine Aufgabe jenseits des Daches der Welt vollbracht.

»Es ist an der Zeit«, meinte auch der kluge Ye Liu Chutsai, »ein Ende mit dem Totschlagen zu machen.«

Als die Horde die letzten Ruinen im Süden hinter sich hatte, gab der Khan Befehl zur Niedermachung sämtlicher Gefangener, und so fanden all die Unglücklichen, die die Nomaden mitgeführt hatten, ihren Tod. Die Frauen der muhammedanischen Fürsten, zur Mitnahme nach der Gobi bestimmt, führte man auf eine freie Anhöhe, von der aus sie ein letztes Mal klagend den Blick auf ihr Heimatland richten konnten.

Bisweilen schien den alten Mongolen doch das Urteil der Welt über seine Taten zu beschäftigen.

»Glaubst du«, fragte er einen Gelehrten des Islams, »daß die Menschheit mit mir rechten wird wegen des Bluts, das ich vergossen habe?« Er kam auf das höhere Wissen des Islams und Chinas zu sprechen, das er sich bemüht hatte zu verstehen und über das er achtlos hinweggegangen war. »Ich habe über die Erkenntnisse eurer Weisen nachgedacht. Ich sehe jetzt, daß ich getötet habe, ohne zu wissen, was das Rechte ist. Aber was kümmern mich jene Männer!«

Die in Samarkand angesammelten Flüchtlinge, die furchterfüllt aus der Stadt mit reichen Geschenken ihm entgegenkamen, empfing er freundlich. Er sprach zu ihnen und erinnerte sie erneut an die Unfähigkeit ihres letzten Schahs, der weder ein Versprechen halten noch sein Land hatte verteidigen können. Er erwählte Statthalter aus ihren Reihen und gewährte ihnen eine Art Selbstverwaltung – einen Anteil am Rechtsschutz der Yassa. Diese Völker sollten noch lange Zeit von seinen Nachkommen beherrscht werden.

Der Eroberer spürte die Narben alter Wunden und mochte wohl ahnen, daß seine Zeit hienieden bald abgelaufen war. Er wünschte, alles in Ordnung zurückzulassen – jede Rebellion unterdrückt, die Yassa fest verankert und seine Söhne im anerkannten Besitz der Herrschaft.

Über alle Poststraßen hin schickte er Boten an sämtliche höheren Offiziere mit der Weisung, sich zu einer großen Ratsversammlung am Ufer des Syr einzufinden, nahe der Stelle, wo er zum erstenmal den Boden des Islams betreten hatte.

21. Kapitel

Die große Kurultai

Zum Versammlungsort hatte man ein Wiesengelände, sieben Meilen im Umkreis, ausgewählt – einen idealen Platz nach mongolischen Begriffen: Wasservögel bevölkerten die sumpfigen Niederungen am Fluß, Goldfasanen strichen durch das hohe Gras, Weiden und jagdbares Wild gab es im Überfluß. Es war im ersten Frühjahr, die übliche Zeit für die Kurultai.

Und pünktlich dem Rufe Folge leistend, begannen die Führer der Horde einzutreffen. Nur der unternehmungslustige Ssubotai, der aus Europa zurückgerufen wurde, verspätete sich.

Aus allen Richtungen des Windes strömten sie herbei, die Adler des Kaiserreichs, Heerführer von weitentfernten Grenzen, Tar-Khans der Steppen, unterworfene Könige und Gesandte. Von weither waren sie herbeigereist zu dieser Pairstagung der Nomaden. Und nicht in dürftiger Aufmachung erschienen sie. Die Kibitkas aus Cathay wurden von auserwählten Ochsenpaaren gezogen; vom seidenüberzogenen Verdeck flatterten eroberte Fahnen.

Die Offiziere von den Hängen Tibets kamen in vergoldeten und lackierten Kutschen, gezogen von langen Reihen langhaariger Yaks mit weißen Hörnern und seidig weißen Schweifen – Tiere, die bei den Mongolen in hoher Verehrung standen. Tuli, der Meister des Kriegs, der von Chorassan kam, brachte Herden von weißen Kamelen mit. Chatagai, aus den Schneeregionen der Berge herabsteigend, trieb hunderttausend Pferde vor sich her. Diese Generalität der mongolischen Horde trug silber- und goldgestickte Kleider unter reichen Zobelmänteln, darüber wiederum Hüllen aus grauem Wolfsfell zum Schutz all dieser Pracht.

Vom T'ianschan kam der Idikut der Uiguren, der Wertgeschätzteste der Verbündeten, und der »Löwenkönig« des Christenvolks; Kirgisenhäuptlinge mit breiten knochigen Gesichtern und schlanke hochgewachsene Turkmenen, stattlich angetan, erschienen, um dem Eroberer ihre Huldigung darzubringen.

Die Pferde waren nun nicht mehr in gehärtetes Leder gehüllt, sondern mit klirrenden Kettenpanzern behangen; das Zaumzeug glänzte in reichem Silberschmuck und funkelte von Edelsteinen.

Aus der Gobi erschien ein vielgerühmter Knabe, Kubilai, der Sohn des Tuli, damals neun Jahre alt. Es war ihm gestattet worden, an seiner ersten Jagd teilzunehmen, ein wichtiges Ereignis für einen Kaiserenkel; und Großvater Dschingis Khan vollzog mit eigener Hand die Einführungszeremonien.

Die Führer der Horde versammelten sich nun im Tagungsraum der Kurultai, einem weißen Pavillon, der zweitausend Personen fassen konnte. Einer der Eingänge war ausschließlich dem Kaiser vorbehalten. Die Schildträger, die vor dem nach Süden gehenden Haupteingang aufgestellt waren, fungierten lediglich als Ehrenwache. Die

Disziplin der Horde war so straff und die Autorität der Reichsgewalt so unantastbar, daß es nie jemand gewagt hätte, den Bereich des kaiserlichen Hoflagers unbefugt zu betreten.

Hatten die Führer der Horde und die unterworfenen Könige früher dem Khan eroberte Pferde, Waffen und Frauen nach der Gobi gesandt, so häuften sie jetzt die kostbarsten Schätze der Erde als Geschenke vor ihm auf. »Noch nie hat man je zuvor einen solchen Glanz und Reichtum beieinander gesehen«, schreibt der Chronist.

Anstatt an heimatlicher Stutenmilch, ergötzten sich jetzt die Prinzen und Herren an Honigmet und den roten und weißen Weinen Persiens. Der Khan selbst liebte vor allem die Weine aus Schiras.

Der Kaiser saß jetzt auf dem goldenen Thron Muhammeds, den er von Samarkand mitgeführt hatte; neben ihm lagen Zepter und Krone des einstigen Oberherrn des Islams. Wenn der Rat sich versammelte, wurde die Mutter des toten Schahs, an den Händen mit Ketten gefesselt, hereingeführt. Unmittelbar vor dem Thron aber lag ein viereckiges Stück grauer Filz, aus Tierhaaren gewebt, das alte Herrschaftssymbol der Gobi.

Den versammelten Führern aus dem Osten gab er Bericht über die Feldzüge der letzten drei Jahre:

»Ich habe mir ein großes Reich geschaffen vermöge der Yassa«, sagte er mit ernstem Nachdruck. »Denkt immer daran, in Gehorsam vor dem Gesetz zu leben.«

Der kluge Mongole verschwendete kein Wort, sich seiner Taten zu rühmen; ihm lag vor allem daran, das Gesetz als ein Unantastbares aufzurichten. Es bedurfte keiner persönlichen Führung und Anleitung seiner Offiziere mehr.

Sie waren jetzt imstande, selbständig Krieg zu führen; und gerade deshalb sah er klaren Blicks die große Gefahr einer Zersplitterung des Reichs. Um die Größe und Ausdehnung seines Herrschaftsgebiets allen Augen deutlich sichtbar zu machen, ließ er jeden der erschienenen Gesandten einzeln vor seinen Thron kommen. An seine drei Söhne richtete er eine ernste Warnung: »Laßt niemals Streit zwischen euch aufkommen. Bleibt stets Ogotai treu und ergeben.«

Danach fanden einen Monat lang Festlichkeiten zu Ehren der Kurultai statt; und dazu trafen auch zwei hochwillkommene Gäste ein: Ssubotai kam vom Grenzland Polens herbeigeritten und brachte Juchi mit.

Der vielerprobte Orkhon hatte Juchi ausfindig gemacht und ihn zu überreden gewußt, zur Ratstagung zu kommen und wieder vor dem Khan zu erscheinen. So trat denn Juchi vor das Angesicht seines Vaters, kniete nieder und legte seine Hand an die Stirn. Der alte Dschingis Khan, der seinen Erstgeborenen sehr liebte, war innerlich tief bewegt – wenn er auch alle Gefühlsäußerungen vermied. Juchi hatte seinem Herrn aus den kaspischen Steppen eine Gabe von hunderttausend Kiptschak-Pferden mitgebracht. Da er aber höfischem Leben abgeneigt war, bat Juchi seinen Vater, nach der Wolga zurückkehren zu dürfen, was ihm auch gewährt wurde.

Die Kurultai nahm ihr Ende. Chatagai ritt in seine Berge zurück; die übrigen der Horde brachen nach Karakorum auf. Die Chronik berichtet, daß Dschingis Khan während der Reise Ssubotai täglich an seine Seite rief, um sich von dessen Erlebnissen in der westlichen Welt erzählen zu lassen.

22. Kapitel

Die Aufgabe ist erfüllt

Es sollte Dschingis Khan nicht vergönnt sein, den Rest seines Lebens in der Heimat zu verbringen. Alles war für seine Söhne geordnet, bis auf zwei Dinge. Innerhalb der Welt, soweit der Khan sie kannte, hatten sich noch zwei feindliche Mächte seiner Herrschaft zu entziehen gewußt: der rebellische König der Hsia am Rande von Tibet und die alte Sung-Dynastie in Südchina. Dschingis Khan verbrachte ein halbes Jahr in Karakorum an der Seite Burtais und inmitten seines heimatlichen Volks; dann stieg er wieder in den Sattel. Ssubotai wurde ausgeschickt, um in die Länder des Sung-Kaisers einzufallen; er selbst übernahm die Aufgabe, mit den Nomadenstämmen der Hsia ein für allemal abzurechnen.

Und so geschah es. Zur Winterszeit marschierte er über zugefrorene Sümpfe und stieß auf die vereinigten Feinde früherer Tage, die zu seinem Empfang schon bereitstanden – Überlebende aus Cathay, Armeen aus dem westlichen China, Türken und die gesamten Streitkräfte der Hsia. Die Chronik gewährt uns einen Blick auf das blutige Schauspiel grimmigster Vernichtung – wie die pelzverhüllten Mongolen auf dem Eis des Flusses hin- und herkämpften; wie die Verbündeten, schon des Sieges gewiß, in geschlossener Masse gegen die Veteranen im Zentrum des Khans, das Herz der Horde, vorstießen. Annähernd dreihunderttausend Mann müssen in diesem mörderischen Kampf gefallen sein.

Und dann das Nachspiel. Umgangen, aufgerieben, niedergekämpft wandten sich die Reste zur Flucht. Auf der Verfolgung machten die Mongolen nieder, was sie an Waffenfähigen antrafen. Der König der Hsia hatte sich auf einer Bergfeste, umgeben von unzugänglichen Schneeschluchten, in Sicherheit gebracht. Haß und Rachegelüst hinter der Maske der Freundschaft verbergend, bot er dem siegreichen Khan seine Unterwerfung an und bat, das Vergangene vergessen sein zu lassen.

»Sagt eurem Herrn«, erwiderte Dschingis Khan den Gesandten, »daß ich kein Verlangen trage, mich des Vergangenen zu erinnern. Ich werde ihm freundlich gesinnt bleiben.«

Doch noch durfte der alte Khan das Schwert nicht an die Wand hängen. Zuvor mußte erst das Volk der Sung gedemütigt werden, wie es mit allen anderen Gegnern geschehen war. Um die Wintersonnenwende rückte die Horde gegen die Grenzen des alten China vor. Der kluge Ya Liu Chutsai wagte Einwendungen gegen die Vernichtung der Sung zu machen.

»Wenn auch dieses Volk erschlagen wird, wie kann es dir dann Beistand leisten und zum Wohl deiner Söhne arbeiten?«

Der alte Eroberer mochte sich wohl daran erinnern, daß die Gelehrten Cathays ihm einst geholfen hatten, in den zur Wüste verwandelten Ländern eines dichtbevölkerten Reichs wieder Ordnung zu schaffen. Er dachte eine Weile nach und antwortete dann unvermutet: »So sei du denn Herr des unterworfenen Volkes – diene du meinen Söhnen in Treue.«

Auf die militärische Eroberung des Sungreiches jedoch wollte er nicht verzichten. Das wenigstens sollte noch zu Ende geführt werden. So blieb er im Sattel und führte seine Armeen über den Gelben Fluß. Während des Übergangs kam die Nachricht vom Tode Juchis in den fernen Steppen. Der Khan ordnete an, daß man ihn in seinem Zelt allein ließe; und in einsamer Klage trauerte er um seinen Erstgeborenen.

Vor nicht langer Zeit war der junge Sohn Ogotais vor Bamiyan an seiner Seite gefallen, und damals hatte er dem Vater befohlen, keinen Kummer zu zeigen. »Gehorche mir darin. Dein Sohn ist tot. Ich verbiete dir zu weinen.«

Nun verriet auch er nach außen hin nichts von seinem Schmerz über den Tod Juchis. Die Horde zog weiter, alles ging wie sonst; doch der Khan sprach weniger mit seinen Offizieren, und man bemerkte, daß die Nachricht eines neuen Sieges kaum Eindruck auf ihn zu machen schien noch ihm irgendeine Äußerung entlockte. Als die Horde in einen dichten Tannenwald eintrat, an dessen schattigen Stellen trotz der schon warmen Sonne noch Schnee lag, gab er das Kommando zum Halten.

Er befahl, sofort Eilboten an Tuli abzusenden, den am nächsten erreichbaren seiner Söhne. Als Tuli, der Meister des Kriegs, vor der Jurte des Khans vom Pferde stieg und das Innere betrat, fand er seinen Vater in Decken und Pelze gehüllt auf einem Teppich dicht am Feuer liegen.

»Ich fühle«, begrüßte der alte Mongole den Prinzen, »daß ich alles hier lassen und von dir gehen muß.« Er war seit einiger Zeit krank und wußte, daß die Krankheit sein Leben dahinraffte. Er ließ alle Generäle an sein Lager kommen und gab ihnen genaue Verhaltungsmaßregeln über die Weiterführung des Krieges gegen die Sung, den er selbst nicht mehr zu Ende bringen konnte. Er bestimmte, daß Tuli über alle Länder im Osten, Chatagai über die im Westen herrschen sollte; Ogotai aber sollte der Oberherr aller sein, der Kha Khan in Karakorum.

Wie ein echter Nomade, der er stets geblieben war, starb er ohne Klage. Er hatte im Beginn seines Lebens kaum ein paar Zelte und Herden besessen und hinterließ jetzt seinen Söhnen eines der größten Kaiserreiche und die bestgeschulte der Armeen. Es war im Jahre 1227, dem Jahr der Maus im Kreis der Zwölf Tiere.

Die Chronik berichtet, daß Dschingis Khan während seiner letzten Krankheit Vorsorge zur Beseitigung seines alten Feindes, des Königs der Hsia, getroffen hatte, der auf dem Wege zur Horde war. Der Khan befahl noch, daß sein Tod geheimzuhalten wäre, bis das erledigt sein könnte.

Vor der weißen Jurte des Oberherrn, die abseits im Lager stand, wurde eine Lanze mit der Spitze nach unten in den Boden gesteckt. Astrologen und Gelehrte, die kamen, um dem Khan aufzuwarten, wurden von den Wachen zurückgewiesen; und allein die höheren Offiziere gingen im Zelt ein und aus, so als wäre ihr Führer nur unpäßlich und gäbe vom Bett aus seine Befehle. Als der König von Hsia mit seinem Gefolge bei den Mongolen eintraf, wurden die Besucher zu einem Willkommenfest geladen und, mit Ehrenkleidern beschenkt, zwischen die Offiziere der Horde gesetzt. Im Verlauf des Mahls wurden sie sämtlich niedergemacht.

Und die Orkhons und Prinzen der Horde, tief bestürzt über den Tod dieses scheinbar unbezwinglichen Mannes, der sie zu Herren über alle Schätze der Welt gesetzt hatte, machten sich nun auf den Weg, um die Leiche nach der Gobi zu bringen. Der Sitte gemäß mußte der Tote vor der Beerdigung dem Volke öffentlich gezeigt und vor den Wohnsitz Burtais, seiner ersten Frau, getragen werden.

Dschingis Khan war in den Ländern des Sung-Kaisers gestorben; und um zu verhüten, daß die Feinde seinen Tod erführen, wurde alles, was dem Leichenzug unterwegs begegnete, niedergemacht. Aber bei der Ankunft am Rande der Wüste begannen die Krieger, jene Veteranen langer Feldzüge, laut ihre Klage zu erheben, indes sie zu seiten des Leichenwagens dahinritten.

Es schien ihnen undenkbar, daß der große Khan nicht mehr mit der Fahne ihnen vorangehen, sie nicht mehr nach Geheiß seines Willens kreuz und quer durch die Länder schicken sollte.

»O Bogdo, Großer Herr«, rief ein grauhaariger Tarkhan »willst du uns denn wirklich verlassen? Sieh, dein Heimatland und seine Flüsse erwarten dich, dein beglücktes Land mit seinem goldenen Haus, das Helden rings umstehen, erwartet dich. Warum bist du von uns gegangen in diesem heißen Land, wo so viele deiner Feinde erschlagen liegen?«

Und andere nahmen die Klage auf, während sie die weite einsame Steppe durchquerten. Die Chronik hat uns eins dieser Trauerlieder überliefert. Es lautet etwa:

»Ehedem bist du dem Falken gleich niedergestoßen auf den
  Feind; nun trägt ein rumpelnder Karren dich dahin,

Die Aufgabe ist erfüllt

Oh, mein Khan!
Hast du wirklich deine Frau und deine Kinder verlassen, und den Rat deines Volkes?
Oh, mein Khan!
Wie der Adler stolz seine Schwingen entfaltet, führtest du uns zur Schlacht; aber jetzt bist du gestrauchelt und gestürzt.
Oh, mein Khan!«

Die Leiche des Eroberers wurde nicht nach Karakorum gebracht, sondern in jene heimatlichen Täler, wo er einst als Knabe jahrelang um sein Leben und um sein rechtmäßiges Erbe gekämpft hatte. Boten eilten nach allen Richtungen über die Steppen hin, um sämtlichen Orkhons, Prinzen und Generälen in den entferntesten Ländern vom Tode des Khans Nachricht zu geben.

Als der letzte der Offiziere herbeigeritten kam und vor der Jurte des Toten aus dem Sattel stieg, wurde die Leiche nach ihrem Ruheplatz gebracht – höchstwahrscheinlich in jenem Wald, den er sich selbst dazu auserwählt hatte. Unter einem hohen, einzeln stehenden Baum wurde er bestattet. Die genaue Lage des Grabes ist niemals bekanntgeworden.*

Die Mongolen erzählen, daß ein bestimmter Clan von

---

* Ein Nachkomme des Eroberers, der Fürst von Kalachin, glaubt, daß das Grab des großen Khans im Lande Ordos liegt, zwischen der Ho-Beuge und der Großen Mauer, unweit Edschenschoro. Die Mongolen sollen alljährlich mit dem Schwert, Sattel und Bogen Dschingis Khans zum Grab kommen und seinen Manen Opfer darbringen. Auch gibt es eine Legende unter den Mongolen, wonach an einem bestimmten Tage jedes Jahres ein weißes Pferd am Grabe erscheint.

jedem Militärdienst befreit wurde und die Aufgabe erhielt, über die Ruhestätte zu wachen und an dem Grabe Tag und Nacht Weihrauch zu verbrennen, bis der Wald ringsum herangewachsen und der Baum, unter dessen Schatten er ruhte, zwischen den anderen verschwunden war, womit auch die letzte Spur des Grabes sich verwischte.*

---

* Siehe Note XI. Das Grab des Dschingis Khan. Seite 292 ff.

VIERTER TEIL

Nachwort

Zwei Jahre dauerte die Trauer um den toten Khan. Während dieser beiden Jahre übernahm Tuli die Regentschaft mit dem Sitz in Karakorum; und als dann die festgesetzte Zeit abgelaufen war, versammelten sich die Prinzen und Generäle des ganzen Reichs in der Gobi, um nach der Bestimmung des Verstorbenen den neuen Kha Khan und Kaiser zu wählen.

Chatagai, der älteste Sohn, von schroffem und herrischem Wesen, kam aus Zentralasien und den muhammedanischen Ländern; der heitere und umgängliche Ogotai aus dem Binnenland der Gobi; Batu, der »Herrliche«, Sohn des Juchi, von den Steppen Rußlands. Sie waren nun rechtmäßige Monarchen – kraft des ihnen nach dem Willen Dschingis Khans gesetzlich übertragenen Erbes.

Von früher Jugend an bis zum Mannesalter hatten sie als mongolische Clansmänner gelebt, nun geboten sie als unumschränkte Herren über weite Teile der Welt und verfügten über Reichtümer, die sie nicht einmal dem Namen nach gekannt hatten. Es waren Asiaten, inmitten von Barbaren groß geworden, und jedem der Vier stand eine starke und geschulte Armee zur Verfügung. In ihrem Herrschaftsbereich bot sich ihnen aller Glanz der Zivilisation, und sie kannten den lockenden Reiz üppiger Lebensführung. »Meine Nachkommen«, hatte Dschingis Khan gesagt, »werden in goldgestickten Gewändern umhergehen; sie werden erlesene Speisen essen und auf herrlichen Pferden reiten. Junge schöne Frauen werden sie umarmen, und sie werden nicht mehr daran denken, wem sie all diese wünschenswerten Dinge zu verdanken haben.«

Es schien nahezu unvermeidlich, daß es nach diesen zwei Jahren völliger Selbstherrlichkeit zum Streit zwischen den Thronanwärtern und zu einem Krieg um das Erbe kommen mußte; um so mehr, als Chatagai nun der Älteste war und nach mongolischem Brauch ein Recht auf die Khanswürde hatte. Aber der Wille des Eroberers hatte sich den Gemütern unverbrüchlich eingeprägt. Die Disziplin, mit eiserner Faust aufgerichtet, schweißte die widerstrebenden Geister über seinen Tod hinaus zusammen. Unterordnung – Treue gegen die Brüder – Verbot aller Streitigkeiten – die Yassa als ehernes Gesetz!

Oft genug hatte Dschingis Khan sie warnend darauf hingewiesen, daß sie ihre Besitztümer verlieren und zugrunde gehen würden, wenn sie nicht einig blieben. Das neue Kaiserreich – darüber war er sich nicht im Zweifel – konnte nur durch die Oberherrschaft eines einzigen zusammengehalten werden. Und nicht Tuli, den Kriegshelden, noch den starrsinnigen Chatagai hatte er zur Nachfolge bestimmt, sondern den großzügigen und zuverlässigen Ogotai. Kluge Einsicht in das Wesen seiner Söhne hatte ihn zu dieser Wahl veranlaßt. Chatagai würde sich niemals Tuli, dem Jüngsten, untergeordnet haben; und der »Meister des Kriegs« würde wohl sehr bald mit dem schroffen Wesen seines ältesten Bruders in Konflikt geraten sein.

Als die Prinzen in Karakorum versammelt waren, legte Tuli, der »Ulugh Noyon«, der Höchste der Adligen, die Regentschaft nieder, und Ogotai wurde die Kaiserwürde angetragen. Doch der Meister des Rats lehnte ab mit der Begründung, daß es ihm nicht anstände, seinem älteren Bruder und seinen Onkeln vorgezogen zu werden. Ob nun Ogotais beharrliche Weigerung der Grund war oder die ungünstig gedeuteten Vorzeichen der Wahrsager, jedenfalls vergingen vierzig Tage in Sorge und Ungewißheit. Schließlich wandten sich die Orkhons und älteren Krieger mit energischen Vorhaltungen an Ogotai: »Was willst du eigentlich?« sagten sie. »Der Khan hat dich doch persönlich zu seinem Nachfolger erwählt.«

Auch Tuli gemahnte seinen Bruder an die letzten Worte seines Vaters, und Ye Liu Chutsai strengte all seinen Verstand an, um eine mögliche Katastrophe zu verhüten. Tuli wandte sich besorgt an den Oberastrologen und befragte ihn, ob der heutige Tag nicht etwa ungünstig wäre.

»Nach diesem Tag wird kein Tag mehr günstig sein«, antwortete der Cathayer ohne Zögern.

Darauf drängte man Ogotai, ohne weiteren Verzug die Kaiserwürde anzunehmen. Und als dann der neue Herrscher den goldenen Thron mit dem Baldachin aus weißem Filz bestiegen hatte, trat Ye Liu Chutsai an seine Seite und wandte sich an Chatagai.

»Du bist der Ältere«, sagte er zu ihm, »aber du bist jetzt Untertan. Und da du der Ältere bist, so ergreife den Augenblick, der erste zu sein, der sich vor dem Thron niederwirft.«

Nach einem Augenblick des Zögern warf sich Chatagai auf die Knie vor seinem Bruder. Alle Offiziere und Edlen im Thronpavillon folgten seinem Beispiel, und Ogotai war als der Kha Khan anerkannt. Dann trat man ins Freie und beugte sein Haupt nach Süden, der Sonne zu, und die Menge rings im Lager folgte dem Beispiel.

An die Kaiserwahl schloß sich eine Reihe von Festen. Die aus allen Ecken der Welt zusammengetragenen Schätze und Reichtümer, die Dschingis Khan hinterlassen hatte, wurden unter die Prinzen, die Offiziere und mongolischen Soldaten verteilt.* Der neue Kaiser begnadigte alle, die seit dem Tode seines Vaters eines Verbrechens angeklagt waren.

Ogotai zeigte sich, für einen Mongolen jener Tage, als ein milder Herrscher und hörte auf den Rat des klugen Ye Liu Chutsai**, der sich mit wahrem Heroismus bemühte, das Reich seines Herrn innerlich zu festigen und zugleich die Mongolen an weiterer Menschenausrottung zu hindern. Er wagte es sogar, dem schrecklichen Ssubotai in den Arm zu fallen, der zusammen mit Tuli gegen das Sung-Reich Krieg führte und die gesamte Einwohnerschaft einer großen Stadt niederzumetzeln wünschte. »Während all dieser Jahre«, meinte der kluge Kanzler, »haben unsere Armeen vom Fleiß und von der Arbeit der dortigen Bevölkerung gelebt. Wenn wir aber die Menschen erschlagen, was kann uns dann das entblößte Land noch nützen?«

Ogotai gab ihm recht, und so wurden eineinhalb Mil-

---

* Es gibt eine Legende, wonach vierzig schöne Jungfrauen in juwelenbesetzten Gewändern und vierzig edle Hengste nach dem Grabe Dschingis Khans geführt und dort geopfert wurden.
** Siehe Anmerkung XII und XIII. Ye Liu Chutsai und Ogotai. Seite 294 ff., 297 ff.

lionen Chinesen, die in jener Stadt flüchtend zusammengeströmt waren, vom Tode errettet. Ye Liu Chutsai führte auch eine einheitliche Steuergesetzgebung ein; die Abgabe betrug bei den Mongolen ein vom Hundert der Viehherden, in Cathay eine bestimmte Summe Gold oder Silber von jeder Familie. Ferner schlug er Ogotai vor, die höheren Stellen bei der Verwaltung und dem Finanzwesen durch gelehrte Cathayer zu besetzen.

»Um eine Vase zu machen, brauchst du einen Töpfer«, führte er aus, »um Akten und Rechnungen zu führen, muß man Studierte verwenden.«

»Schön«, meinte der Mongole, »nimm dir also, soviel du brauchst.«

Während sich Ogotai einen neuen Palast erbaute, errichtete Ye Liu Chutsai Schulen für die Mongolenkinder. Nach Karakorum, bekannt jetzt als »Ordu-Baligh«, Stadt des Hofes, gelangten täglich fünfhundert Wagen, beladen mit Getreide und Lebensmitteln aller Art für die Vorratsspeicher und mit Kostbarkeiten für die Schatzkammern des Kaisers. Die Herrschaft des Wüstenkhans über die eine Hälfte der Welt war fest und sicher gefügt.

Das Reich des großen Eroberers fiel nicht wie das Alexanders nach seinem Tode auseinander. Dschingis Khan hatte seine Mongolen zum Gehorsam gegen einen Herrn erzogen; er hatte ihnen ein unumstößliches Gesetzbuch gegeben, primitiv, aber durchaus zweckentsprechend, hatte ferner noch während der militärischen Eroberung die Grundlagen zu einer geordneten Verwaltung des Reiches gelegt. In dieser letzten Aufgabe war ihm Ye Liu Chutsai eine unvergleichliche Hilfe.

Wohl die bedeutendste Erbschaft, die Dschingis Khan

seinen Söhnen hinterlassen hatte, war das mongolische Heer. Seinem Wunsch gemäß lösten zwar Ogotai, Chatagai und Tuli ihre persönlichen Armeen, ihre Haustruppe sozusagen, auf; aber die gesamte Heeresorganisation mit ihren Vorschriften über Ausbildung und Mobilmachung und ihre Kampftechnik blieb genau nach den von Dschingis Khan aufgestellten Grundsätzen bestehen. Überdies verfügten die Söhne des Eroberers in Ssubotai und anderen über kriegserprobte Generäle, die ihren Aufgaben, das Reich weiterhin zu mehren, durchaus gewachsen waren.

Dschingis Khan hatte seinen Söhnen und seinem Volk den Glauben eingegeben, daß die Mongolen zu Herrschern der Welt berufen wären. Und er hatte die mächtigsten Reiche so nachhaltig niedergeworfen, daß die Vollendung des Werkes für seine Nachfolger eine vergleichsweise leichte Aufgabe war – die Nachlese, kann man sagen, nach der großen Ernte.

In den ersten Regierungsjahren Ogotais unternahm der mongolische General Charmagan einen Feldzug gegen Dschelal ed-Din und vernichtete ihn endgültig; dann befestigte er die mongolische Herrschaft in den Ländern westlich des Kaspischen Meeres, namentlich in Armenien. Zu gleicher Zeit rückten Ssubotai und Tuli über den Hoang-Ho weit nach Süden vor und unterwarfen die letzten Teile des Chin-Reiches.

Im Jahre 1235 hielt Ogotai eine Ratsversammlung ab, und ihr Ergebnis war die zweite große Welle der mongolischen Eroberung. Batu, der erste Khan des Reichs der Goldenen Horde, wurde zusammen mit Ssubotai gegen den Westen vorgeschickt, und sie gelangten zum Leidwe-

sen Europas bis an die Adria und vor die Tore Wiens.*
Weitere Armeen drangen in Korea, China und das südliche Persien vor. Mit dem Tode Ogotais im Jahre 1241 ebbte diese Welle zurück; wiederum wurde Ssubotai durch seinen Ruf zur Kaiserwahl gezwungen, von seiner Beute Europa abzulassen.

In den nächsten zehn Jahren kam es infolge der wachsenden Feindschaft zwischen den Häusern Chatagai und Ogotai zu mancherlei inneren Wirrungen. In diese Zeit fiel auch die kurze Herrschaftsepisode Güyüks, der möglicherweise Nestorianerchrist gewesen ist; jedenfalls stand neben seinem Zelt eine Kapelle, und seine Minister waren Christen, darunter auch ein Sohn Ye Liu Chutsais. Danach ging die Kaiserwürde von der Dynastie Ogotai auf die Söhne Tulis über – Mangu und Kubilai Khan.** Und hiermit brach die dritte und weitreichendste Woge mongolischer Eroberung über die Welt herein.

Hulagu, der Bruder Kubilais, fiel in Mesopotamien ein, eroberte Bagdad und Damaskus – womit die Macht des Kalifats für immer gebrochen wurde – und kam bis in Sicht der Zinnen Jerusalems. Antiochia, von Nachkommen der Kreuzritter gehalten, wurde dem Reich einverleibt; dann drangen die Mongolen in Kleinasien bis nach Smyrna vor, nur noch acht Tagemärsche von Konstantinopel entfernt.

Etwa zur selben Zeit sandte Kubilai seine Kriegsflotte gegen Japan und dehnte die Grenzen seines Reiches im

---

* »La Paix qui régnait dans le fond de l'Orient devint funeste à l'Europe.« – Abel Rémusat. Siehe auch die Anmerkung über Ssubotai und Europa.
** Siehe Note XIV. Der letzte Hof der Nomaden. Seite 301 ff.

Osten bis auf die malaiischen Staaten, im Süden über Tibet bis nach Bengalen aus. Seine Regierung (1259–1294) war das Goldene Zeitalter der Mongolen. Kubilai brach mit den Gewohnheiten seiner Väter, verlegte den Hof nach Cathay und wurde in seiner Lebensweise mehr Chinese als Mongole.* Seine Regierung zeichnete sich durch Mäßigung und humane Behandlung der unterworfenen Völker aus. Marco Polo hat ein anschauliches Bild seines Hoflebens hinterlassen.

Aber mit der Verlegung der Residenz nach Cathay war der erste Anstoß zum Zerbröckeln der kaiserlichen Zentralmacht gegeben. Das Reich des Il-Khans, der Nachkommen Hulagus in Persien – das seine höchste Blüte um 1300 unter Ghazan Khan erlangte –, lag von der neuen Hauptstadt viel zu weit entfernt, um ständig mit dem Kaiser in Verbindung bleiben zu können; außerdem wurden die Il-Khans und ihr Anhang sehr bald Muhammedaner. Ähnlich erging es dem noch mehr entlegenen Reich der Goldenen Horde östlich der Wolga. In Cathay selbst wurden die Mongolen Kubilais zum Buddhismus bekehrt. Nach dem Tode des Enkels Dschingis Khans zerrütteten religiöse und politische Kämpfe das mongolische Kaiserreich, und allmählich löste es sich in Einzelstaaten auf.

Um 1400 vereinigte ein türkischer Eroberer, Timurilang (Tamerlan), die Restkönigreiche Innerasiens und Per-

---

* »Kein Mongole oder überhaupt je ein Dynast hat über ein Reich von gleicher Ausdehnung wie Kubilai geherrscht. Er war der erste, der mit friedlichen Mitteln zu regieren suchte. Dem Glanz seines Hofes und der Pracht seiner Umgebung hat kein westlicher Herrscher auch nur Ähnliches an die Seite zu stellen.« The Cambridge Medieval History, Band IV, S. 645.

siens unter sein Zepter und dehnte zeitweise seine Macht bis auf das von Batu, dem Sohn Juchis, gegründete Reich der Goldenen Horde aus.

In China herrschten die Mongolen bis 1368; und in Rußland verloren sie erst im Jahre 1555 ihre letzten Bollwerke an Iwan Grodsnoi (den Schrecklichen). Rings um das Kaspische Meer waren die mongolischen Nachfahren, die Uzbegs, noch um 1500 unter Schaibani eine bedeutende Macht; Babar, der Tiger, ein Nachkomme Dschingis Khans, aber drang in Indien ein und machte sich dort zum ersten der Großmoghuls.

Erst um die Mitte des achtzehnten Jahrhunderts, sechshundert Jahre nach Dschingis Khans Geburt, gaben die Nachfahren des großen Eroberers die letzten Reste ihres Herrschaftsbesitzes preis. Damals räumten die Moghuls* in Hindostan den Engländern das Feld, und die Mongolen des Ostens entwichen vor den Heeren des berühmten chinesischen Kaisers K'ien lung.

Die Tatarenkhans der Krim wurden Untertanen der großen Katharina; und zu gleicher Zeit räumte die unglückliche Torgut-Horde ihre Weideplätze an der Wolga und begann jene lange fürchterliche Wanderung ostwärts nach ihrem Heimatland, von der De Quincy in seinem Bild »Flucht eines Tatarenstammes« eine so packende Darstellung gegeben hat.

Aus einer Karte Asiens um die Mitte des achtzehnten Jahrhunderts ist zu ersehen, wo die einst so mächtigen Nomadenclans schließlich eine Zufluchtsstätte gefunden

---

* So wurde von den ersten nach Indien gelangenden Europäern das Wort Mongole ausgesprochen.

haben. In dem weiten, von Gebirgsketten durchzogenen Raum des innerasiatischen Kontinents, zwischen dem stürmischen Baikal- und dem salzigen Aralsee – auf Karten damaliger Zeit ganz unbestimmt als »Tatarenland« bezeichnet – lebten die Nachfahren der großen Horde, Keraïten, Kalmücken und Mongolen, in ihren Filzjurten, hüteten ihre Herden und wanderten von der Sommer- zur Winterweide, ohne auch nur zu ahnen, daß in ebenjenen Tälern einst Priesterkönig Johannes flüchtend den Tod gefunden und die Yakschwanz-Fahne eines Dschingis Khan dem zum Schrecken einer ganzen Welt ausziehenden Heerbann vorangeweht hatte.

So endete das Mongolenreich, löste sich wieder in zerstreute Nomadenclans auf, von denen es seinen Ausgang genommen hatte; und nur dürftige Reste friedlicher Hirtenstämme blieben von dem großen Eroberervolk übrig.

Das kurze und grausige Schauspiel der mongolischen Reiter hat kaum Spuren hinterlassen. Die Hauptstadt Karakorum liegt verweht unter dem Sand der Wüste; das Grab Dschingis Khans ist verschollen; die Reichtümer, die er aus allen Teilen der Welt zusammentragen ließ, verkrümelten sich unter seinen Nachfolgern. Kein Grabstein zeigt, wo Burtai, die Frau seiner Jugend, beerdigt liegt. Kein mongolischer Dichter jener Tage hat die Taten des Größten seines Volkes besungen. Sein Leben und Wirken wurde fast ausschließlich von seinen Feinden der Nachwelt überliefert.

So folgenschwer war der Zusammenprall Dschingis Khans mit der zivilisierten Welt, daß er für eine Hälfte der Erde eine völlige Wandlung bedeutete. Die Reiche von Cathay, des Priesterkönigs Johannes, von Kara Kitai, von

Charesm und – nach Dschingis Khans Tode – das Kalifat von Bagdad, ferner Rußland und die Fürstentümer Polens hatten zum Teil für immer, zum Teil für eine Weile zu bestehen aufgehört. Wo dieser unbezwingbare Barbar seine Hand auf eine Nation gelegt hatte, nahm jeder andere Krieg ein Ende. Der gesamte Zustand der Dinge erfuhr, ob wünschenswert oder nicht, eine Umgestaltung; und unter den Überlebenden einer mongolischen Eroberung blieb der Friede für lange Zeit gewahrt.

Die ewigen Blutfehden der Großfürsten des alten Rußlands – der Herren von Twer, Wladimir und Susdal – wurden vor einer weit größeren Sorge für immer begraben. Alle diese Gestalten einer früheren Welt erscheinen uns heute nur noch als Schatten. Ganze Kaiserreiche gingen unter der mongolischen Lawine in Trümmer und uralte Dynastien brachen zusammen. Was geschehen wäre, hätte Dschingis Khan nicht gelebt, können wir nicht ermessen.

Sicher aber ist, daß unter den Mongolen – ähnlich wie unter der Pax Romana – die Kultur neu aufzublühen begann. Die einzelnen Völker – oder wenigstens was von ihnen noch übrig war – wurden gemischt und durcheinandergeschüttelt. Muhammedanische Wissenschaft und Kunstfertigkeit verpflanzte sich nach dem fernen Osten; chinesische Technik und Organisationsgabe drangen nach dem Westen vor. In den verwüsteten Gärten des Islams erfreuen sich Schüler und Meister wenn nicht eines goldenen, so doch eines silbernen Zeitalters unter den mongolischen Il-Khans; und gerade das dreizehnte Jahrhundert in China bedeutet eine Glanzperiode der Literatur, namentlich für das Schauspiel – es war das Jahrhundert der Yüan.

Als nach der Rückflut der mongolischen Welle politische Neubildung begann, geschah etwas durchaus Folgerichtiges, wenn auch Unerwartetes. Aus den Trümmern der russischen Kleinstaaterei mit ihrem ewigen Zank erwuchs das Kaisertum eines Iwans des Großen; und China, zum erstenmal unter den Mongolen zusammengeschlossen, erschien von da an als geeintes Reich in der Geschichte.

Mit dem Auftreten der Mongolen und ihrer Feinde, der Mamelucken, kam das lange Kapitel der Kreuzzüge zum endgültigen Abschluß. Während der Zeit der mongolischen Oberherrschaft konnten christliche Pilger unbehelligt zum Heiligen Grabe wandern und Muhammedaner im Tempel des Salomo beten. Zum erstenmal konnten sich geistliche Herren aus Europa bis in das ferne Asien wagen – und sie wagten sich, suchten aber vergeblich nach dem »alten Mann vom Berge«, der die Kreuzritter vertrieben, den Priesterkönig Johannes gestürzt und das mächtige Cathay-Reich sich unterworfen hatte.

Als einschneidendstes Ergebnis in diesem allgemeinen Umsturz der Dinge ist wohl die Vernichtung der gefährlich wachsenden Macht des Islams anzusehen. Mit der Zertrümmerung der charesmischen Armeen verlor der Muhammedanismus seine wichtigste militärische Kraft, und mit der Einnahme von Bagdad und Buchara versank die geistige Vorherrschaft des Kalifats und der Imams. Das Arabische hörte auf, die Gelehrtensprache fast der Hälfte der Kulturwelt zu sein. Die Türken wurden von dem mongolischen Druck gegen Westen hin gedrängt, und einer ihrer Clans, die Othmans (sogenannte Osmanen), wurden später Herren über Konstantinopel. Ein rotbehuteter Lama, den man zur Leitung der Krönungsfeierlichkeiten

Kubilais von Tibet herbeigerufen hatte, brachte aus seinen heimatlichen Bergen die Hierarchie der Lhasa-Priesterschaft nach dem Osten mit.

Dschingis Khan, der Vernichter, hat die Schranken frühmittelalterlicher Enge und Abgeschlossenheit niedergelegt. Internationale Verbindungswege hatten den Verkehr erschlossen. Europa kam in Berührung mit der hochzivilisierten chinesischen Welt. Am Hof seines Sohnes trafen sich armenische Prinzen und persische Granden mit russischen Großfürsten.

Diese Öffnung der Kontinente hatte einen allgemeinen Austausch der Gedanken und Kulturgüter zur Folge. In Europa war ein nie mehr rastender Wissensdurst nach dem fernen Asien erwacht, Marco Polo folgte den Spuren des Fra Rubriquis. Zwei Jahrhunderte später zog Vasco de Gama aus, um den Seeweg nach Indien zu finden. Und Kolumbus machte sich auf, nicht etwa um einen neuen Erdteil zu suchen, sondern um nach dem Land des Großkhans zu gelangen.

ANMERKUNGEN

1.

Die Metzeleien

Der fürchterliche Reigen des Todes, der sich an die Spuren der mongolischen Reiter heftete, ist in diesem Buch nicht ausführlich beschrieben worden. Eingehende Schilderungen über dieses Hinmorden ganzer Völker findet man in den großen Geschichtswerken über die Mongolen, von Europäern, Muhammedanern und Chinesen verfaßt. Kaum daß einer der fürchterlichsten Szenen eines solchen Blutbads Erwähnung geschah, wie der Vernichtung von Kiew, der »Stadt der Goldenen Köpfe«, wie die Mongolen die alte byzantinische Festung mit ihren goldenen Kuppeln nannten. Dort endete das Martern der Greise, Schänden der Jungfrauen und Zutodehetzen der Kinder in einem wahren Inferno der Verzweiflung, und Pest und Hungersnot vollendeten das grausige Werk. Die Ausdünstungen verwesender Leichen waren so fürchterlich, daß selbst die Mongolen einen solchen Ort mieden, den sie Mou-baligh, Stadt der Schmerzen, nannten.

Dieser einzig dastehenden Vernichtung menschlicher Rassen und ihrem späteren Wiederaufleben wird der Historiker entscheidende Bedeutung beizumessen haben. Der Verfasser der »Cambridge Medieval History« faßt die

Folgen des mongolischen Aufpralls in wenigen Sätzen treffend zusammen:

»Ihre völlige Rücksichtslosigkeit gegenüber Menschenleben befähigte die Mongolen, die Schrecknisse weiter Wüstenstrecken, die Hindernisse hoher Gebirge und Seen, die Leiden des Klimas und die Verheerungen durch Pest und Hungersnot ungehemmt zu überwinden. Keine Gefahr konnte sie zurückschrecken, kein Bollwerk ihnen widerstehen, keine Bitte um Gnade sie erweichen ... Eine neue geschichtliche Macht tritt uns hier entgegen, eine Gewalt, die gleich einem Deus ex machina manches Drama zur plötzlichen Lösung brachte, das sonst wohl in eine rettungslose Sackgasse geraten wäre oder sich endlos in die Länge gezogen hätte.«

Diese »neue geschichtliche Macht« – die Umgestaltung der gesamten menschlichen Zustände durch einen einzelnen Mann – trat mit Dschingis Khan in Erscheinung und verschwand wieder mit seinem Enkel Kubilai, als das mongolische Reich zu zerbröckeln begann. Sie ist seitdem nie wieder in solcher Form erschienen.

In diesem Buch ist weder der Versuch gemacht worden, den Charakter Dschingis Khans ins Rosige zu verfärben, noch ihn als blutrünstigen Teufel hinzustellen. Es wurde stets in Rechnung gesetzt, daß unsere Kenntnis des Eroberers zum überwiegenden Teil aus Berichten seiner Gegner stammt, von Europäern des Mittelalters, von Persern, Syrern und Chinesen, die die eigentlich Leidtragenden der mongolischen Vernichtungswelle waren. Cäsar hat die Geschichte seiner gallischen Feldzüge selbst geschrieben; Alexander hatte einen Arrianos und Quintus Curtius.

Dschingis Khan – inmitten der ihn umgebenden Welt

betrachtet – erweist sich als ein Dynast, der weder einen seiner Verwandten noch einen seiner Minister oder Generäle hinrichten ließ. Sowohl Juchi wie Kassar, sein Bruder, hätten ihm Anlaß zu Taten der Grausamkeit gegeben; und man hätte annehmen können, daß er Offiziere, die sich einer Niederlage schuldig machten, mit dem Tode bestrafte. Gesandte aller Völker erschienen vor ihm und kehrten wohlbehalten zurück. Man hört auch nicht, daß er Gefangene foltern ließ, außer unter ganz ungewöhnlichen Umständen.

Kriegstüchtige und rassenverwandte Völker, die Keraïts, die Uiguren und die »Eisenmänner« von Liaotung, wurden von ihm mit Milde behandelt, ebenso wie später von seinen Nachfolgern die Armenier, Georgier und die letzten der Kreuzritter. Dschingis Khan war stets darauf bedacht zu schonen, was ihm und seinem Volk nützlich sein konnte; das übrige wurde beseitigt. Und je weiter er sich von seinem Heimatland entfernte und in Gebiete fremder Kulturen vordrang, desto allgemeiner wurde auch die Zerstörung.

Wir Heutigen können verstehen, daß ihm die unerhörte Vernichtung von Menschenleben und Menschenwerk die Verfluchung der Muhammedaner eintrug, ebenso wie ihm sein beispielloses Genie die Verehrung der Buddhisten gewann.

Weil Dschingis Khan nicht wie Muhammed der Prophet um des Glaubens willen oder wie Alexander und Napoleon aus persönlichem und politischem Ehrgeiz eine Welt in Brand steckte, hat man sich über sein wahres Wesen täuschen lassen. Die Erklärung des Rätsels liegt in der Primitivität des mongolischen Charakters. Dschingis Khan nahm sich ganz einfach von der Welt, was er für seine Söhne und sein Volk brauchte. Er bediente sich dazu des Kriegs, da ihm andere Mittel nicht bekannt waren. Was er nicht brauchen konnte, vernichtete er, da er nicht wußte, was er damit anfangen sollte.

2.

Priester Johannes von Asien

Etwa um die Mitte des zwölften Jahrhunderts gelangten nach Europa Gerüchte von Siegen eines christlichen Monarchen Asiens über die Türken – eines »Johannes Presbyter Rex Armeniae et Indiae«. Die ersten Berichte über einen christlichen König östlich von Jerusalem waren, wie spätere Forschungen ergeben haben, durch einen gewissen Johannes, einen Oberfeldherrn von Georgien, entstanden, der die Muhammedaner mehrfach besiegte. Georgien stand damals in losem Bundesverhältnis zu Armenien und Indien.

Zu jener Zeit war Europa vom Geist des Kreuzrittertums entflammt; jene unverbürgten oder entstellten Nachrichten von einem allmächtigen christlichen Herrscher in Asien wurden immer reicher ausgeschmückt und jener Presbyter Johannes sogar als ein Nachkomme der Heiligen Drei Könige bezeichnet. Die von Armenien bis Cathay in der Diaspora lebenden Nestorianerchristen hielten es für angebracht, ein angeblich vom Priesterkönig Johannes selbst herrührendes Schreiben an Papst Alexander III. zu richten, in dem allerlei Prächtiges und Wunderbares nach mittelalterlicher Vorstellung berichtet wurde – von feierlichen Prunkprozessionen durch die Wüste, einem Gefolge von siebenzig Königen, von fabelhaften Tieren und einer Hauptstadt mitten im Sande: alles in allem eine hübsche Zusammenstellung der Wundermären jener Tage.

Soweit Richtiges an den Erzählungen war, passen sie jedenfalls auf Wang Khan (Ung Khan oder »König Johannes« von den Nestorianern genannt), den Herrscher der Keraïts, die im weitesten Maße Christen waren. Seine Hauptstadt Karakorum kann wohl als der geistige und materielle Mittelpunkt der lange mit Geringschätzung behandelten Nestorianer Asiens bezeichnet werden. Karakorum war eine Stadt im Sande, und Wang Khan Herr über Khans und Könige. In manchen Chroniken wird die Bekehrung eines Königs der »Keriths« erwähnt. Marco Polo hat dann Wang Khan direkt mit dem Priesterkönig Johannes identifiziert.*

3.
Die Gesetze des Dschingis Khan

1. »Es wird befohlen zu glauben, daß es nur einen Gott gibt, Schöpfer Himmels und der Erde, den alleinigen Herrn über Leben und Tod, Reichtum und Armut nach seinem Willen – und der allmächtig ist über alles auf Erden.
2. Religionsvorsteher, Prediger, Mönche, Geistliche jeder

---

* Siehe Yule-Cordier »Travels of Marco Polo« Bd. I, S. 230 ff.

Art, die Gebetsrufer der Moscheen, Ärzte und Leichenwäscher sind von öffentlichen Abgaben befreit.
3. Es ist bei Todesstrafe verboten, irgend jemanden, wer es auch sei, zum Kaiser auszurufen, sofern er nicht ausdrücklich von den mongolischen Prinzen, Khans, Offizieren und Adligen im Großen Rat erwählt worden ist.
4. Den Häuptlingen der Völker und Clans, die Untertanen der Mongolen sind, ist verboten, ihre Ehrentitel weiter zu führen.
5. Es ist in jedem Fall verboten, mit Monarchen, Fürsten oder Völkern Frieden zu schließen, sofern sie sich nicht unterworfen haben.
6. Die Einteilung der Armee in Gruppen von zehn, hundert, tausend und zehntausend Mann ist unbedingt beizubehalten. Diese Anordnung dient dazu, die Armee in kürzester Zeit auf Kriegsfuß zu bringen und die Kommandoeinheiten zu bilden.
7. Vor Beginn eines Feldzugs hat jeder Soldat seine Waffen aus der Hand des dazu bestimmten Offiziers zu empfangen. Der Soldat muß seine Waffen stets gut instand halten; vor der Schlacht haben die Offiziere eine entsprechende Besichtigung vorzunehmen.
8. Bei Todesstrafe ist verboten, mit der Plünderung zu beginnen, bevor das Oberkommando die Erlaubnis dazu gegeben hat. Ist dieses aber erteilt, muß dem Soldaten die gleiche Möglichkeit zum Plündern gegeben sein wie dem Offizier, und das Erbeutete muß ihm belassen bleiben, abgesehen von dem an die Beuteempfänger des Kaisers zu entrichtenden Anteil.
9. Um die Horde in kriegsgemäßer Schulung zu halten, ist jeden Winter eine große Jagd abzuhalten. In Rücksicht

darauf ist es jedem Mann des Kaiserreichs verboten, in den Monaten März bis Oktober Rotwild, Steinböcke, Rehböcke, Hasen, Wildesel und bestimmte Vögel zu töten.

10. Es ist verboten, dem Wild, das zu Nahrungszwecken dient, die Kehle durchzuschneiden. Diese Tiere müssen gefesselt, ihre Brust muß geöffnet und das Herz vom Jäger herausgenommen werden.
11. Es ist gestattet, Blut und Eingeweide der Tiere zu essen – obwohl es bisher verboten war.
12. (Eine Liste von Privilegien und Gerechtsamen, die den Häuptlingen und Offizieren des neuen Kaiserreichs gewährt wurden.)
13. Jeder Mann, der nicht mit in den Krieg zieht, muß eine bestimmte Zeit ohne Entlohnung für das Reich arbeiten.
14. Ein Mann, der ein Pferd, einen Stier oder irgend etwas Gleichwertiges gestohlen hat, wird mit dem Tode bestraft und sein Körper zweigeteilt. Für geringeren Diebstahl besteht die Strafe, je nach dem Wert des gestohlenen Gegenstandes, in einer Anzahl Stockschlägen, von sieben, siebzehn, siebenundzwanzig bis zu siebenhundert. Diese körperliche Züchtigung kann erlassen werden, wenn der Schuldige den neunfachen Wert des Gegenstandes bezahlt.
15. Kein Untertan des Reiches darf sich einen Mongolen zum Diener oder Sklaven nehmen. Ganz besondere Fälle ausgenommen, ist jeder erwachsene Mann zum Heeresdienst verpflichtet.
16. Um fremde Sklaven an der Flucht zu verhindern, ist es jedermann bei Todesstrafe verboten, ihnen Obdach,

Verpflegung oder Kleidung zu geben. Wer einem entlaufenen Sklaven begegnet und ihn nicht zu seinem Herrn zurückbringt, soll in der gleichen Weise bestraft werden.

17. Das Heiratsgesetz bestimmt, daß jeder Mann sein Weib käuflich zu erwerben hat und daß eine Heirat zwischen dem ersten und zweiten Verwandtschaftsgrad verboten ist. Ein Mann darf zwei Schwestern heiraten und mehrere Kebsweiber haben. Der Frau soll die Sorge um den Besitz obliegen, und sie soll nach Belieben kaufen und verkaufen können. Der Mann soll sich allein mit Jagd und Krieg beschäftigen. Die Kinder der Sklavinnen sind den Kindern der Frau gleichzustellen. Die Kinder der ersten Frau sollen mehr gelten als die anderen und auch alles erben.

18. Ehebruch ist mit dem Tode zu bestrafen, und die Schuldigen sind unverzüglich hinzurichten.

19. Wenn zwei Familien sich durch Heirat verbinden wollen und nur kleine Kinder haben, so ist die Verheiratung dieser Kinder erlaubt, vorausgesetzt, daß das eine ein Mädchen und das andere ein Knabe ist. Sollten die Kinder sterben, so kann der Heiratskontrakt dennoch bestehen bleiben.

20. Es ist verboten, während des Gewitters zu baden oder Gewänder in fließendem Wasser zu waschen.

21. Spione, Meineidige, Sodomiten und Zauberer werden zum Tode verurteilt.

22. Offiziere und Häuptlinge, die ihre Pflichten verletzen oder nicht zu den Aufrufen des Khans erscheinen, besonders aus entfernten Bezirken, werden mit dem Tode bestraft. Sind mildernde Umstände vorhanden,

so müssen sie sich persönlich vor dem Khan rechtfertigen.«

Diese Beispiele stammen von Pétis de la Croix, dem es allerdings, wie er erklärt, nicht gelungen ist, eine vollständige Sammlung der Gesetze – eine »Yassa Dschingiscani« – zusammenzustellen. Die vorliegende Liste ist offenbar lückenhaft und den verschiedensten fremden Quellen entnommen, wie den persischen Chroniken und den Reiseberichten Fra Rubruquis' und Carpinis.

Das Gesetz über die Befreiung vom Zehnten mag sich wohl aus religiösen Vorurteilen erklären, ebenso wie die Vorschrift über das Töten von eßbarem Wild. Die elfte Vorschrift scheint gegeben im Hinblick auf den Fall einer Hungersnot. Der zwanzigste Paragraph findet bei Rubruquis seine Erklärung – das Verbot sollte verhüten, daß die Mongolen, die große Furcht vor dem Donner hatten, sich bei Gewitter in Flüsse oder Seen stürzten.

Pétis de la Croix berichtet, daß auch Tamerlan die Yassa Dschingis Khans übernommen habe. Und Babar, der erste der indischen Großmoghuls erzählt: »Meine Vorfahren und Verwandten haben die Gesetze des Dschingis stets heilig gehalten. Bei ihren Veranstaltungen, Festen und Vergnügungen, ihren Mahlzeiten, bei allem haben sie stets die Vorschriften des Dschingis genau beobachtet.« – (»Memoirs of Babar, Emperor of Hindustan«, Ausgabe Erskine und Leyden 1826, Seite 202.)

4.
Über die numerische Stärke der mongolischen Heere

Die Historiker verfallen meist in den leicht erklärlichen Fehler, die mongolische Horde als eine ungeheure Masse darzustellen. Selbst Dr. Stanley Lane-Poole, einer der hervorragendsten Sachkenner auf diesem Gebiet, kann dem üblichen »bi nihaiet«* nicht widerstehen und spricht von »Dschingis Khan mit seinen Nomadenhorden, so zahllos wie der Sand am Meer«. (Geschichte der Völker.)

Wir wissen jetzt, daß die Horde Dschingis Khans nicht ein regelloser Wanderschwarm, wie die Hunnen, sondern eine wohlgeschulte und gutdisziplinierte Invasionsarmee war. Sir Henry Howorth gibt folgende Zusammenstellung:

Kaiserliche Garde	1 000
Zentrum unter Tuli	101 000
Rechter Flügel	47 000
Linker Flügel	52 000
Weitere Kontingente	29 000
	230 000

Es war das augenscheinlich die Zusammensetzung der Armee zur Zeit des persischen Feldzuges gegen den Schah;

---

* »bi nihaiet«, ein persisches Wort, bedeutet etwa: Zahllosigkeit. (Anm. d. Übers.)

die stärkste also, die Dschingis Khan je zusammengebracht hat. Die Kontingente bestanden aus 10 000 Cathayern sowie den Truppen des Idikut, der Uiguren und des Khans von Almalyk; die beiden letzteren wurden im Verlauf des Feldzugs zurückgesandt.

Der ausgezeichnete Gelehrte Léon Cahun ist der Meinung, daß eine mongolische Armeeabteilung nicht mehr als 30 000 Mann zählte. Während des Feldzuges in Persien verfügte Dschingis Khan über drei solcher Heeresgruppen; zusammen mit den 20 000 Mann Juchis und den Hilfsvölkern ergäbe das nach dieser Rechnung eine Gesamtstärke von etwas über 150 000 Köpfen. Und mehr hätten auch sicher nicht in den öden Tälern Hochasiens überwintern können.

Man weiß, daß die von Dschingis Khan zur Zeit seines Todes kommandierte Armee aus vier Korps und der Leibgarde bestand – also etwa 130 000 Mann. Die Gesamtbevölkerung der Gobi ist in Hinsicht auf ihre spärliche Besiedelung auf nicht mehr als anderthalb Millionen einzuschätzen. Von dieser Zahl konnten nicht mehr als etwa 200 000 Waffenfähige ausgemustert werden. Brigadegeneral Sir Percy Sykes bemerkt in seinem »Persia«, daß »die Mongolen numerisch schwach waren und dabei Tausende von Meilen von ihrer Heimatbasis entfernt kämpften«.

Zeitgenössische muhammedanische Chroniken übertreiben gemeinhin die Stärke der Horde und reden von fünf- bis achtmal hunderttausend Mann. Aber alle Wahrscheinlichkeit spricht dafür, daß Dschingis Khan seine Feldzüge in den Jahren 1219–1258 – die großartige Eroberung aller Länder von Tibet bis zum Kaspischen Meer – mit nicht mehr als 100 000 und den Kriegszug vom Dnjepr bis an das Chinesische Meer mit nur insgesamt 250 000 Mann durchführte. Und wahrscheinlich waren mehr als die Hälfte davon keine Mongolen. So erwähnt die Chronik 50 000 Turkmenen beim Heere Dschingis Khans gegen Ende des Kriegs; Juchis Streitkräfte wurden durch Zuzug großer Scharen der wilden Kiptschaks, des »Wüstenvolkes«, vermehrt; in China fochten die Ahnen der heutigen Koreaner und Mandschus unter den mongolischen Fahnen.

Während der Regierung Ogotais, des Sohnes Dschingis Khans, schlossen sich zahlreiche Türkstämme Mittelasiens den Mongolen an, die bewährte Kampftruppen wurden. Die Heere, mit denen Ssubotai und Batu das östliche Europa eroberten, bestanden zum größeren Teil aus diesen Türken. Ogotai verfügte sicherlich über einen aktiven Mannschaftsbestand von einer halben Million; und unter Mangu und Kubilai, den Enkeln Dschingis Khans, wurde diese Zahl noch verdoppelt.

5.

Das mongolische Eroberungsverfahren

Beim Einfall in ein feindliches Land verfuhr die Horde Dschingis Khans nach einer genau festgesetzten Methode. Und das Verfahren bewährte sich mit stets gleichem Erfolg, bis die Mamelucken um 1270 auf ihrem Vormarsch von Ägypten nach der syrischen Wüste der weiteren Ausbreitung der Mongolen ein Ende setzten.

1. Zunächst wurde im Hauptquartier des Großkhans eine

Kurultai oder Große Ratsversammlung einberufen. Jeder höhere Offizier, falls er nicht ausdrücklich auf seinem Posten zu bleiben Weisung hatte, war zum Erscheinen verpflichtet. Dabei wurde die Lage besprochen, der Feldzugsplan auseinandergesetzt, die Vormarschwege wurden bestimmt und die einzelnen Divisionen für die Operationen eingeteilt.

2. Kundschafter wurden entsandt und soviel Nachrichten als möglich eingeholt.

3. Der Einmarsch in das feindliche Land erfolgte gleichzeitig von mehreren getrennten Punkten aus. Jede der Heeresabteilungen rückte unter einem kommandierenden General auf ein genau bestimmtes Ziel vor. Innerhalb seines Auftrags blieb dem Führer völlige Freiheit für seine Operationen oder etwaigen Angriffe auf den Feind; nur mußte er durch Verbindungsreiter mit dem Hauptquartier – dem Khan oder einem Orkhon – in ständiger Fühlung bleiben.

4. Größere befestigte Städte, die man auf dem Vormarsch traf, wurden durch ein Beobachtungskorps umstellt, während man gleichzeitig die umliegenden Bezirke verwüstete. Die nötige Verpflegung wurde aus dem Lande beigetrieben; bei längerer Dauer des Feldzuges richtete man feste Etappenlinien ein. Selten daß die Mongolen sich lediglich mit der Beobachtung einer größeren Festung begnügten, sie zogen die Einschließung vor; ein bis zwei Divisionen mit dem Artilleriepark und Gefangenen als Hilfsarbeitern wurden zur Belagerung des Platzes zurückgelassen, indes die Hauptmacht den Vormarsch fortsetzte.

Gegenüber einer feindlichen Feldarmee hatten die Mongolen zwei taktische Verfahren, die sie je nach den Umständen anwandten. Wenn irgend möglich suchte man den Gegner durch ein- bis zweitägige Gewaltmärsche zu überraschen, wobei die getrennten Divisionen so angesetzt wurden, daß sie sich zu einer bestimmten Stunde auf dem Schlachtfeld vereinigten, wie es gegenüber den Ungarn bei Pest im Jahre 1241 geschah. Gelang das nicht, so wurde der Gegner umgangen oder durch den raschen Tulughma, den »Fahnenschwung«, in einer Flanke gefaßt.

Ein anderes taktisches Mittel war die vorgetäuschte Flucht, wobei die Mongolen oft mehrere Tage rückwärts auswichen, bis der Gegner aufgelöst und nicht mehr auf seiner Hut war. Dann bestiegen die Mongolen frische Pferde, drehten um und gingen zum Angriff über. Dieses Manöver sollte der starken russischen Armee am Dnjepr verhängnisvoll werden.

Auf dieser Scheinflucht zogen sich die Mongolen oft auf so weiten Raum auseinander, daß der Feind, ohne es zu merken, umgangen wurde. Wenn sich dann der Gegner zusammenschloß und energischen Widerstand leistete, wich der mongolische Umgehungsflügel aus und gab so den Rückzug frei. Später wurde dann der Feind im Rückmarsch angegriffen. So erging es der Armee von Buchara.

Einzelne dieser Praktiken wurden bereits von frühen Türkenstämmen angewendet, wie beispielsweise von den Hiung-nu, von denen die Mongolen zum Teil abstammten. Auch die Cathayer waren an das Manövrieren in größeren Kavallerieverbänden gewöhnt, und den Chinesen waren die Regeln der höheren Strategie wohlbekannt. Dschingis Khan blieb es vorbehalten, diese Kriegstechnik mit einem unbeugsamen Willen zu beseelen und sich durch eiserne Manneszucht in seinen Truppen ein absolut zuverlässiges Instrument zu schaffen; auch besaß er die wahre Gabe des Feldherrn, stets das Richtige im rechten Augenblick zu tun.

»Selbst die Chinesen mußten anerkennen, daß er seine Armeen wie ein Gott führte. Die Art, wie er mit großen Truppenkörpern über weite Räume ohne sichtliche Schwierigkeit operierte; die überlegene Sicherheit, mit der er mehrere Feldzüge zugleich auf weit entfernten Schauplätzen leitete; seine Kriegführung in völlig unbekannten Gegenden, die Kühnheit mit kluger Vorsicht paarte, ohne je durch Zögern oder Schwanken die Unternehmung zu gefährden; seine mit zäher Energie und systematischer Kunst durchgeführten Belagerungen; seine glänzenden Siege, eine ›Sonne von Austerlitz‹ in ununterbrochener Kette: All das ergibt das Bild einer Feldherrnlaufbahn, die von Europa niemals übertroffen wurde, wenn es überhaupt dem etwas Gleichwertiges an die Seite zu stellen hat« – so charakterisiert Demetrius Boulger das militärische Genie des großen Mongolen. (A short History of China, S. 100.)

6.

Die Mongolen und das Schießpulver

Bevor die Mongolen die Zugangswege in das hermetisch verschlossene China öffneten, war von den chinesischen Erfindungen so gut wie nichts bekannt. Von da ab, also etwa seit 1211, hört man des öfteren von Schießpulver. Man verwendete es in den »Ho-pao«, den Feuerschleudern.

Bei einer Belagerung wird erwähnt, daß die Ho-paos hölzerne Türme in Brand schossen und zerstörten. Der Abschuß aus diesen Feuerschleudern machte »einen donnerähnlichen Krach, den man hundert Li weit hören konnte«. Das macht etwa dreißig Meilen, ist also wahrscheinlich stark übertrieben. Ein chinesischer Annalenschreiber berichtet von der Belagerung von Kaifong im Jahre 1232: »Da die Mongolen sich Löcher unter die Erde gegraben hatten, wo sie vor Wurfgeschossen gedeckt waren, beschlossen wir, die ›Chintienleis‹ (eine Art kleiner Feuerschleudern) mit Eisen vollzustopfen, worauf wir sie auf die mongolischen Unterstände herabwarfen; die Maschinen explodierten und rissen Mann und Erddeckung in Stücke.«

Zur Zeit Kubilai Khans heißt es an einer Stelle: »Der Kaiser ... befahl, eine Feuerkanone abzuschießen; der Knall verursachte eine Panik unter den (feindlichen) Truppen.«

Dr. Herbert Gowen von der Universität Washington verweist auf eine japanische Erwähnung dieser mongolischen Waffe, die einer Quelle des vierzehnten Jahrhunderts entstammt: »Eisenkugeln, in Größe von Fußbällen, wurden mit einem Getöse abgeschossen, als ob Karrenräder einen steilen Hang herunterrollen, begleitet von hellem Feuerschein gleich einem aufflammenden Blitz.«

Jedenfalls kannten die Chinesen und Mongolen die Explosionswirkung des Schießpulvers. Sie verwandten ihre Feuerschleudern aber lediglich zum Inbrandschießen oder um den Feind in Panik zu versetzen. Das Kanonengießen war ihnen unbekannt; und auch in der Herstellung von Geschossen machten sie keine Fortschritte, sondern blieben immer abhängig von ihren unhandlichen, auf Schleuderwirkung beruhenden Belagerungsmaschinen.

Zu eben der Zeit nun, als der Mönch Berthold Schwarz in Freiburg an der Erfindung des Schießpulvers arbeitete, waren die Mongolen in Mitteleuropa eingefallen und standen um 1240 in dem heutigen Polen. Freiburg war immerhin nur etwa dreihundert Meilen von der vordersten mongolischen Garnison entfernt; und bekannt ist, daß Kaufleute ständig zwischen den Mongolen und den europäischen Städten hin und her gingen. Zur Rechtfertigung des Erfindungsanspruchs von Berthold Schwarz muß indessen gesagt werden, daß keinerlei authentischer Bericht vorhanden ist, ob die Mongolen beim Einfall in Europa Schießpulver verwandt haben.

Was nun Roger Bacon betrifft, so scheint er niemals Schießpulver zu praktischem Gebrauch hergestellt zu haben. Er erwähnt die Existenz einer solchen Mischung und ihre explosive Wirkung. Mit Frater Wilhelm Ruysbroek, den Ludwig von Frankreich zu den Mongolen entsandt hatte, war Roger Bacon zusammengetroffen und hatte sich dessen geographische und sonstige Kenntnisse zunutze gemacht. In seinem »Opus Majus« sagt Roger Bacon in bezug auf das Werk Wilhelm Ruysbroeks, daß er »das Buch gelesen und mit dessen Verfasser gesprochen habe«. (In diesem Werk Ruysbroeks jedoch wird das Schießpulver überhaupt nicht erwähnt, und man kann kaum annehmen, daß er erst bei seinem zweiten kurzen Aufenthalt am mongolischen Hof Kenntnis davon erhalten hat. Roger Bacon indessen erwähnt zum erstenmal die spezifischen

Bestandteile des Pulvers – Salpeter und Schwefel – schon vor Ruysbroeks Rückkehr aus dem Osten.)

Es ist Sache persönlicher Auffassung, wieviel Gewicht man der Tatsache beimessen will, daß die beiden bekannten Erfinder des Schießpulvers gerade in jener fünfundzwanzigjährigen Periode des mongolischen Einfalls in Europa lebten, daß sie ferner irgendwelche Berührung mit den Mongolen hatten und daß die Mongolen dieses Mittel kannten.

Die Tatsache aber steht unstreitbar fest, daß zur Zeit des Berthold Schwarz zum erstenmal in Deutschland »Feuerwaffen« auftauchten. Die Kanone wurde in Europa sehr rasch verbessert und weiterentwickelt; über Konstantinopel und die Türken fand sie ihren Weg nach Asien. Im Jahr 1525 findet man die Armee Babars, des ersten Großmoghuls, mit gebohrten Geschützen ausgerüstet, die von »Rumis« (Türken) bedient wurden. Und in China wurde die erste Metallkanone von Jesuiten im siebzehnten Jahrhundert gegossen.

Eine kleine Merkwürdigkeit sei noch erwähnt: Als europäische Kosaken, mit guten Musketen ausgerüstet, im Jahr 1581 in das Tatarenreich einfielen, fuhren die Asiaten eine ungeladene Kanone, deren Gebrauch ihnen unbekannt war, gegen sie auf, in dem Glauben, die Kanone allein würde die Eindringlinge hinwegblasen.

Um kurz zusammenzufassen: Lange vor Roger Bacon und Berthold Schwarz verfertigten die Chinesen Schießpulver und kannten seine explosiven Eigenschaften, verwandten es aber nur wenig für Kriegszwecke. Ob die Europäer durch die Chinesen davon Kenntnis erhielten oder das Pulver selbst erfunden haben, bleibt eine offene Frage.

Sicher aber ist, daß die Europäer die erste gebrauchsfähige Kanone herstellten.

Die Wahrheit wird wohl immer im Dunkeln bleiben. Immerhin erwähnen Matthew Paris und Thomas von Spalato und andere mittelalterliche Chronisten ausdrücklich, daß die Mongolen besonders deshalb Schrecken erregten, weil sie »Rauch und Flammen in die Schlacht trugen«. Es könnte sich dabei auch um den oft angewandten mongolischen Trick handeln, das trockene Gras rings in der Gegend anzuzünden und hinter Rauch und Flammen gedeckt vorzugehen. Sehr wahrscheinlich aber ist damit der Gebrauch des Schießpulvers durch die Mongolen in ihren »Feuertöpfen« gemeint, die in Europa noch unbekannt waren. Carpini erwähnt in seinem Reisebericht eine sonderbare Art von Flammenwerfern, die die mongolischen Reiter verwendeten und die durch eine Art Blasebalg angefacht wurden.

Jedenfalls aber wurde von den mittelalterlichen Chronisten die Erscheinung von Flammen und Rauch bei den Mongolen übereinstimmend dahin gedeutet, daß diese Leute Teufel sein müßten.

7.

Kreuz und Zauberpriester

Als sich mongolische Divisionen unter Ssubotai und Chepe Noyon ihren Weg durch den Kaukasus bahnten, trafen sie auf ein Heer der christlichen Georgier und besiegten es. Rusudan, die Königin von Georgien, sandte durch David, den Bischof von Ani, einen Brief an den Papst, in dem sie mitteilte, daß die Mongolen eine Fahne mit einem Kreuz vor ihren Reihen entfaltet hätten, was die Georgier zu dem Glauben verleitete, die Mongolen wären Christen.

Später erwähnen polnische Chronisten, daß in der Schlacht bei Liegnitz die Mongolen »eine große Fahne mit einem Zeichen ähnlich dem griechischen Buchstaben X vorangetragen hätten«. Ein Historiker meint, es könnte das vielleicht ein Einfall der Schamanen gewesen sein, um das Kreuz zu verspotten, und das Zeichen wäre möglicherweise aus den gekreuzten Schenkelknochen eines Schafes gebildet, wie es die Schamanen oft für ihre Weissagungen benutzten. Langgewandete Begleiter zu seiten der Fahne mit Gefäßen, aus denen Rauchwolken aufstiegen, hätten den Eindruck noch wirksamer gestaltet.

Es ist kaum anzunehmen, daß so kluge militärische Führer wie die Orkhons auf den Gedanken gekommen sein sollten, durch Vorantragen eines Kreuzes den Feind in Verwirrung zu bringen. Möglich, daß Nestorianerchristen eine Kreuzfahne mit sich führten und daß man in der Schlacht bei Liegnitz Priester mit Weihrauchgefäßen in Begleitung der Fahne gesehen hat.

8.

Ssubotai Bahadur und Mitteleuropa

Die große Kraftprobe zwischen Mongolen und Europäern sollte sich nicht mehr zu Lebzeiten Dschingis Khans ereignen. Sie war erst das Ergebnis der großen Ratsversammlung im Jahre 1235.

Die Ereignisse verliefen kurz folgendermaßen:

Batu, der Sohn Juchis, brach mit der Goldenen Horde nach Westen auf, um die von Ssubotai im Jahre 1223 durchstreiften Länder in Besitz zu nehmen. Von 1238 bis zum Herbst des Jahres 1240 hatte Batu, der »Herrliche«, die Clans an der Wolga und die Steppenvölker am Schwarzen Meer überrannt, die russischen Städte eingenommen, zuletzt Kiew erstürmt und einzelne Streifkorps in das südliche Polen, genauer gesagt Ruthenien, entsandt, denn Polen war damals in einzelne Fürstentümer aufgeteilt.

Als im März 1241 der Schnee schmolz, befand sich das mongolische Hauptquartier nördlich der Karpathen, zwischen Kiew und dem heutigen Lemberg. Ssubotai, der leitende Geist des Feldzugs, sah sich folgenden Gegnern gegenüber:

Vor ihm in der Front stand Boleslaw der Keusche, der Oberherr von Polen, mit seiner Armee. Weiter nördlich in Schlesien hatte Heinrich der Fromme ein Heer von 30 000 Mann aufgebracht, Polen, Bayern, Deutschordensritter und französische Templer, die sich zur Abwehr des Einfalls der Barbaren angeschlossen hatten. Etwa hundert Meilen rückwärts von König Boleslaw vereinigte der König von Böhmen ein noch stärkeres Heer mit Kontingenten aus Österreich, Sachsen und Brandenburg.

Links vor der mongolischen Front standen Mieczyslaw von Galizien und andere Fürsten zur Verteidigung ihrer Länder an den Karpathen bereit. Jenseits der Karpathen, in der linken Flanke der Mongolen, sammelte sich das Magyarenheer der Ungarn unter ihrem König Bela IV.

Wenn nun Batu und Ssubotai sich südwärts nach Ungarn wandten, so ließen sie die polnische Armee in ihrem

Rücken. Gingen sie dagegen nach Westen gegen die Polen vor, so stand die ungarische Armee in ihrer linken Flanke.

Die Mongolen schienen sehr genau über den Aufmarsch der christlichen Heere unterrichtet zu sein: Auch hatten sie durch Erkundungsvorstöße im vergangenen Jahre nähere Nachrichten über die feindlichen Länder eingeholt. Dagegen hatten die christlichen Könige nur in geringem Maße Kenntnis von den Bewegungen der Mongolen.

Als der Boden einigermaßen abgetrocknet und für die Pferde gangbar war, brach Batu auf und marschierte in drei Gruppen ungehindert durch die Pripethsümpfe und die dichten, schwer zugänglichen Randwälder gegen die Karpathen vor. Ein viertes Armeekorps, das stärkste, entsandte er unter Kaidu und Baibars, zwei Enkeln Dschingis Khans, gegen die Polen.

Diese vierte Armeeabteilung rückte rasch nach Westen vor und traf auf die Streitkräfte Boleslaws gerade in dem Augenblick, als die Polen vorgeschobene mongolische Erkundigungstrupps verfolgten. Die Polen griffen mit ihrer bekannten Tapferkeit das mongolische Hauptheer an und wurden geschlagen. Boleslaw entfloh nach Mähren, die Reste seines Heeres wichen nach Norden aus, ohne indes von den Mongolen verfolgt zu werden. Das war am 18. März 1241. Krakau wurde niedergebrannt; dann rückten die Mongolen unter Kaidu und Baibars in Eilmärschen gegen den Herzog von Schlesien, um dessen Vereinigung mit der böhmischen Armee zu verhindern.

Am 9. April stießen sie in der Nähe von Liegnitz auf das Heer Heinrichs des Frommen. Ein authentischer Bericht über die Schlacht ist nicht vorhanden. Wir wissen nur, daß die deutschen und polnischen Scharen vor dem Ansturm der Mongolen zusammenbrachen und nahezu vernichtet wurden. Heinrich und seine Barone fielen bis auf den letzten Mann. Es heißt auch, daß der Großmeister der Deutschritter und neun Tempelherren mitsamt fünfhundert Gewappneten auf dem Schlachtfeld blieben.*

Liegnitz wurde von den Verteidigern niedergebrannt; und schon am folgenden Tage kamen die Mongolen unter Kaidu und Baibar in Fühlung mit dem fünfzig Meilen entfernt stehenden Heer Wenzeslaus' von Böhmen. Wenzeslaus rückte langsam von Ort zu Ort, immer hinter den Mongolen her, die bei seinem Eintreffen schon längst wieder verschwunden waren. Seine Armee war zu stark, um von dem mongolischen Korps angegriffen zu werden, konnte aber bei ihrer schwerfälligen Ausrüstung mit der asiatischen Reiterei nicht Schritt halten. Und so wurden gleichsam unter den Augen Wenzeslaus' Schlesien und das reiche Mähren verwüstet. Dann veranlaßten die Mongolen durch ein Scheinmanöver den König, nach Norden abzuschwenken, indes sie selbst sich nach Süden zur Vereinigung mit Batu wandten.

»Und wisse«, schrieb Ponce d'Aubon an Ludwig den Heiligen von Frankreich, »daß alle Barone in Deutschland, ihr König, die Orden und auch die Ungarn das Kreuz genommen haben, um gegen die Tataren anzugehen. Wenn es aber nach Gottes Willen geschehen sein sollte, wie unsere Brüder uns wahrscheinlich richtig er-

---

* Die Legende besagt, daß die Mongolen sämtlichen gefallenen Feinden ein Ohr abschnitten und auf diese Weise neun Säcke füllten, die sie Batu, ihrem Oberherrn, übersandten. Der Kopf des unglücklichen Heinrich wurde, auf eine Lanze aufgespießt, nach Liegnitz getragen.

zählt haben, daß sie besiegt wären, so gibt es niemand mehr, der die Tataren aufhalten könnte, bis in euer Land selbst vorzudringen.«

Als der Großmeister der Templer dies schrieb, waren die Ungarn in der Tat bereits geschlagen. In drei Kolonnen drangen Ssubotai und Batu durch das Gebirge; der rechte Flügel rückte von Galizien nach Ungarn ein, der linke, unter Führung von Ssubotai selbst, marschierte durch die Moldau. Kleinere vorgeschobene Heere, die sie auf dem Weg antrafen, wurden überrannt; und Anfang April, kurz vor der Schlacht bei Liegnitz, vereinigten sich die drei Kolonnen in der Nähe von Pest, wo Bela mit seinen Ungarn stand.

Ssubotai und Batu hatten keine Nachricht, wie die Dinge im Norden standen, und sandten daher eine Division aus, um die Verbindung mit den Enkeln Dschingis Khans an der Oder herzustellen. Eine kleine Truppe unter dem Bischof von Ugolin trat dieser Division entgegen; die Mongolen wichen in eine Sumpfniederung aus und umgingen die kühnen Ungarn. Der Bischof entfloh mit drei Begleitern – die einzig Überlebenden.

Inzwischen war König Bela mit seinem Heer – Magyaren, Kroaten, Deutsche und französische Templer aus Ungarn, im ganzen etwa hunderttausend Mann – über die Donau vorgerückt. Die Mongolen wichen, immer mit dem Gegner in Fühlung bleibend, langsam zurück. Batu, Ssubotai und Mangu – der Eroberer von Kiew – waren dem Heer nach Norden zu vorausgeeilt, um ein geeignetes Schlachtfeld zu erkunden. Sie fanden es in der Ebene von Mohi, die, nach Süden offen, auf den anderen drei Seiten von dem Sajo umflossen ist, der sich am Fuß der »weingesegneten

Hänge von Tokay« und den dunklen »Waldbergen von Lomnitz« dahinschlängelt.

Die Mongolen gingen über den Sajo zurück, ließen eine der breiten Steinbrücken unversehrt und verbargen sich etwa fünf Meilen weiter in den dichten Wäldern. Das Heer Belas folgte blindlings und bezog mit seinem ganzen schwerfälligen Train und Troß ein Lager in der Ebene von Mohi. Eine Abteilung von tausend Mann wurde über die Brücke hinaus zur Deckung vorgeschoben und entsandte Patrouillen nach den Wäldern, ohne indes etwas vom Feind zu entdecken.

Es ist Nacht! Ssubotai übernimmt den Befehl über den mongolischen rechten Flügel und führt ihn auf weitem Umweg zum Fluß zurück an eine Stelle, wo er eine Furt entdeckt hatte. Hier wird sofort mit dem Bau einer Brücke zur Erleichterung des Übergangs begonnen.

Der Morgen graut! Batus Vorhut bricht aus den Wäldern gegen die Brücke vor; die dort postierte feindliche Abteilung wird überrascht und vernichtet. Dann dringt die mongolische Hauptmacht über den Fluß, indes die Geschosse von sieben Wurfmaschinen auf Belas Ritter niederprasseln, die vergebens versuchen, den Ansturm der mongolischen Reiterei über die Brücke aufzuhalten.

Unaufhaltsam brechen sich die Mongolen, in ihrer Mitte die Fahne mit den neun Yakschwänzen, umgeben von Schamanen mit schwingenden Rauchgefäßen, durch die schon in Unordnung geratenen Reihen der Ungarn Bahn. »Ein großes graues Gesicht mit langem Bart spie Rauch aus unter gewaltigem Getöse«, erzählt einer der europäischen Mitkämpfer.

Die Tapferkeit von Belas Ritterschaft steht außer allem

Zweifel. Hartnäckig tobt die Schlacht weiter und war noch bis Mittag nicht entschieden. Dann aber hatte Ssubotai sein Umgehungsmanöver beendet und erschien im Rücken des ungarischen Heeres. Damit war der Widerstand der Ungarn gebrochen. Wie die Deutschritter bei Liegnitz, fielen hier die Templer bis zum letzten Mann.*

Die Ungarn flohen, hart verfolgt von den Mongolen. Auf zwei Tagemärsche hin waren die Straßen mit Leichen von Europäern besät. Vierzigtausend sind gefallen. König Bela wurde von seinem Gefolge getrennt, mußte seinen Bruder im Sterben, den Erzbischof tot zurücklassen. Nur dank der Schnelligkeit seines Pferdes vermochte er die Verfolger abzuschütteln, verbarg sich am Ufer der Donau, wurde aufgespürt und entwich in die Karpathen. Dort erreichte er später das gleiche Kloster, in dem schon sein Bruder – König von Polen, Boleslaw der Keusche – Zuflucht gefunden hatte.

Die Mongolen stürmten Pest und brannten die Vorstädte von Gran nieder. Dann drangen sie in Österreich bis Neustadt vor, wichen dem starken aber schwerfälligen böhmischen Heer aus und wandten sich nach der Adria, wo sie alle Städte längs der Küste mit Ausnahme von Ragusa zerstörten. In weniger als zwei Monaten hatten sie Europa vom Oberlauf der Elbe bis zum Mittelmeer überrannt, hatten drei große und ein Dutzend kleiner Heere geschlagen und alle Städte erstürmt mit Ausnahme von Olmütz, das sich unter Jaroslaw von Sternberg mit zwölftausend Mann tapfer hielt.

---

* »Magister vero Templarius cum tota acie Latinorum occubuit.« Thomas von Spalato.

Kein zweites Aufgebot hätte jetzt das westliche Europa vor dem unvermeidlichen Zusammenbruch bewahren können.* Den europäischen Heeren, die nur in festgeschlossener Masse zu manövrieren gewohnt waren und die befehligt wurden von militärisch nicht fachkundigen Monarchen wie Bela von Ungarn und Ludwig von Frankreich, fehlte es gewiß nicht an Tapferkeit; aber sie waren schlechthin ohnmächtig gegenüber der äußerst beweglichen mongolischen Reiterei, die zudem von Generälen wie Ssubotai, Mangu und Kaidu geführt wurde – jenen Veteranen des Krieges, die ein ganzes Leben lang auf zwei Kontinenten gefochten hatten. Doch zu einer letzten Entscheidung sollte es nicht mehr kommen. Eilboten aus Karakorum brachten den Mongolen die Nachricht vom Tode Ogotais mit der Aufforderung, nach der Gobi zurückzukehren.

Auf der Ratsversammlung in Karakorum ein Jahr danach hatte die Schlacht in der Ebene von Mohi noch ein eigenartiges Nachspiel. Batu warf Ssubotai vor, daß er zu spät auf dem Kampffeld eingetroffen wäre, wodurch er den Verlust vieler Mongolen verursacht hätte. Darauf erwiderte der alte General scharf:

»Du wirst wohl noch wissen, daß der Fluß da, wo du standest, nicht tief und eine Brücke dort schon vorhanden war. Wo ich hinübermußte, war der Fluß tief, und die Brücke mußte ich erst bauen.«

---

* Eine Darstellung dieses Feldzuges, der viel besprochen und nie ganz richtig verstanden worden ist, findet man in Henri Cordiers »Mélanges d'Histoire et de Géographie Orientales«, Band II; ferner in Sir Henry Howarth' »History of the Mongols«, Band I. Mehr Einzelheiten bringen Léon Cahuns »Introduction à l'Histoire de l'Asie«, S. 259–274 und »Der Einfall der Mongolen in Mitteleuropa« von Strakosch-Graßmann.

Batu mußte die Richtigkeit zugeben und hat Ssubotai nicht wieder getadelt.

9.

Urteile Europas über die Mongolen

Es ist hier wohl zur Genüge dargetan worden, daß die mongolischen Heere in mancher Beziehung den europäischen überlegen waren. Vor allen Dingen waren sie schneller und beweglicher. Während des Einfalls in Ungarn zum Beispiel legte Ssubotai mit seiner Division zweihundertneunzig Meilen in knapp drei Tagen zurück. Jener oben erwähnte Ponce d'Aubon meint, daß die Mongolen in einem einzigen Tage »so weit wie von Châtres bis nach Paris marschieren können«.

»Kein Volk in der Welt«, versichert ein zeitgenössischer Chronist*, »versteht es so wie die Mongolen – namentlich in offener Feldschlacht –, den Feind entweder durch persönliche Tapferkeit oder durch taktisches Geschick zu besiegen.«

Diese Meinung wird von Fra Carpini bestätigt, der bald nach dem verheerenden Einfall 1238–1242 zum Khan der Mongolen entsandt wurde, um den heidnischen Eroberer zu bewegen, von weiterem Hinmorden der Christenvölker abzulassen.

»Kein Königreich oder Land vermag den Tataren zu widerstehen«, erklärt er und fügt dann hinzu: »Die Tataren

---

* Thomas von Spalato, angeführt bei Léon Cahun

verdanken ihre Siege mehr der strategischen Kunst als lediglich ihrer Zahl.«

Dieser mutige Priester – der anscheinend einen guten Blick für militärische Dinge hatte – bemerkt auch, daß die »Tataren« durchaus nicht so zahlreich wären, als man glaubte, und daß sie an Wuchs und Körperkraft den Europäern durchaus nachständen. Des weiteren legt er den europäischen Monarchen – die im Kriege ohne Rücksicht auf Befähigung zum Führer stets das Kommando über ihre Armeen übernahmen – dringend ans Herz, die militärische Organisation und Taktik nach mongolischem Muster umzugestalten.

»Unsere Heere sollten nach der Weise der Tataren geführt werden und unter den gleichen strengen Kriegsgesetzen stehen. Das Kampffeld sollte, wenn irgend möglich, in einer Ebene gewählt werden, wo man nach allen Seiten weithin Überblick hat. In keinem Fall sollte das Heer in einer einzigen Masse aufgestellt werden, sondern in mehreren getrennten Abteilungen. Aufklärer und Kundschafter sind nach allen Richtungen hin vorzuschicken. Unsere Generäle müßten beim Nahen des Feindes ihre Truppen Tag und Nacht unter Waffen und alarmbereit halten, denn die Tataren sind flink wie die Teufel.

Die Fürsten und Regenten der Christenheit können nur dann hoffen, dem weiteren Vordringen der Tataren Einhalt zu tun, wenn sie sich zusammenschließen und ihre Truppen unter einheitlichen Oberbefehl stellen.«

Carpini verfehlt auch nicht, die Bewaffnung der Mongolen genau zu beschreiben, und rät, die Ausrüstung der europäischen Soldaten zu verbessern. »Die Herren der Christenheit sollten eine Anzahl Truppenkörper mit Bogen und Armbrust bewaffnen und auch genügend Artillerie mitführen, die von den Tataren sehr gefürchtet wird. Daneben sollte ein Teil der Soldaten mit guten eisernen Streitkolben und langgestielten Äxten ausgerüstet sein. Die Pfeilspitzen sollten, wie bei den Tataren, durch Eintauchen des noch heißen Eisens in Salzwasser gehärtet werden, was ihre Durchschlagskraft erhöht. Ein möglichst großer Teil der Leute sollte mit guten Eisenhelmen und stichfesten Panzern für Mann und Pferd ausgerüstet sein; und die leichter Bewaffneten sollten sich hinter der schweren Kavallerie halten.«

Auch die mongolische Angriffsvorbereitung machte starken Eindruck auf Carpini: »Sie überschütten die feindlichen Reihen zuerst mit einem Pfeilregen, der starke Verluste verursacht; und ist dann der Gegner genügend erschüttert, fallen sie über ihn her.«

Friedrich III. – jener deutsche Kaiser, der den berühmten Kampf mit dem Papst ausfocht – war damals von den europäischen Fürsten um Hilfe angerufen worden und schrieb an den König von England: »Die Tataren sind von kleiner Statur, aber kräftigem Körperbau; sie sind außerordentlich zäh, mutig und draufgängerisch, stets bereit, sich auf ein Zeichen ihres Führers hin in die tollste Gefahr zu stürzen. Aber – und das kann nicht ohne Seufzer gesagt werden – während sie früher nur Panzer aus Leder oder Eisenplatten trugen, sind sie jetzt mit schönen und praktischen Rüstungen ausgestattet, die sie von Christen erbeutet haben, so daß wir jetzt zu unserer Schande und Schmach mit unseren eigenen Waffen geschlagen werden. Überdies sind sie besser beritten, ernähren sich von ausgewählteren Speisen und sind reicher gekleidet als die Unsrigen.«

Ungefähr zur Zeit dieses Schreibens erhielt Kaiser Friedrich von der siegreichen mongolischen Invasionsarmee die Aufforderung, Untertan des Großkhans zu werden. Die Bedingungen des Anerbietens waren vom mongolischen Standpunkt aus maßvoll genug: Der Kaiser sollte sich und sein Volk für unterworfen erklären, wodurch ihr Leben geschont würde*, sollte selbst nach Karakorum kommen und am dortigen Hof das Amt übernehmen, das man ihm übertragen werde. Friedrich antwortete darauf gut gelaunt, er verstände sich gut auf das Abrichten von Raubvögeln und wäre daher wohl am besten zum Falkenier des Khans geeignet.

10.

Beziehungen zwischen europäischen Monarchen und den Mongolen

Nach Batus und Ssubotais Rückzug aus Europa im Jahre 1242 veranlaßte die allgemeine Furcht vor einem zweiten mongolischen Einfall die christlichen Monarchen zu

---

* »Il fallait reconnaître leur Empire ou mourir«. – Abel Rémusat. Die Unterwerfung eines Volkes war stets mit einer erheblichen Kontribution verknüpft, die oft zwei- bis dreimal eingetrieben wurde. Die Mongolen waren ebenso tolerant wie habgierig. Man muß übrigens anerkennen, daß Dschingis Khan nie ohne berechtigten Anlaß Krieg erklärte. Zugegeben, daß er solchen Anlaß bisweilen selbst geschaffen hat, aber immerhin war er dann vorhanden. Er hat den Mongolen als Sieger drei Grundsätze eingeprägt, an denen sie später noch lange Zeit festhielten: kein Volk zu vernichten, das sich freiwillig unterwarf; niemals vom Krieg gegen die ablassen, die Widerstand leisteten; alle Religionen zu dulden, ohne je einer den Vorzug zu geben.

den verschiedensten Maßnahmen. Papst Innozenz IV. berief das Konzil von Lion, um, neben anderem, auch die Rettung der Christenheit vor den Mongolen zu beraten. Der Heilige Ludwig erklärte mit großartiger Geste, daß die gesamte Ritterschaft Frankreichs zur Verteidigung der Kirche sterben würde, falls die »Tataren« nochmals einfallen sollten. Darauf zog er zu dem unglückseligen Kreuzzug nach Ägypten aus und schickte verschiedentlich Priester oder Gesandte an die Mongolen südlich des Kaspischen Meeres, die damals von Baidschu-Khan befehligt wurden.

Eine an den Großkhan in Karakorum beförderte Gesandtschaft hatte ein etwas erheiterndes Ergebnis. »Als die Gesandten«, erzählt der mittelalterliche Chronist Joinville, »ihre spärlichen Geschenke überreichten, wandte sich der Khan an seine versammelten Adligen und sagte: Ihr Herren, der König der Franken bietet uns hiermit seine Unterwerfung an, und dies ist der Tribut, den er uns sendet.«

Die Mongolen suchten Ludwig mehrfach zu bewegen, sich ihrem Khan zu unterwerfen und Tribut zu zahlen, damit er, wie andere Herrscher, des Schutzes durch die mongolische Macht teilhaftig werde. Auch rieten sie ihm, gegen die Seldschuken in Kleinasien zu Felde zu ziehen, mit denen sie damals in Krieg lagen. Jahre danach entsandte Ludwig den rüstigen und klugen Frater Rubruquis an den Hof des Khans, trug aber Sorge, den Mönch zu instruieren, sich nicht als Gesandten vorzustellen und seine Reise nicht etwa als Akt der Unterwerfung auslegen zu lassen.

In einem der Schreiben, die Ludwig von den Mongolen erhielt, wurde auf die Tatsache hingewiesen, daß unter den Mongolen zahlreiche Christen lebten. »Wir haben kraft unserer Macht und Herrschaft die Bestimmung erlassen, daß in den muhammedanischen Ländern alle Christen von Abgaben und öffentlichen Dienstleistungen befreit sind und daß man ihnen mit Anstand und Ehren begegnen soll. Niemand darf sie in ihrem Besitz beeinträchtigen; ihre zerstörten Kirchen sind wiederherzustellen, und es ist ihnen gestattet, ihre ehernen Platten erklingen zu lassen.«*

Es ist richtig, daß die mongolischen Il-Khans von Persien christliche Frauen hatten und christliche Armenier ihnen als Minister dienten. Reste von Kreuzrittern in Palästina kämpften zeitweise in den mongolischen Reihen. Der Il-Khan Arghun ließ Kirchen wiederaufbauen, die im letzten Krieg zerstört worden waren.

Und ein empörter Muhammedaner schrieb, daß im Jahre 1259 der Mongolen-Il-Khan Hulagu Befehl erließ, daß in ganz Syrien jede religiöse Sekte ihren Glauben öffentlich ausüben dürfte und keinem Moslem verstattet wäre, sie darin zu stören. An jenem Tage hätte jeder Christ vom niedrigsten bis zum höchsten seine besten Gewänder angelegt.**

Die Haltung der Mongolen den Christen in Palästina gegenüber war sicherlich durch den Wunsch bestimmt, in den Europäern Helfer gegen die Muhammedaner zu gewinnen. Im Jahr 1274 schickten sie auch zu diesem Zweck eine Gesandtschaft an den Papst und darauf an Eduard I.

---

* Howarth, »History of the Mongols«, III. Teil
** »An Answer to the Dhimmis« – Richard Gottheil, »Journal of the American Oriental History«, Dez. 1921

von England, dessen Antwort recht spitzfindig ausfiel, da ihm eine Expedition nach Jerusalem durchaus fernlag: »Wir nehmen zur Kenntnis, daß Ihr beschlossen habt, das Heilige Land von den Feinden der Christenheit zu befreien. Das ist sehr erfreulich für uns, und wir danken Euch sehr. Aber wir können Euch zur Zeit noch keine bestimmten Angaben darüber machen, wann wir im Heiligen Lande ankommen werden.«

Inzwischen schickte der Papst weitere Gesandte an Baidschu am Kaspischen Meer. Diese Emissäre beleidigten die Mongolen in hohem Maße, denn sie kannten den Namen des Khans nicht und hielten den Heiden eine Lektion über die Sünde des Blutvergießens. Die Mongolen erklärten, der Papst müßte sehr unwissend sein, wenn er nicht einmal den Namen des Mannes wüßte, der über die ganze Welt herrschte, und was das Töten ihrer Feinde anbeträfe, so sei ihnen das vom Sohn des Himmels selbst befohlen worden. Baidschu war geneigt, die ungeschickten Priester töten zu lassen; aber er schonte sie und sandte sie unversehrt zurück, da er sie trotz allem als Gesandte betrachtete.

Die Antwort Baidschus, die er ihnen für Innozenz IV. mitgab, ist erwähnenswert.

»Auf Befehl des obersten Khans sendet Baidschu Noyon diese Worte: Papst, weißt du, daß deine Gesandten mit Briefen von dir zu uns gekommen sind? Deine Gesandten haben große Worte geäußert. Wir wissen nicht, ob sie es auf deinen Befehl taten. Deshalb schicken wir dir diese Botschaft. Wenn du über Land und Wasser, dein Patrimonium, zu herrschen wünschst, so mußt du, Papst, schon persönlich zu dem kommen, der über die ganze Erde herrscht. Was geschehen wird, wenn du nicht kommst, wissen wir nicht. Gott allein weiß es. Nur wird es gut sein, wenn du uns Boten schickst, um uns mitzuteilen, ob du kommst oder nicht und ob du in Freundschaft kommst oder nicht.«*

Unnötig zu sagen, daß Innozenz IV. die Reise nach Karakorum nicht machte. Die Mongolen kehrten nicht wieder nach Mitteleuropa zurück, und so bleibt es zweifelhaft, ob die Ritterschaft Westeuropas sie wirklich aufgehalten hätte.

Ssubotai und der herrische Tuli starben. Batu, der Sohn Juchis, fühlte sich sehr wohl in Sari, seiner goldenen Hauptstadt an der Wolga. In ganz Asien schwelte der Bürgerkrieg, und das westliche Vordringen der Mongolen kam zu Stillstand. Zu Ende des dreizehnten Jahrhunderts fielen sie nochmals in Ungarn ein, dann zogen sie sich für immer in die Wolgaebene zurück.

---

* Aus dem »Speculum Historiae« von Vincent de Beauvais. Auch dieser Brief enthielt den ominösen Satz: »Was geschehen wird, wissen wir nicht. Gott allein weiß es« – die übliche Warnungsformel, wenn die Mongolen Krieg beabsichtigten. Dem Seldschukenfürsten Kai Kosru schickten sie eine lakonische Antwort: »Du hast tapfer gesprochen. Gott wird den Sieg geben nach Seinem Willen.« Es scheint, daß sie, nach dem Brauch Dschingis Khans, einem Gegner stets erst Gesandte schickten und ihm bestimmte Bedingungen stellten. Wurden diese abgelehnt, dann schickten sie ihre Warnungsformel und rüsteten zum Krieg.

11.
Das Grab Dschingis Khans

Vor einiger Zeit brachte ein Londoner Blatt die Mitteilung, daß Professor Peter Kozloff die Lage von Dschingis Khans Grab gefunden habe, was allgemeines Interesse erregte. Diese Nachricht wurde später von Professor Kozloff in einem Telegramm aus Leningrad dementiert, abgedruckt in New York Times vom 11. November 1917. In dem Bericht über seine Forschungsreise in die Gegend von Kara Kotho in der südlichen Gobi 1925–1926, wo er Spuren einer skythisch-sibirischen Frühkultur gefunden hat, weist Professor Kozloff darauf hin, daß der Ort von Dschingis Khans Grab noch immer unbekannt ist.

Es existieren die mannigfachsten und widersprechendsten Überlieferungen über das verschollene Grab. Marco Polo erwähnt das Grab nur nebenbei und meint, es läge wohl da, wo auch die anderen mongolischen Herrscher begraben sind.

Raschid el-Din erklärt, Dschingis Khan wäre auf einem Yakka Kuruk genannten Berg unweit Urga begraben, einem Ort, der öfters in der Sanang Setzen erwähnt wird. Quatremere und andere wollen diesen Berg mit dem Khanula bei Urga identifizieren. Aber all das ist zweifelhaft.

Der Archimandrit Palladius schreibt: »In den Geschichtsdokumenten der mongolischen Periode findet sich nirgends eine genaue Angabe über den Ort, wo Dschingis Khan begraben wurde.«

Eine jüngere Überlieferung, von E. T. C. Werner ange-

Das Grab Dschingis Khans

führt, verlegt das Grab des Eroberers in das Land Ordos, nahe bei Edschenschoro. An jener Stelle werden am einundzwanzigsten Tag des dritten Monats in jedem Jahr von mongolischen Fürsten Feierlichkeiten abgehalten. Reliquien des großen Khans, Sattel, Bogen und anderes werden zu seiner Ruhestätte gebracht, die kein eigentliches Grab, sondern ein von Steinen umrahmter Platz ist. Zwei weiße Filzzelte standen dort; das eine soll, wie es heißt, ein Kästchen aus Stein enthalten, dessen Inhalt unbekannt ist.

Werner glaubt, daß die Mongolen recht haben mit der Behauptung, die Gebeine des Eroberers ruhen in jener Grabstätte, die noch heute von fünfhundert, mit besonderen Vorrechten ausgestatteten Familien behütet wird. Sie liegt jenseits der Großen Mauer, südlich der Ho-Beuge, etwa auf 40° nördlicher Breite und 109° östlicher Länge.

Zum Beweis führte er die Aussage des mongolischen Fürsten von Kalachin, eines Nachkommen Dschingis Khans, an, eine vielleicht zuverlässigere Quelle als alle jene unbestimmten und sich widersprechenden Angaben der Chroniken.*

---

* Weitere Einzelheiten findet man in der Yule-Cordier-Ausgabe der Reiseberichte Marco Polos, Band I, S. 247 ff.; ferner E. T. C. Werner »The Burial Place of Dschingis Khan« und W. W. Rockhills Reisetagebuch.

12.

Ye Liu Chutsai, der Weise von Cathay

Wohl nur wenige haben eine gleich schwierige Stellung im Leben gehabt, wie jener junge Cathayer, der die Aufmerksamkeit Dschingis Khans erregt hatte. Er war einer der ersten chinesischen Gelehrten, die die Horde begleiteten; und die Mongolen machten es diesem Studenten der Philosophie, Astronomie und Medizin gewiß nicht leicht. Ein Offizier, berühmt ob seiner Geschicklichkeit im Anfertigen von Bogen, machte sich über den hochaufgeschossenen und langbärtigen Cathayer lustig.

»Was hat ein Bücherwurm in einer Gemeinschaft von Kriegern zu schaffen?« fragte er.

»Um gute Bogen zu machen«, erwiderte Ye Liu Chutsai, »braucht man einen Holzbereiter; aber wenn es ein Kaiserreich regieren heißt, braucht man einen Mann von Wissen.«

Er wurde ein Günstling des alten Eroberers. Während des langen Marsches nach Westen, indes die Mongolen reiche Beute zusammenrafften, sammelte der Cathayer Bücher, astronomische Instrumente und Kräuter für seinen Gebrauch; auch fertigte er Karten von den zurückgelegten Wegstrecken an. Als einmal eine Epidemie in der Horde ausbrach, nahm er an den Offizieren, die ihren Spott mit ihm getrieben hatten, die Rache eines Gelehrten. Er verabreichte ihnen Rhabarber und heilte sie so in jederlei Hinsicht.

Dschingis Khan schätzte ihn vor allem um der Lauterkeit und Ehrlichkeit seines Charakters willen; und Ye Liu

Chutsai benutzte jede Gelegenheit, um dem Gemetzel der Mongolen soweit als möglich Einhalt zu tun. Eine Legende erzählt, daß Dschingis Khan einst in einem Engpaß des unteren Himalaya vor sich auf dem Wege ein Wundertier von seltener Schönheit erblickte, wie ein Hirsch gestaltet, aber von grünlicher Färbung und mit nur einem Horn. Er fragte Ye Liu Chutsai, was diese Erscheinung zu bedeuten habe, und der Cathayer antwortete mit großem Ernst:

»Dieses seltsame Tier wird Kio-tuan genannt. Es versteht jegliche Sprache der Erde; es liebt die Menschen und hat heftigen Abscheu vor allem Töten. Sein Erscheinen ist zweifellos eine Warnung an dich, o mein Khan, von der Vernichtung der Menschen abzulassen.«

Unter der Regierung Ogotais lag die tatsächliche Verwaltung des Reiches in den Händen des Cathayers, der es durchsetzte, daß die Strafjustiz nicht mehr von mongolischen Offizieren, sondern von eigens dazu eingesetzten Beamten ausgeübt wurde. Auch ernannte er Steuereinnehmer und führte eine regelrechte Finanzverwaltung ein. Sein rascher Verstand und gelassener Mut gefielen den heidnischen Eroberern; und er wußte Einfluß auf sie zu gewinnen. Ogotai war ein großer Trinker, und Ye Liu Chutsai hatte alle Ursache zu wünschen, daß er lange am Leben bliebe. Da alle Vorstellungen beim Khan nichts nützten, brachte der Cathayer ihm eines Tages ein eisernes Gefäß, in dem der Wein einige Tage gestanden hatte, so daß seine Ränder durch die Säure angefressen worden waren. »Wenn der Wein«, sagte er, »sich schon in Eisen einfrißt, so urteile selbst, wie er wohl auf deine Eingeweide wirken mag.«

Ogotai war durch diesen Beweis geschlagen und mäßigte sein Trinken – obwohl er tatsächlich daran gestorben ist. Als er sich einmal über seinen Kanzler geärgert hatte, ließ er ihn ins Gefängnis werfen, wurde aber später anderen Sinnes und befahl, ihn freizulassen. Der Cathayer jedoch verließ seine Zelle nicht; und Ogotai schickte nach ihm, um festzustellen, warum er nicht am Hofe erschiene.

»Du nanntest mich deinen Minister«, sandte der Gelehrte zur Antwort. »Du hast mich ins Gefängnis werfen lassen. Also war ich schuldig. Du hast mir meine Freiheit wiedergegeben. Also bin ich unschuldig. Es ist für dich ein kleines, dein Spiel mit mir zu treiben. Aber wie soll ich dann die Geschäfte des Reiches führen?«

Er wurde, Millionen von Menschen zum Heil, wieder in sein Amt eingesetzt. Als Ogotai starb, nahm man dem alten Cathayer die Verwaltung ab und übertrug sie einem Muhammedaner namens Abd el Rahman. Der Kummer über die schroffen Maßnahmen des neuen Ministers beschleunigte den Tod Chutsais.

In der Meinung, daß er während seines langen Lebens unter den Khans viele Reichtümer gesammelt haben müßte, durchsuchten nach seinem Tode einige mongolische Offiziere sein Haus. Sie fanden keine anderen Schätze als ein regelrechtes Museum von Musikinstrumenten, Manuskripten, Karten, Tabellen und Steinen mit eingravierten Inschriften.

13.

Ogotai und seine Schätze

Der Sohn, der dem alten Eroberer auf den Thron folgte, sah sich fast gegen seinen Willen zum Herrn über die Hälfte der Welt gesetzt. Ogotai besaß die den Mongolen eigene gute Laune und Duldsamkeit, ohne die Härte seiner Brüder. Er hauste in seinem prächtigen Zeltpalast in Karakorum und begnügte sich damit, die Scharen der Besucher zu empfangen, die dem Khan ihre Huldigung darzubringen kamen. Seine Brüder und Offiziere führten die Kriege, und Ye Liu Chutsai besorgte das Eintreiben der Steuern.

Ogotai bot in seiner Körperfülle und seiner friedlichen Gemütsart ein merkwürdiges Bild – ein wohlwollender Barbar, dem alle Kulturschätze des Ostens, Frauen von einem Dutzend Kaiserreichen und Pferdeherden auf unermeßlichen Weideflächen zur Verfügung standen. Seine Taten sind von einer geradezu erfrischenden Unköniglichkeit. Wenn seine Offiziere gegen seine Gewohnheit protestierten, alles, was ihm unter die Augen kam, zu verschenken, so erwiderte er, daß er bald aus der Welt verschwinden und nur das Gedächtnis der Menschen sein einziger Besitz sein werde.

Er machte sich nichts aus den Schätzen, die persische und indische Herrscher aufgehäuft hatten. »Sie waren Narren«, sagte er, »und jene Güter brachten ihnen auch kein Glück. Sie haben nichts davon aus der Welt mitnehmen können.«

Als die schlauen muhammedanischen Kaufleute von

seiner unbegrenzten Freigebigkeit hörten, drängten sie sich an seinen Hof mit ihren Waren und entsprechenden Rechnungen. Diese Rechnungen wurden dem Khan abends, wenn sein Hof versammelt war, vorgelegt. Einmal erhoben die anwesenden Adligen Einspruch und erklärten, er werde von den Kaufleuten in geradezu lächerlicher Weise übervorteilt. Ogotai gab das zu.

»Sie kommen her, weil sie sich einen Vorteil von mir versprechen, und ich will nicht, daß sie enttäuscht von mir gehen.«

Sein Gebaren hatte etwas von dem eines Harun al Raschid der Wüste. Bei seinen Ausfahrten liebte er es, sich mit zufällig des Weges Kommenden zu unterhalten; und bei solcher Gelegenheit fiel ihm einmal die Armut eines alten Mannes auf, der ihm drei Melonen anbot. Da er im Augenblick weder Silber noch reiche Gewänder bei sich hatte, befahl er einer seiner Frauen, ihre Perlohrringe von außerordentlichem Wert dem Bettler als Belohnung zu übergeben.

»Es wäre besser, o mein Herr«, wandte sie ein, »ihn morgen an den Hof zu bestellen und ihm Silber zu geben, das ihm nützlicher sein wird als diese Perlen.«

»Der wirkliche Arme«, erwiderte der erfahrene Mongole, »kann niemals bis morgen warten. Außerdem werden die Perlen bald wieder in meinen Schatz zurückkehren.«

Ogotai besaß die Vorliebe der Mongolen für Jagd, Ringkämpfe und Pferderennen. Sänger und Athleten reisten aus dem fernen Cathay und aus den Städten Persiens an seinen Hof. Zu seiner Regierungszeit begann der innere Zwist, der schließlich der mongolischen Dynastie verhängnisvoll werden sollte: der religiöse Gegensatz zwischen Muhammedanern und Buddhisten, zwischen Persien und China. Dieser Hader war dem Sohn Dschingis Khans lästig, und seiner einfachen Denkungsart gelang es bisweilen, die fortgesetzten Intrigen zu vereiteln. So kam einmal ein Buddhist zu ihm und erzählte, Dschingis Khan wäre ihm im Traum erschienen und habe folgenden Befehl ausgesprochen:

»Gehe und gebiete meinem Sohn, alle jene, die an Muhammed glauben, zu vernichten, denn es ist ein nichtswürdiges Volk.«

Die Strenge des toten Eroberers gegen die Völker des Islams war allzu bekannt, und eine »Yarligh« – ein Befehl des Großen Khans –, durch eine Vision bekanntgegeben, war eine ernste Sache. Ogotai dachte eine Weile nach.

»Hat Dschingis Khan durch einen Dolmetscher zu dir gesprochen?« fragte er schließlich.

»Nein, o mein Khan, er selbst sprach zu mir.«

»Kennst du die mongolische Sprache?« verhörte ihn der Khan weiter.

Und nun ergab sich, daß der Mann, der die Gnade dieser Vision gehabt haben wollte, lediglich türkisch sprechen konnte.

»Dann hast du mich also belogen«, erwiderte der Khan, »denn Dschingis Khan sprach nur Mongolisch.« Und er befahl, den Widersacher der Muhammedaner ins Jenseits zu befördern.

Ein andermal unterhielten ihn chinesische Schausteller mit einem Puppenspiel. Unter den Marionetten fiel dem Khan die Figur eines alten Mannes mit einem Turban und langem, weißem Schnurrbart auf, der, an den Schwanz eines Pferdes gebunden, herumgeschleift wurde. Er forderte von den Chinesen eine Erklärung, was das zu bedeuten hätte.

»Es stellt dar, wie die Mongolen muhammedanische Gefangene hinter sich hergeschleift haben«, antwortete der Leiter des Spiels.

Ogotai befahl, das Spiel abzubrechen, und ließ von seinen Dienern aus den Schatzkammern die reichsten Gewänder, schönsten Stoffe und besten Kunstwerke sowohl Chinas wie Persiens bringen. Er führte den Chinesen vor Augen, daß ihre Erzeugnisse den westlichen an Wert und Arbeit unterlegen waren, und fügte hinzu: »In meinem Reich gibt es keinen einzigen wohlhabenden Muhammedaner, der nicht mehrere chinesische Sklaven hätte – aber kein reicher Chinese hat auch nur einen muhammedanischen Sklaven. Außerdem wird euch bekannt sein, daß Dschingis Khan jedem, der einen Muhammedaner erschlug, eine Belohnung von vierzig Goldstücken versprach, während er das Leben eines Chinesen nicht einmal für so wert wie das eines Esels hielt. Wie kannst du also einen Muhammedaner verspotten?« Und er schickte die Schauspieler mit ihren Marionetten vom Hof.*

---

* Für weitere Einzelheiten aus dem Leben Ye Liu Chutsais und Ogotais: Abel Rémusat: »Nouveaux Mélanges Asiatiques«; Louis Dubeux »Tartarie«, »The Book of The Yuan«, aus den chinesischen Annalen übersetzt von Amiot; und M. Bazin »Le Siècle des Youen«.

14.

Der letzte Hof der Nomaden

Von der Reise des Fra Rubruquis nach dem Lashgar oder dem Wanderhof Mangu Khans, Enkel des Dschingis Khan *

Nur zwei Europäer haben uns eine Beschreibung der Mongolen hinterlassen, bevor die Residenz der Khans nach Cathay verlegt wurde. Der eine war der Mönch Carpini; der andere der kraftvolle Fra Rubruquis, der mutig in das Tatarenreich reiste, ungeachtet er so ziemlich überzeugt war, zu Tode gefoltert zu werden. Nach dem Befehl seines königlichen Herrn, Ludwigs des Heiligen von Frankreich, ging er nicht als Gesandter, sondern als Bote des Friedens, in der Hoffnung, die heidnischen Eroberer irgendwie von weiteren Kriegszügen gegen Europa abbringen zu können.

Begleitet nur von einem furchterfüllten Mönchbruder, verließ er Konstantinopel, und bald öffneten sich vor ihm die weiten Steppen Asiens. Bis ins Mark durchfroren, halb verhungert und an allen Gliedern gelähmt, überstand er diesen dreitausend Meilen langen Weg. Während der Reise von der Wolgagrenze ab hatten ihn die Mongolen mit Schaffellen, Filzsocken, Schuhen und Fellkappen ausgestattet und Sorge getragen, daß ihm jeden Tag ein kräftiges Pferd ausgesucht wurde; denn er war sehr dick und schwer.

Für die Mongolen war er ein Rätsel: ein langbekleideter und barfüßiger Mann aus dem fernen Land der Franken,

---

* Geändert und gekürzt aus Astleys »Reisen« entnommen

der weder Kaufmann noch Gesandter war, keine Waffen trug, keine Geschenke gab und keine Gabe annahm. Ein merkwürdiges Bild in der Tat, dieser robuste und zuversichtliche Bruder, der aus dem geschlagenen Europa ausgewandert war, um vor den Khan zu treten – ein ärmliches, aber kein demütiges Mitglied in jenem langen, ostwärts in die Wüste reisenden Zuge – in dem sich ein Jaroslaw, der Herzog von Rußland, cathayische und türkische Prinzen, die Söhne des Königs von Georgien, der Gesandte des Kalifen von Bagdad und die großen Sultane der Sarazenen befanden. Und mit guter Beobachtungsgabe beschreibt uns Rubruquis den Hof des Nomadeneroberers, wo die »Barone« Milch aus juwelenbesetzten Bechern tranken und in Schaffelle gekleidet auf goldstrotzenden Sätteln ritten.

Seine Ankunft am Hof Mangu Khans schildert er wie folgt:

Am Stephanstag im Dezember kamen wir auf eine große Ebene, in der nicht ein Hügelchen zu sehen war, und am anderen Tage erreichten wir den Hof des Großkhans.

Unser Führer bekam ein geräumiges Haus zugewiesen, indes wir drei uns mit einem Hüttchen begnügen mußten, in dem kaum Platz war für unser Gepäck, die Betten und ein kleines Feuer. Viele kamen zu unserem Führer mit einem aus Reis bereiteten Getränk in langhalsigen Flaschen, das wie der beste Wein schmeckte und nur anders roch. Wir wurden herausgerufen und über unsere Geschäfte befragt. Ein Sekretär erzählte mir, daß wir die Hilfe der Tataren gegen die Sarazenen begehrten, und das verwunderte mich sehr, denn ich wußte, daß die Briefe Seiner

Majestät* keinerlei militärische Unterstützung erbaten, sondern lediglich dem Khan vorschlugen, Freundschaft mit den Christen zu halten.

Die Mongolen fragten dann, ob wir Frieden mit ihnen machen wollten. Darauf antwortete ich: »Da der König von Frankreich nichts Feindseliges unternommen hat, so hat er auch keinen Grund zum Krieg gegeben. Sollten wir ohne Grund angegriffen werden, so vertrauen wir auf Gottes Hilfe.«

Sie waren sehr erstaunt darüber und fragten: »Bist du nicht gekommen, um Frieden zu machen?«

Am folgenden Tag ging ich barfuß zum Hof, worüber das Volk erstaunt starrte; aber ein ungarischer Bursche unter der Menge, der unseren Orden kannte**, erklärte ihnen den Grund. Darauf stellte ein Nestorianer, der erste Sekretär des Hofes, eine Menge Fragen an uns, und dann gingen wir wieder zu unseren Quartieren zurück.

Auf dem Wege dorthin bemerkte ich am Ende des Hofes nach Osten zu ein kleines Haus mit einem Kreuz darauf. Ich freute mich darüber, da ich glaubte, dort einige Christen zu finden. Kühn trat ich hinein und fand einen gut ausgestatteten Altar mit einer goldenen Decke, die mit Bildern von Christus, der Jungfrau, Johannes dem Täufer und zwei Engeln geschmückt war; die Umrisse ihrer Körper und Kleider waren mit kleinen Perlen eingefaßt.

Auf dem Altar stand ein großes silbernes Kreuz, das

---

* Ludwig der Heilige, der König von Frankreich, der damals Gefangener der Mamelucken war
** Rubruquis war Franziskaner und der erste Priester, der in seiner Kutte im fernen Asien erschien. Carpini, der Gesandte des Papstes, hatte besondere Kleidung angelegt.

von kostbaren Steinen und Verzierungen funkelte. Davor brannte eine Lampe mit acht Lichtern. Neben dem Altar sah ich einen schwärzlichen, mageren armenischen Mönch sitzen, der mit einem rauhen Haargewand bekleidet war, unter dem er einen eisernen Gürtel trug.

Bevor wir den Mönch begrüßten, ließen wir uns flach auf den Boden fallen und sangen Ave regina und andere Hymnen, in die der Mönch mit einstimmte. Dann setzten wir uns zu dem Mönch, der ein kleines Feuer in einer Pfanne vor sich stehen hatte. Er erzählte uns, daß er ein Eremit aus Jerusalem sei und einen Monat vor uns angekommen wäre. Er nannte sich Sergius.

Nachdem wir eine Weile geplaudert hatten, gingen wir in unsere Quartiere, wo wir uns etwas Fleisch und Hirse zum Abendessen kochten. Unser mongolischer Führer und seine Kameraden zechten am Hof, und man kümmerte sich sehr wenig um uns. Die Kälte war so groß, daß am andern Morgen meine Zehenspitzen erfroren waren, so daß ich nicht länger barfuß gehen konnte.

Wenn der Frost einmal angefangen hat, dauert er bis zum Mai, und selbst dann friert es noch morgens und abends. Während unseres Aufenthaltes ist eine Menge Vieh durch die Kälte und die eisigen Stürme umgekommen.

Die Leute vom Hof* brachten uns Mäntel, Hosen und Schuhe aus Widderfell, die mein Begleiter und der Dol-

---

* Wenn Rubruquis vom Hof spricht, so meint er die Quartiere des Khans, seiner Frau und der höheren Offiziere im Mittelpunkt des Lagers. Von dem Lager Batus – dem Vetter Mangus – an der Wolga sagt er: »Wir waren erstaunt über die Pracht dieses Lagers. Die Häuser und Zelte erstreckten sich über einen weiten Raum, und ringsumher, im Umkreis von drei oder vier Meilen, war eine Menge Volk angesiedelt.«

metscher auch annahmen. Am fünften Januar wurden wir an den Hof befohlen.

Wir wurden gefragt, in welcher Form wir dem Khan unsere Ehrerbietung erweisen wollten, worauf wir antworteten, daß wir aus einem weiten Land herkämen und mit ihrer Erlaubnis erst Gott danken wollten, der uns heil bis hierher geleitet hatte. Danach wollten wir dem Khan alle ihm gebührenden Ehren erweisen. Sie gingen in den Empfangsraum und berichteten, was wir gesagt hatten. Als sie zurückkamen, führten sie uns vor den Eingang zur Halle, lüfteten die Filzklappe vor der Tür, und wir sangen ein »Solis ortus cardine«.

Sie durchsuchten die Falten unserer Gewänder nach Waffen, und unser Dolmetscher mußte Messer und Gürtel bei der Wache an der Tür zurücklassen. Als wir eingetreten waren, wurde unser Dolmetscher neben einen Tisch gestellt, auf dem eine Menge Stutenmilch stand, während uns eine Bank vor den Frauen angewiesen wurde.

Der ganze Raum war mit Golddecken ausgehangen, und auf dem Herd in der Mitte brannte ein Feuer von Dornen, Wurzeln und Kuhdünger. Der Khan saß auf einem Lager, das mit glänzenden und leuchtenden Pelzen, Robbenfellen ähnlich, bedeckt war. Er war ein mittelgroßer Mann mit flacher Nase, ungefähr fünfundvierzig Jahre alt; eine seiner Frauen – ein hübsches kleines Ding – saß neben ihm. Eine seiner Töchter, eine sehr bevorzugte junge Dame, saß gleichfalls ganz in seiner Nähe. Das Haus hier hatte der Mutter dieser Tochter gehört, die eine Christin gewesen war, und die Tochter war nun die Herrin des Hauses.

Wir wurden gefragt, ob wir Reiswein, Stutenmilch oder

Honigmet trinken wollten – die drei bei ihnen im Winter üblichen Getränke. Ich antwortete, daß wir uns nichts aus dem Trinken machten und zufrieden wären mit dem, was uns der Khan anzubieten geruhen würde. So bekamen wir Reiswein, von dem ich aus Höflichkeit ein wenig versuchte.

Nach einer langen Pause, während der sich der Khan mit Falken und anderen Vögeln vergnügte, wurden wir aufgefordert zu sprechen, wobei wir die Knie zu beugen hatten. Der Khan hatte seinen eigenen Dolmetscher, einen Nestorianer; dem unsrigen hatte man so viel von den Getränken auf dem Tisch gegeben, daß er ganz betrunken war. Ich sprach folgendermaßen zum Khan: »Wir danken und preisen Gott, daß er uns von so weit her vor das Angesicht Mangu Khans geführt hat, dem er eine so große Macht verliehen. Die Christen im Westen, im besonderen der König von Frankreich, senden uns mit Briefen zu ihm, in denen er gebeten wird, uns die Erlaubnis zu geben, in seinem Land bleiben zu dürfen, da es unsere Pflicht ist, die Menschen die Gesetze Gottes zu lehren. Deshalb bitten wir Eure Hoheit, uns diese Erlaubnis zum Aufenthalt zu geben. Wir haben weder Gold noch Silber oder kostbare Steine, die wir anbieten können, aber wir geben uns selbst in seinen Dienst.«

Der Khan antwortete darauf:

»So wie die Sonne ihre Strahlen überallhin scheinen läßt, ebenso reicht auch unsere und Batus Macht überallhin, so daß wir euer Gold und Silber nicht nötig haben.«

Ich bat Seine Hoheit, mir nicht zu zürnen, weil ich von Gold und Silber gesprochen hatte, da ich nur den Wunsch ausdrücken wollte, ihm zu dienen. Bis hierher hatte ich meinen Dolmetscher verstanden, aber nun war er betrunken und konnte keinen zusammenhängenden Satz mehr herausbringen. Und es schien mir, als ob der Khan ebenfalls betrunken wäre; so hielt ich denn meinen Mund.

Dann ließ er uns aufstehen und wieder hinsetzen, und nach dem Austausch einiger Höflichkeiten zogen wir uns aus seiner Gegenwart zurück. Einer der Sekretäre ging mit hinaus und befragte uns sehr eingehend über das Königreich Frankreich, namentlich ob es dort viel Schafe, Rinder und Pferde gäbe, da sie annahmen, sie würden das alles in Besitz bekommen. Einer wurde mit der Sorge um uns betraut; und wir gingen zu dem armenischen Mönch, wohin auch der Dolmetscher kam und uns sagte, daß Mangu Khan uns erlaubte, zwei Monate zu bleiben, bis die schlimmste Kälte vorbei wäre.

Ich antwortete darauf: »Gott schütze Mangu Khan und gebe ihm ein langes Leben. Wir haben diesen Mönch gefunden, den wir für einen heiligen Mann halten, und wir wollen gern bei ihm bleiben und mit ihm für das Wohlergehen des Khans beten.«

(An Festtagen nämlich kamen die Christen an den Hof, um für ihn zu beten und seinen Becher zu segnen; darauf kamen die Sarazenenpriester und dann die Götzenpriester* und taten desgleichen. Der Mönch Sergius behauptete, daß der Khan nur den Christen geglaubt hätte, aber das stimmt nicht. Der Khan glaubte an nichts und niemand, aber alle umschwärmen seinen Hof wie die Fliegen den Honig. Er schenkt allen, und alle glauben, sie wären seine Vertrauten, und prophezeien ihm glückliches Gedeihen.)

---

* Buddhisten, von denen Rubruquis noch nichts gehört hatte

Dann gingen wir in unser Quartier, das sehr kalt war, da wir kein Brennmaterial hatten; zudem hatten wir noch nichts gegessen, obwohl es mittlerweile Abend geworden war. Aber der Mann, der sich um uns kümmern sollte, gab uns etwas Holz und ein wenig Essen; und unser bisheriger Reiseführer, der nun zu Batu zurückkehrte, bat uns um einen Teppich. Den gaben wir ihm, und er zog in Frieden von dannen.

Die Kälte wurde schlimmer, und Mangu Khan sandte uns drei Pelzmäntel mit den Haaren nach außen, die wir dankbar annahmen. Doch erklärten wir, daß wir kein geeignetes Quartier hätten, um für den Khan zu beten. Unsere Hütte wäre so klein, daß wir kaum aufrecht darin stehen könnten, und wenn das Feuer brannte, könnten wir vor lauter Rauch nicht in unseren Büchern lesen. Der Khan schickte zu dem Mönch mit der Frage, ob er gern mit uns zusammenwohnen würde. Dieser empfing uns mit Freuden, und so bekamen wir ein besseres Haus.

Einmal, während wir abwesend waren, kam der Khan höchstselbst in die Kapelle; ein goldenes Bett wurde vor dem Altar aufgestellt, auf dem er sich mit seiner Königin niederließ. Dann wurde nach uns geschickt, und eine Leibwache vor der Kapelle durchsuchte uns nach Waffen. Nachdem ich mit einer Bibel und einem Brevier in meiner Kutte hineingegangen war, beugte ich erst meine Knie vor dem Altar, um dann Mangu Khan meine Ehrerbietung zu erweisen. Er ließ sich unsere Bücher zeigen und befragte uns über die Miniaturen, mit denen sie geschmückt waren. Die Nestorianer antworteten ihm, wie es ihnen geeignet schien, denn wir hatten unseren Dolmetscher nicht bei uns. Da wir wünschten, einen Psalm nach unserer Art zu singen, stimmten wir »Veni, Sanctu Spiritus« an. Danach ging der Khan fort, die Dame aber blieb, um Geschenke zu verteilen.

Ich verehrte den Mönch Sergius wie meinen Bischof. In manchen Handlungen jedoch mißfiel er mir sehr; zum Beispiel hatte er sich eine Mütze aus Pfauenfedern gemacht mit einem kleinen goldenen Kreuz darauf. Das Kreuz allerdings gefiel mir. Ich überredete den Mönch, das Kreuz auf der Spitze einer Lanze zu befestigen, und Mangu erlaubte, daß wir es überallhin tragen durften.

So zogen wir denn zusammen mit Sergius zu Ehren des Kreuzes, das wir an der langen Lanze wie ein Banner vor uns hertrugen, überall umher und schritten, »Vexilla regis Prodeunt« singend, durch die Zelte der Tataren, zum größten Ärger der muhammedanischen Priester, die uns ob der Gunst, und der Nestorianerpriester, die uns ob des Zulaufs beneideten.

In der Nähe von Karakorum hatte Mangu einen großen Hof, der mit einer Ziegelsteinmauer umgeben war, wie unsere Abteien. Inmitten des Hofes stand ein großer Palast, in dem der Khan zweimal im Jahr, zu Ostern und im Sommer, große Feste abhält, bei denen alle Pracht entfaltet wird. Da es für unschicklich galt, in der Halle dieses Palastes mit Kannen und Krügen wie in einer Schenke hin und her zu gehen, hatte William Bouchier, ein Goldschmied aus Paris, gerade dem Haupteingang des Saales gegenüber einen großen Baum aus Silber aufgebaut. An den Wurzeln des Baumes befanden sich vier silberne Löwen, aus denen reine Kuhmilch herausfloß. Um die vier Hauptäste des Baumes wandten sich goldene Schlangen, aus denen sich Ströme der verschiedensten Weine ergossen.

Der Palast hat wie eine Kirche drei Seitenschiffe und zwei Reihen Pfeiler. Der Khan sitzt auf einem erhöhten Platz an der Nordmauer, wo er von allen gesehen wird. Der Raum zwischen dem Khan und dem silbernen Baum bleibt frei für das Hin und Her der Becherträger und der Boten, die Geschenke bringen. Rechts vom Khan sitzen die Männer und links die Frauen. Nur eine Frau sitzt bei ihm, jedoch etwas tiefer als er.

Abgesehen von dem Palast des Khans, ist Karakorum nicht so schön wie die Stadt des Saint Denis. Es hat zwei Hauptstraßen, die der Sarazenen, wo die Handelsmessen abgehalten werden, und die Straße der Cathayer, in der die Handwerker wohnen. Außerdem gibt es noch viele Paläste für die Sekretäre des Khans und Märkte für Hirse und Korn, Schafe, Ochsen und Lastwagen. Ferner gibt es zwölf Götzentempel, zwei Moscheen und eine nestorianische Kirche.

Am Passionssonntag reiste der Khan mit seinen kleineren Häusern* nach Karakorum, wohin ich ihm mit dem Mönch folgte. Auf der Reise mußten wir durch ein Bergland, wo wir unter Stürmen, schrecklicher Kälte und Schnee zu leiden hatten. Um Mitternacht schickte der Khan zu uns und verlangte, daß wir zu Gott beten sollten, damit er den Sturm aufhören lasse, auf daß sein Vieh, das meist Junge bei sich hatte, nicht einginge. Der Mönch sandte ihm Räucherwerk, das er auf die Kohlen schütten sollte, als Opfergabe. Ob er es nun getan hat oder nicht,

---

* Kibitkas oder Wagenzelte

jedenfalls hörte der Schneesturm, der seit zwei Tagen getobt hatte, auf.

Am Palmsonntag waren wir in der Nähe von Karakorum, und bei Tagesanbruch segneten wir die Weidenzweige, die jedoch keine Knospen hatten. Um neun Uhr ungefähr betraten wir die Stadt und zogen mit erhobenem Kreuz durch die Straße der Sarazenen. Dann zogen wir zur Kirche, wo wir die Prozession der Nestorianer trafen. Nach der Messe – es war inzwischen Abend geworden – nahm uns der Goldschmied William Bouchier zum Abendessen in seine Wohnung mit. Er hatte eine Ungarin zur Frau, und außerdem trafen wir dort noch Basilicus, den Sohn eines Engländers.

Nach dem Essen gingen wir in unser Wohnhaus, das, wie die Kapelle des Mönchs, in der Nähe der nestorianischen Kirche lag – eine sehr schön gebaute Kirche, deren Decke mit goldbestickter Seide bezogen war.

Wir blieben in der Hauptstadt, um das Osterfest zu feiern. Es waren eine große Menge Ungarn, Alanen, Ruthenen oder Russen, Georgier und Armenier dort, die, seit sie Gefangene waren, nicht mehr das Abendmahl genommen hatten. Die Nestorianer baten mich, die Messe zu lesen, aber ich hatte weder Ornat noch Altar.

Aber der Goldschmied verschaffte mir die Gewänder und errichtete auf einem Wagen einen Altar, geschmückt mit Darstellungen aus der Heiligen Geschichte; auch fertigte er einen silbernen Kasten an und ein Bild der Heiligen Jungfrau.

Ich hatte bisher immer noch auf die Ankunft des Königs von Armenien und eines deutschen Priesters gewartet, der ebenfalls kommen sollte. Da ich nichts vom König hörte und die Strenge eines zweiten Winters fürchtete, schickte ich zum Khan mit der Frage, ob es ihm beliebte, daß wir bleiben oder von ihm Urlaub nehmen sollten.

Am anderen Tage kamen einige Hauptsekretäre des Khans zu mir, darunter ein Mongole, des Khans Becherhalter; die anderen waren Sarazenen. Diese Männer fragten mich von seiten des Khans, warum ich zu ihnen gekommen wäre. Darauf antwortete ich, daß Batu mich zum Khan geschickt hätte, doch hätte ich keinerlei Auftrag an ihn, es sei denn, ihm die Worte Gottes zu übermitteln, wenn er sie anzuhören belieben wollte.

Darauf fragten sie, welche Worte ich denn zu übermitteln hätte, denn sie meinten, ich wollte allerlei Günstiges prophezeien, wie so viele andere.

Ich erwiderte daher: »Zu Mangu Khan würde ich sagen: Gott habe ihm viel gegeben, denn Macht und Reichtum, deren er sich in so weitem Maße erfreue, stammten nicht von den Götzen der Buddhisten.«

Dann fragten sie, ob ich etwa im Himmel gewesen sei, da ich über die Gebote Gottes so gut Bescheid wüßte. Und sie gingen zu Mangu und behaupteten, ich hätte gesagt, er wäre ein Götzendiener und Buddhist und achtete nicht der Gebote Gottes. Tags darauf schickte der Khan wieder zu uns und ließ erklären, daß er wohl wisse, wir hätten keine Botschaft für ihn, und daß wir nur gekommen seien, um für ihn zu beten wie andere Priester, jedoch möchte er wissen, ob irgendeiner unserer Gesandten jemals in unserem Land gewesen wäre. Darauf sagte ich ihnen alles, was ich über David und Bruder Andreas wußte. Alles wurde aufgeschrieben und Mangu vorgelegt.

Am Pfingstsonntag wurde ich vor den Khan gerufen.

Bevor ich hinging, sagte mir der Sohn des Goldschmieds, der nun mein Dolmetscher war, daß die Mongolen beschlossen hätten, mich in meine Heimat zurückzuschikken, und riet mir, nichts dagegen einzuwenden.

Als ich vor dem Khan erschien, kniete ich nieder, und er fragte mich, warum ich seinen Sekretären gesagt hätte, daß er ein Buddhist sei. Darauf antwortete ich: »O Herr, so habe ich nicht gesagt.«

»Ich dachte mir schon, daß du es nicht gesagt haben konntest, denn so etwas hättest du niemals aussprechen dürfen.« Und indem er den Stab, auf dem er lehnte, gegen mich ausstreckte, sagte er: »Habe keine Furcht.«

Lächelnd antwortete ich, daß ich, wenn ich Furcht gehabt hätte, nicht gekommen wäre.

»Wir Mongolen glauben, daß es nur einen Gott gibt«, sagte er, »und wir sind ihm ehrlichen Herzens zugetan.«

»Dann«, antwortete ich, »möge Gott dir diesen Glauben erhalten, denn ohne Sein Zutun kann es nicht geschehen.«

»Gott hat der Hand verschiedene Finger gegeben«, fuhr er fort, »und dem Menschen gab er mannigfache Wege. Euch hat er die Schriften gegeben, aber trotzdem haltet ihr sie nicht. Sicherlich steht nicht geschrieben, daß ihr euch untereinander schmähen sollt.«

»Nein«, sagte ich, »und ich habe Euer Hoheit gleich zu Anfang bedeutet, daß ich mit niemand streiten will.«

»Ich spreche nicht von dir«, sagte er, »es steht ebenfalls nicht in den Schriften, daß sich ein Mann um eines Vorteils willen vom Recht abwenden dürfe.«

Darauf antwortete ich, daß ich nicht gekommen wäre um Geldes willen, daß ich selbst das verweigert hätte, was man mir angeboten. Und einer der Sekretäre bestätigte, daß ich eine Stange Silber und ein Stück Seide zurückgewiesen hätte.

»Davon spreche ich nicht«, sagte der Khan, »Gott hat euch die Schriften gegeben, aber ihr haltet sie nicht. Uns aber hat er Wahrsager gegeben, und wir tun, was sie uns heißen, und leben in Frieden.«

Er trank viermal, glaube ich, ehe er dies aussprach, und ich wartete aufmerksam darauf, daß er sich weiter über seinen Glauben ausließe. Indessen sagte er:

»Du bist eine lange Zeit hier gewesen, und ich wünsche, daß du nun zurückkehrst. Du hast gesagt, daß du meinen Gesandten nicht mit dir zu nehmen wagst. Willst du statt dessen meinen Boten oder meine Briefe mitnehmen?«

Darauf antwortete ich, der Khan möge geruhen, mich seine Botschaft wissen zu lassen und sie niederzuschreiben, dann würde ich sie gern und so gut ich könnte besorgen.

Dann fragte er mich, ob ich Gold oder Silber oder kostbare Gewänder haben wollte, worauf ich erwiderte, daß es nicht unsere Art sei, solche Dinge anzunehmen, daß wir aber ohne seine Hilfe nicht aus seinem Land herauskommen würden. Er erklärte, daß er für uns sorgen wollte, und fragte, wie weit wir begleitet sein wollten. Ich bemerkte, daß es genügte, wenn wir bis Armenien gebracht würden.

»Ich werde veranlassen, daß ihr dorthin gebracht werdet«, erwiderte er, »von da ab könnt ihr für euch selber sorgen. Zwei Augen sind in einem Kopf, und dennoch erblicken sie beide einen Gegenstand. Du kamst von Batu, also mußt du auch wieder zu ihm zurückgehen.«

Dann sprach er noch nach einer Pause des Nachdenkens: »Du hast einen langen Weg vor dir. Versorge dich gut mit Proviant, damit du die Reise gut überstehst.«

Darauf befahl er, daß man mir zu trinken gäbe; und ich nahm von ihm Abschied und kehrte niemals zurück.

15.

Der Enkel Dschingis Khans im Heiligen Land

Ein wenig bekanntes Kapitel in der Geschichte ist die Berührung der Mongolen mit den Armeniern und den Christen von Palästina nach dem Tode Dschingis Khans. Sein Enkel Hulagu, der Bruder Mangus, des damaligen Khans, übernahm in der Mitte des dreizehnten Jahrhunderts die Herrschaft über Persien, Mesopotamien und Syrien. In der »Cambridge Medieval History«, Band IV, Seite 175, ist das daraus sich Ergebende kurz zusammengefaßt.

»In hundertjähriger Erfahrung hatten die Armenier eingesehen, daß auf die lateinischen* Nachbarn als Bundesgenossen kein Verlaß war. Haithon (König von Armenien) setzte sein Vertrauen nicht in die Christen, sondern in die heidnischen Mongolen, die sich ein halbes Jahrhundert hindurch als die besten Freunde bewährten, die Armenien je hatte.

Am Anfang von Haithons Regierung ... leisteten die Mongolen gute Dienste beim Kampf gegen die Seldschu-

---

* Die Barone der Kreuzritter, die immer noch ihre Lehen im Heiligen Lande besaßen, besonders Bohemond von Antiochien

ken. Haithon schloß ein Defensiv- und Offensivbündnis mit dem Mongolengeneral Baidschu* und wurde im Jahre 1244 Vasall des Khans Ogotai. Zehn Jahre später erwies er dem Khan Mangu persönlich seine Ehrerbietung und befestigte die Freundschaft zwischen den beiden Nationen durch einen langen Aufenthalt am Hofe der Mongolen.

Der letzte Teil von Haithons Regierung war ausgefüllt mit Kämpfen gegen die Mamelucken, deren Vorstoß nach Norden glücklicherweise von den Mongolen aufgehalten wurde. Haithon und Hulagu vereinigten ihre Kräfte bei Edessa, um Jerusalem den Mamelucken wieder zu entreißen.

---

* Im Text Bachu, Hethum, Ogdai usw. Die Schreibweise ist geändert worden, damit sie mit den andern Kapiteln des Buches übereinstimmt. Baidschu wird oft mit Batu verwechselt, der ein Enkel Dschingis Khans war, der erste Herrscher der Goldenen Horde in Rußland.

GELÄNDEKARTEN

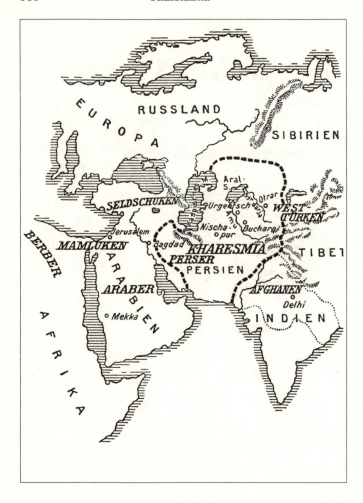

Das Charesmische Kaiserreich zu Beginn des XIII. Jahrhunderts in seiner Lage zu den anderen Mächten

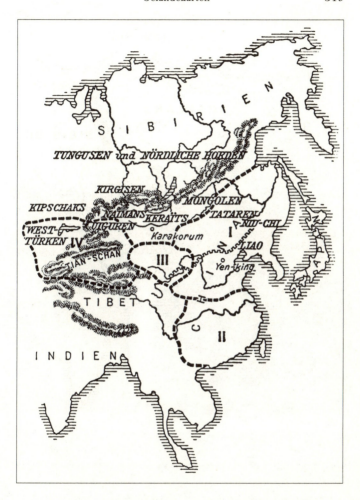

Ostasien gegen Ende des XII. Jahrhunderts
I. Das Chin-Kaiserreich; II. Das Kaiserreich der Lung;
III. Das Königreich von Hia; IV. Das Kaiserreich von
Schwarz-Cathay

Mythen – Symbole – Emotionen

Anton Grabner-Haider
Helma Marx
**Das Buch der Mythen
aller Zeiten und Völker**

geb. mit SU, 640 Seiten
Format: 15,1 x 22,7 cm
Bestellnr.: 626-00087
ISBN: 3-86539-032-3

Die Mythen der Völker und Kulturen sind heute aktuell wie nie zuvor. Wir sehen die heiligen Erzählungen fremder Kulturen mit anderen Augen und deuten sie realistisch; und wir sind bereit, von ihnen zu lernen. Denn Mythen sind immer auch gespeicherte Lebensgeschichte, die auf symbolische Weise dargestellt wird. Was die Menschen auf der Erde erleben, das stellen sie auch in einem größeren »Himmel« dar.

marixverlag

www.marixverlag.de
e-mail: service@marixverlag.de